不確実性の時代に向けての教育原論

― 教育の原理と実践と探究 ―

田井康雄 編

学術図書出版社

まえがき

　経済至上主義的イデオロギーの蔓延した日本社会が戦後続けてきた経済的発展が頓挫し，いわゆる失われた10年が20年になろうとしている．このような状況において大部分の国民は利己主義的傾向をもち，それがさまざまの教育問題を起す原因になっている．日本のGDPが中国に追い抜かれ，国民全体の借金が900兆円を超える危機的な経済状態に置かれている日本社会において，日本の政治家たちは経済再生や強い日本の復活という現実逃避の夢から覚めぬ政策を実現しようと見当違いのばら撒き政治を行なっている．

　現代日本社会が直面している現状が従来の日本社会が基本的には常に右肩上がりの成長を遂げてきた状況とは根本的に異質な状況であることを，われわれは認識しなければならない時期に来ている．まさに現代日本社会は従来の常識では判断できないさまざまな状況を自らの「生きる力」によって切り開いていかなければならない「不確実性の時代」に直面しているのである．それは経済構造だけでなく，それに伴う社会構造，教育構造が根本的に揺らごうとしている社会のはじまりなのである．

　とりわけ，教育分野における「不確実性の時代」のはじまりは，家庭教育の衰退と世代間教育の崩壊に象徴されていると言うことができる．古代ギリシア時代以降20世紀の末まで，教育の中心は家庭教育であり，18世紀以降成立してきた公教育制度も家庭教育を補う学校教育という基本的関係を保ってきた．しかしながら，男女共同参画社会の進展，零歳児保育園の充実，経済至上主義的イデオロギーの広まり等，さまざまの状況の変化に伴い家庭教育のその機能をますます失い，「地域による子育て」というような家庭教育の崩壊を推進するような目標すら文部科学省が出している．「地域による子育て」は家庭の教育機能低下に起因する「家庭による子育て」を防ぐための施策であるが，そのような施策そのものが家庭教育の崩壊を招くことにつながることも事実である

ことすら認識していない文部科学省関係者には失望感を感じざるをえない．

　家庭教育の機能低下によって発生している教育問題が次々あらわれている現状において，その原因を教員の質の問題に置き，教員免許更新制が行なわれ，さらに，教員養成6年制の検討すら行われつつある．教育問題の根本は家庭教育の機能衰退にあるという教育の基本構造を理解することもなく，見当違いの教育改革（教育改悪）に政治は取り掛かろうとしている．とりわけ，教員養成6年制という制度は戦後教員養成の基本理念である開放制教員養成制度を根本から崩壊させることに繋がる．また，教員の質の問題は大学における教員養成にあるのではなく，教員になってからの自主研修の不十分さに起因していることは，問題教師として摘発される教員の年齢を見れば明らかなことである．

　本書では，社会構造そのものの変化に伴う「不確実性の時代」に対応しうる教育の在り方について，次の三部構成で議論を進めることにした．第一部では「不確実性の時代」に対応しうる教育の原理について考察し，第二部では，このような「不確実性の時代」に向かいつつある教育現実の分析を行い，さらに，第三部においては，まさに「不確実性の時代」に向けての探究を行うという構造にした．

　現代の日本社会が置かれている社会状況全般から教育の在り方を吟味・検討することによって，今後の日本の根本的方向性を追究し，そのためにあるべき教育の姿の検討を行なうことは，われわれ教育学を研究するものにとって差し迫った課題であると考えられる．

　本書は教育の本質から教育状況を哲学的に分析するために，教育哲学，教育人間学，人間形成論を専攻する新進気鋭の若手研究者の皆さんに協力願い，完成に至った．

　出版事情の厳しい現状において，このような問題意識を理解し，本書の企画を快諾して頂いた学術図書出版社の杉浦幹男氏には満腔の感謝の意を表したい．

平成22年11月
田井康雄

目　次

❖ 第一部　教育の原理　　1

第1章　人間の本性　　2
　第1節　生理的早産と長い成長期　　2
　第2節　教育的有機体の構造　　8
　第3節　個性化と社会化の過程としての人間の発達　　15
　第4節　文化伝達と文化創造　　21

第2章　教育理論の構造　　28
　第1節　人間の本性に合致した教育理論　　28
　第2節　教育的はたらきかけに必要な要素　　38
　第3節　学校教育の意義　　47

第3章　教育の構造―家庭・学校・地域―　　54
　第1節　教育活動の構造　　54
　第2節　社会の変化に即応した教育目的　　64
　第3節　家庭と学校と地域の関係の変遷　　67
　第4節　不確実性の時代における教育の役割　　71

❖ 第二部　教育現実の分析　　83

第4章　教育基本法と学習指導要領　　84
　第1節　教育法規の体系および日本国憲法　　84
　第2節　教育基本法　　86
　第3節　学習指導要領　　97

第5章　人間形成における食育　102
第1節　豚ではなく，なぜ鶏なのか 104
第2節　鳥山による「台詞」のない演技 106
第3節　髙橋による「穏やかな死」の演出 111

第6章　就学前教育と学校教育　118
第1節　教育と保育 119
第2節　幼児教育と幼児保育の歴史 122
第3節　幼稚園 124
第4節　保育所 128
第5節　これからの就学前教育 131

第7章　生涯学習と学校　137
第1節　生涯学習という概念と日本の教育政策 137
第2節　生涯学習の必要性 140
第3節　学習観の転換と生涯学習 144

第8章　教育と終わりなきコミュニケーション　148
第1節　コミュニケーションとメディアへの視点 149
第2節　メディアの視点からみた若者論の変遷 152
第3節　繋がりの社会性を越えて 158
第4節　終わりなきコミュニケーションと教育的コミュニケーション 165

❖ 第三部　不確実性の時代に向けての探究　169

第9章　情報技術時代の教育と教育学へ向けて　170
第1節　情報技術時代の到来 170
第2節　近代社会と情報をめぐる諸技術 174
第3節　デジタルネットワーキング 178
第4節　世界中の情報を整理する 180

第 5 節	「〈群れ〉的な想像力」へ向けて	185

第 10 章 「教えること」と「育てること」　　194
　第 1 節　「教えること」と「育てること」........... 195
　第 2 節　幼保一元化（保育一元化）という問題 198
　第 3 節　「ケアリング」という視点 201

第 11 章 大人と子どもの境界線　　207
　第 1 節　かつての子どもたち—「七つ前は神のうち」... 209
　第 2 節　通過儀礼と子供神—「子供組」............. 214
　第 3 節　大人をつくる儀礼装置—「若者組」.......... 220
　第 4 節　結び—イニシエーションの消滅と現代 223

第 12 章 青少年の居場所　　226
　第 1 節　青少年をめぐる諸問題と居場所 226
　第 2 節　居場所がもつ意味・性質 232
　第 3 節　「居場所」としての学校・学級，家庭 235
　第 4 節　居場所の可能性 237

付　録　　239
　教育基本法 239

第一部

教育の原理

第1章

人間の本性

第1節　生理的早産と長い成長期

1. 生理的早産の意義

　誕生時の人間が他の動物に比べて極めて不完全な状態で生れてくることは，ポルトマン（A. Portmann, 1897～1982）が人間の誕生を生理的早産と呼んだことに象徴される．このような不完全なか弱い状態で誕生してくる人間であるからこそ，誕生と同時に無私の愛情をもつ母親による育児が必要不可欠なのである．しかも，その育児は母胎内での完全なる保護の下における成長・発達との継続性をもつものでなければならない．なぜなら，本来であれば，母胎内での完全なる保護を行っている母親の生理的育児が続けられるべき状態であるのに，その母胎を離れて成長・発達を続ける新生児にとって実の母親による育児は極めて重要な意義をもつからである．それゆえにこそ，誕生後1～2年間の実の母親による育児は，子どもの成長・発達にとって生理的意味において必要不可欠な要素になる．実の母親とのスキンシップこそが，この時期における最大の教育である．母子間のスキンシップが母親にとっても子どもにとっても大きな影響力をもつことは医学的にも証明されていることであり，そのようなスキンシップの下で，子どもの発達を成り立たせる基礎になる自己形成の主体である自我の生成が徐々に行われていくのである．

　人間にとって生理的早産はその後の飛躍的な発達の基礎になる自己形成能力の生成する重要な時期をつくり出す．この時期こそ，子どもの成長・発達に

とって最も重要な時期の一つであると言うことができる．このような意味において，子どもの誕生後1～2年間は母親が育児に専念できるような社会制度の構築が目指されなければならない．

　生理的早産は人間の成長・発達を特徴づける重要な教育期間である生後1～2年のうちに，家庭における母親と子どもの間のスキンシップを通じて親子の相互信頼と相互愛を成立させる．このような人間の本性を尊重した育児は保育園における保育士による育児では実現できない．それこそ，人間の本性に従った実の母親の母性愛に基づく育児によってのみ実現可能になるのである．とりわけ，誕生後1～2年のうち最初の1年である乳児期の実の母親の役割は誰にも代わることはできない．この時期の母子関係こそ親子の教育的関係の基礎をつくり上げる時期であり，実の母親以外のいかなる関与も教育的であるとは言い難い．それは子どもの誕生に至る約10ヶ月間の母胎内での成長・発達との連続性が大きな意味をもつからである．

　以上のような人間における生理的早産の意義を再認識することが，人間の本性に基づく教育を成立させるのである．

2. 環境の影響を取り込む能力である自己形成力

　人間が生理的早産と言われるような状態で生れてくるがゆえに，誕生と同時に育児という教育的はたらきかけが必要になることについて明らかにした．乳児期からの育児は実の母親による十分なスキンシップによって実現するということは，そのような育児が子どものその後の成長・発達に大きく影響することを意味している．実の母親の愛情あふれるスキンシップがこの時期の子どもの成長・発達を促進する．それは人間がもつ自己形成力に基づいていると言うことができる．

　乳児期において子どもは明確な自己意識をもつことはできない．それは自己意識の主体である自我そのものがまだ生成過程であるからである．しかしながら，乳児期における自己意識や自己活動の主体になる自我が徐々に生成してくる過程において，環境からの多様な影響を受けたり，母親からの愛情豊かなスキンシップの影響を受けたりするのである．この影響は生理学的レベルのものであり，子ども自身の意識に上るものではない．

自我の生成が進んでくるにつれて，環境からの影響に対する好き嫌いや意識的な自己活動である遊びがあらわれてくる．好き嫌いや遊び活動は自我のあらわれと考えることができる．意識的活動の主体である自我の生成には環境からの影響（この影響には母親からの愛情豊かなスキンシップが含まれる）が大きくかかわってくる．自我は意識的自己形成の主体になるものであるが，自我そのものの発達は無意識に誕生以降常に進行していく．自己形成力とはこのような意識的自己形成を自我が行っていく力であると同時に，自我そのものの変化・発達が進んでいく無意識的自己形成の推進力でもある．

人間の成長・発達はこのような二重の自己形成力によって実現されていくのである．それゆえに，人間は自らの成長・発達を自らの思ったとおりに実現していくことができない側面をもつのである．このような自己矛盾を含みつつ人間の成長・発達が進んでいくからこそ，親や教師という他者からの教育的はたらきかけの必要性があらわれてくるのである．しかも，その教育的はたらきかけは子どもの行う意識的自己形成を促進するようなはたらきかけ（子どもの興味・関心に合致したはたらきかけ）だけではなく，子どもの無意識的自己形成を促進していくようなはたらきかけ（子ども自身の興味・関心とは無関係に厳しい訓練や無味乾燥な知識の詰め込みというようなはたらきかけ）をも含み込まなければならないのである．

以上のような意味において，教育的はたらきかけは自己形成とのかかわりを常にもたなければならないのである．

3. 自己形成を促進する教育の本質

人間の成長・発達は人間の自己形成力に基づいて実現していくのであるが，その自己形成が意識的自己形成と無意識的自己形成という二重構造をもつものであるがゆえに，自己形成を促進する教育は二重の形で行われなければならない．つまり，教育とは被教育者の成長・発達に応じて行われなければならないのである．それは子どもの望むような教育を行うという意味ではない．子どもは自らの成長・発達がいかなる意味をもつかを必ずしも理解していない場合が多い．子どもはむしろ勉強したいと思うものではない．自らの自由意志に従って行いたいことを行おうとするものである．その行為や活動がいかなる意味や

影響力をもつかを吟味した上で行っているわけではない．それゆえにこそ，教育者は子どもの成長・発達に必要であると判断した場合には，子どもの意に反して厳しい訓練を課すことも必要であるし，遊びを促進することが必要な場合は子どもの遊びに付き合うことも必要である．これら二つは一見，相反することのように見えるが，子どもの成長・発達を促進するという真の意味における児童中心主義教育の基本的原理であることを忘れてはならない．

　子どもの成長・発達を促進する教育を実現するには，その子どもの成長・発達の状態（自己形成の状態）を客観的に把握し，その子どもにいかなる教育的はたらきかけが必要であるかを見抜かなければならない．つまり，教師は子どもの成長・発達の状態を十分に分析し，理解してはじめて教育活動に取り掛からなければならないのである．子どもを知ることなしに，教育活動を行うことはできない．その意味において，親（とりわけ母親）は子どもにとって最適の教育者なのである．

　教育者は子どもの教育活動に取り掛かる前に行わねばならない第一の仕事は，子どもの自己形成の状態を客観的に捉え，その状態に必要な教育的はたらきかけは何であるのか，何がその子どもの成長・発達を正しい方向に導いていくことに繋がるのかを吟味・検討することでなければならないのである．

　人間の成長・発達は，本能によって規定されている部分よりも，環境からの影響や教育的はたらきかけ，さらには，自らの意識的自己形成による部分が重要なのである．それゆえにこそ，オウエン（R. Owen, 1771〜1858）による性格形成論も大きな意義をもってくるのである．

4. 長い成長期のもつ意義

　人間の成長・発達がさまざまの外的影響によって規定されるがゆえに，人間は「開いた存在」と言われる．それは人間の成長・発達が環境からのさまざまの影響によって大きく左右されるとともに，その影響を受け入れ成長・発達する期間が長いことにもよっている．人間が成人に達するまでの期間は生涯の全期間の1/4から1/5であり，他の動物で人間と同じ程度の寿命をもつ動物の成長期と比較にならないほど長い．そのような長い成長期において，さまざまの環境からの影響や教育によって高度に発達することができるのである．それゆえ

に，同じ人間という種であっても，多様な個性や能力をもつ人間が存在しうると同時に，環境からの影響や教育によって多様な性質や技術をもつ人間になることができるのである．カント（I. Kant, 1724〜1804）の「人間は教育によってはじめて人間となることができる」（清水清訳『カント，人間学・教育学』玉川大学出版部，1963年，p.335）という言葉が示すように，そのような環境からの影響や教育によって「人間になる」ためには長い成長期が必要なのである．それは人間の成長・発達が自己形成によって徐々に進められるために，その自己形成による人間の成長・発達そのものが個人としての発達と同時に種の一員になる（社会的動物になる）という二重の発達を含むからである．

　「人間になる」とは人間の特徴である明確な自己意識をもつ社会的動物になることであり，そのためには，単純に知識や技術の習得だけでなく，社会的常識を身に付け，互いにコミュニケーションできるための能力である社会性を身に付けていかなければならない．社会性を身に付けていくことは既存社会に適合し，社会的役割を担いうる能力を身に付けていくことに繋がらなければならない．これらのことがすべて教育によって実現するわけであって，その教育がうまくいかない場合，「人間になる」ことができないことになる．つまり，教育は人間の成長期において極めて重要な役割を演じるものであるとともに，人間の諸能力は長い期間にわたって教育されなければ身に付きにくいものなのである．それゆえにこそ，人間の長い成長期は人間の本質を成り立たせる重要な意義をもつのであり，その重要な意義を実現することで人間の本性が形成されるのである．

5. 子どもから大人への発達

　人間の成長・発達が長い成長期を必要とすることは明らかになったが，ここで，「子どもが大人になる」という場合の「子ども」と「大人」の定義について教育学的に考察したい．「教育によって人間になる」ことは，「子どもが教育によって大人になる」ということである．子どもがさまざまの知識や能力を教育によって身に付けることによって大人になるのであるが，どの程度の知識や能力を身に付ければ大人になるのかという問題が残る．しかしながら，知識や能力を身に付けること，さらに，法律で言うような年齢によって大人になるとい

う規定ではさまざまの問題が生じてくる．

　「子どもらしさ」の本質，「大人らしさ」の本質は何かということを考えなければならない．この点について，『教育学講義』のなかでシュライエルマッハー（F. D. E. Schleiermacher, 1768〜1834）は現在志向性をもつのが子どもであり，未来志向性をもつのが大人であると定義している．シュライエルマッハーによると，現在志向性をもつ自己活動こそが遊びであり，純粋な意味での遊びを行えるのは子どもの本質であるとしている．この点については，フレーベル（F. W. A. Fröbel, 1782〜1852）も遊びは子どもの最高の自己活動のあらわれであることを認めている．さらに，シュライエルマッハーは，大人は未来志向性をもつものであり，未来志向性をもつ自己活動こそが自己訓練であるとしている．教育活動は子どもに知識や技術を教授することによって，子ども自身がそのような知識や技術を身に付けるようになることを目指すものである．教育活動の最終目的は子どもが自ら進んで知識や技術を自らの未来のために身に付けることである．つまり，子ども自身が未来志向性をもつ存在になる（大人になる）ことに積極的な意義を発見するようになることを目指すのである．

　このような未来志向性は子ども自身がさまざまの教育的はたらきかけや環境からの影響を受けることによって自ら主体的に身に付けていくものである．学習や訓練には興味がないだけでなく，拒否していた子どもが，しだいに学習や訓練に面白みを感じ，その必要性に気づくとき，その必要性は自らの未来における必要性として気づくことによって，未来志向性は成立してくる．まさに，未来志向性が身に付いてくることによって，学習や訓練の必要性に気づくようになるのである．

　大人は未来志向性をもつようになるからこそ，過去からつくり上げられてきた文化を次世代に伝達しようと次世代教育を行うようになるのである．ここに世代間の教育が成立してくるのである．それゆえ，世代間の教育は人間の成長・発達の成果としてあらわれてくるのである．

第2節　教育的有機体の構造

1. 教育的有機体の意味

　教育的有機体とは人間のことであり，さまざまの環境からの影響や教育的はたらきかけを受けつつ自己形成を行うことによってそれぞれ個性をもつとともに，人間社会の構成員として社会的役割を担えるような存在へと発達していく人間存在を特徴づける概念である．同じ環境からの多様な影響や教育にさらされていながら，人によってその影響をほとんど受けない場合も，強く受ける場合もあるのは，そのような影響や教育を受け入れる能力である自己形成力が個々の人間において固有の有機性をもつからである．

　人間はこのように環境からの影響や教育的はたらきかけを意識的にも無意識的にも受け入れたり拒否したりすることによって，独自の自己形成を行っていくのである．これこそが人間を教育的有機体と呼ぶことができる理由である．個々の人間の独自の自己形成は多様な構造に基づいて進められるが，そこには共通する性質がある．それが上昇志向性である．いかなる正常な人間も現状より「よりよくなりたい」という上昇志向性をもつと言うことができる．つまり，精神的・身体的に健康な状態にある人間は常に上昇志向性をもっているのであり，その上昇志向性の在り方が個々の人間によって異なるがゆえに自己形成の行われ方も多様な方向に向かうのである．人類に共通する上昇志向性は人間の文化を創造し，発展させてきた．人類による文化発展は人類内の世代間の文化伝達と文化創造によって実現されていくのである．

　個としての人間の成長・発達，種としての人類の価値の総体である文化の発展は，ともに人間に共通する上昇志向性によって実現されてきたのである．

　以上のように，人間は教育的有機体としての性格をもつがゆえに，多様な個性をもつ人間の集合体である人類を構成しているとともに，その人類の共通性質である上昇志向性のゆえに，人間社会に独自の文化を発展させ，次世代へ伝達するのである．つまり，次世代への文化伝達が教育という活動に繋がるのは，人類としての上昇志向性のあらわれでもある．人間が教育的有機体であるのは，このような個としての存在レベルと種としての存在レベルのどちらにおいても上昇志向性をもつためなのである．

2. 意識的自己形成と無意識的自己形成の構造

人間が教育的有機体であるための基本的要素は個々の人間の成長・発達が自己形成によることに起因する．ここで，その意識的自己形成と無意識的自己形成の構造について明らかにしていきたい．

（1） 意識的自己形成

意識的自己形成とは自己活動の主体である自我が自己を形成の対象として認識し，ある特定の目的に向けて形成しようとすることである．それゆえ，意識的自己形成が成立するためには，ある程度の明確な自己意識が成立するとともにある程度の価値観の成立が前提になっていなければならない．

意識的自己形成が行えるためには，主体的な自己活動である遊びの充実がその前提になければならない．誰かに教えられた遊びに自分なりのルールや工夫を加えるようになることは，意識的自己形成に繋がる前提であると言うことができる．このような意識的自己形成の成立を確認できたとき，意識的自己形成のための教育的はたらきかけが必要になってくる．

意識的自己形成のための教育的はたらきかけは，その子どもに対して「やる気」を引き起すことである．そのためには子どもの興味・関心の状況を把握し，その興味・関心を刺激することによって「やる気」をかき立てることが必要である．現実の小学校教育において行われている「支援の教育」はこのような子どもの「やる気」を重視する教育的はたらきかけであり，フランス革命前のアンシャン・レジームにいたルソー（J. J. Rousseau, 1812～1867）の消極教育の考え方を基礎にしたものである．

子どもの意識的自己形成の重要性は認めなければならないのは事実であるが，子どもの成長・発達は意識的自己形成のみによって成立するものではないことを考えれば，子どもの「やる気」のみを尊重する「支援の教育」は現実的有効性をもつとは言い難い．子どもの意識的自己形成を尊重しつつも，無意識的自己形成についての教育的はたらきかけをも行っていくことこそ，真の児童中心主義教育であると言うことができる．

そこで，無意識的自己形成について考察することにする．

(2) 無意識的自己形成

　無意識的自己形成とは意識的自己形成の主体である自我の生成過程や意識的自己形成を行っている自我そのものが何らかの影響によって本人は意識しないうちに変化・発達していく機能であり，人間が教育的有機体であることを成立させる重要な要素である．無意識的自己形成は本人自身が意識しないうちに成長・発達を遂げていく機能であるため，教育学では従来重視されてこなかったと言うことができる．特に児童中心主義教育思想が教育学の中心にされるようになった18世紀以降，子どもの「やる気」や主体性のみ重視されるようになってきた．しかしながら，人間の成長・発達が二重の自己形成によって実現されていくという事実を考えれば，無意識的自己形成を進めるための教育的はたらきかけも児童中心主義教育の重要な内容であると言わざるをえない．

　無意識的自己形成において重要な要素となるものは，次の二点である．一つは意識的自己形成が行えるようになる以前，その意識的自己形成の主体になる自我の生成過程における育児とその家庭環境である．さらにもう一つは意識的自己形成が行われるようになってからでも，子どもの主体性を尊重し，「やる気」だけで人間の成長・発達が実現するものではなく，その背後に無意識的自己形成が機能し続けている点である．

　前者については，乳幼児期の育児と育児環境の重要性が指摘される．乳児期における母親とのスキンシップ，さらには，幼児期における両親とのスキンシップにより親子の心のつながりが出来上がっていくことが乳幼児期の教育の中心にならなければならない．この点において，零歳児保育園の制度には大きな問題が含まれている．両親とのスキンシップを裏付けるものは，親からの子どもに対する愛情であり，とりわけ，母性愛の子どもの育児に対する必要性と有効性は計り知れないものがある．両親の愛情豊かなスキンシップのなかで子どもの自我が徐々に形成されていくのであり，この過程こそが無意識的自己形成によっているのである．

　後者については，子どもが明確な自己活動や意識的自己形成を行えるようになっても，自らの意識しないところで自己形成が行われているという事実に基づいている．意識的であろうが，無意識的であろうが同じことを「繰り返す」ことによって，その実践が知識や技術や能力として身に付いてくるという形であ

らわれてくる．これこそが無意識的自己形成である．それゆえ，無意識的自己形成のための教育的はたらきかけは，子どもに対して「繰り返す」ことによって，さまざまの知識や技術や能力を習得させるための訓練・練習を課するという形で行われる．未来志向性をもたない子ども自身はこのような訓練の意味を理解しないがゆえに，強制的な指導や訓練から逃げ出したいと思うのが当然である．子どものために教育者は強制的にこのようなはたらきかけをすることが必要になる．教師主導の教育的はたらきかけ（一見して教師中心主義教育）も子どもの将来への成長・発達の必要性から行われる必要があるから，児童中心主義教育の活動であると言うことができる．

この場合，その強制的なはたらきかけが子どもにあまりにも大きなストレスを与え，主体的な「やる気」を失わせない程度に行われなければならない．しかしながら，現実にはその程度が一人ひとり異なっていることが教育的はたらきかけの難しさを生み出すのである．また，このような教育的はたらきかけに対するストレス耐性を養うこと自体も，教育の重要な機能であることを忘れてはならない．

児童中心主義教育が教育の中心になっている現在，教育者は以上のような無意識的自己形成に対する教育的はたらきかけの重要性を再認識しなければならない．

3. 自己形成と教育的はたらきかけ

教育的はたらきかけは子どもの自己形成の状態に応じて行われなければならないという考え方が児童中心主義教育の基本原理である．ただ子どもは一般に現在志向性をもっているものであるから，そのような児童中心主義教育の教育的はたらきかけを自ら積極的に受け入れることはむしろ少ない．それゆえ，教育者は子どもの自己形成の状況や性格をある程度把握し，それに応じた教育的はたらきかけを行わなければならないのである．

子どもの主体的行動を尊重しつつも必要な訓練を与えることによって，子どもの「やる気」をなくさせない教育的はたらきかけが必要である．子どもの成長・発達がある程度進んでくるにつれて，このような教育者からの教育的はたらきかけを自ら主体的に「受け入れたい」という欲求をもつようになってくる．

それはすべての人間に備わっている上昇志向性による．精神的・身体的に健康な人間は常に上昇志向性をもつものである．人間の基本的性質である上昇志向性は子どもの性質である現在志向性を徐々に未来志向性へと転換させていくのである．このような転換は他から強制されたり教えられたりして実現するものではなく，子ども自身において主体的に行われていくものである．

自己形成に対する教育的はたらきかけはこのような子どもにおける上昇志向性及び，子ども自身のストレス耐性の状態を考慮して行わなければならない．その意味において，子どもにとって最良の教育者は両親とりわけ母親なのである．教師はこのような親の教育をも正しい教育的見識から導いていく責務をもっている．

教育的有機体である人間の成長・発達は子どもの自己形成によって実現してくるのであるが，その自己形成に対しては大人からの教育的はたらきかけが必要になってくる．その意味で，「人間は教育を必要とする唯一の被造物」なのである．

4. 世代間の教育を成立させる要素
（1） 年長世代から年少世代への愛情

母親が子どもに対してもつ母性愛が子どもの成長・発達を進めていく基本的要素になるのであるが，人間の母性愛には教育愛という側面が大きく備わっている．それは母性愛が大人としての未来志向性を前提に成立するものだからである．それゆえ，未来志向性をもつようになった大人が構成する年長世代は，現在志向性をもつ年少世代に対するとき必然的に教育的欲求をもつのである．このような教育的欲求は年少世代のもつ問題点を指摘したり非難したりすることから始まり，それを改善しようとする教育的はたらきかけへと具体化してくる．その背後には年長世代の年少世代への愛情と既存社会を維持・発展させたいという人間本来のもつ上昇志向性が存在しているのである．

自らの子どもに対してもつ教育愛だけでなく，世代意識としてこれからの未来を背負うべき年少世代に対する愛情をもつのが年長世代の特徴でもあると言うことができる．愛情をもつがゆえに，年少世代のもつ問題点を指摘するのであり，年少世代を非難することは同時に教育することに繋がるのである．それ

こそが人類の発展の連続性を実現してきたのである．年少世代への愛情は既存社会の維持・発展に対する意識とも繋がっている．それこそが世代間の文化伝達を成立させてきたのである．

年長世代から年少世代への愛情は世代間の文化伝達という教育の原形を生み出す基本要素なのである．

(2) 年少世代から年長世代への信頼と尊敬に導かれる模倣欲求

母性愛の下に育てられる子どもは母親に対して信頼と尊敬の感情を自然のうちにもつようになる．そのような子どもにとって母親のあらゆることに対して模倣欲求をもつようになる．子どもが親に似るのは遺伝的要素だけによるのではなく，子どもの無意識な模倣欲求に基づいている．人間は意識的にも無意識的にも信頼と尊敬の感情をもつ対象に模倣欲求をもつものである．

このような意味において，年少世代は年長世代に対して信頼と尊敬の感情をもつ場合，自ら年長世代を意識的にも無意識的にも模倣しようとするものである．世代間の教育を成り立たせるのは，単に年長世代が年少世代を教育したい，教育しなければならないという意識だけによって成立するというよりは，むしろ年少世代の側から年長世代に対して模倣したいという模倣欲求をもつことによって成立してくるのである．

それゆえ，世代間の教育を成立させる重要な要素は，年長世代から年少世代への愛情に支えられた年少世代から年長世代への信頼と尊敬の感情と，それに基づく模倣欲求なのである．つまり，世代間の教育はその社会における世代関係が順調に構成され，それぞれの世代としての役割を演じていることによって，必然的に成立していくのである．このような世代間の教育が成立しないのは，社会における世代間の人間関係が個々人の利己主義化によって相互信頼・相互尊敬の意識を失うところに現れてくる現象なのである．現代社会における経済至上主義的イデオロギーの広まりはその傾向のあらわれであり，現代社会は世代間教育の危機に瀕していると言わざるをえない．

(3) 年長世代のもつ既存社会発展欲求

年長世代は既存社会を維持・発展するべくそれぞれの立場で社会を構成し役割を演じている．そのような既存社会を維持・発展させるための活動こそが，次世代に対する文化の伝達のための教育に繋がっていくのである．年長世代を

構成する大人としての性格である未来志向性は，自らの未来を自らの子孫という次世代に対する愛情を向けるという形で現れてくる．しかも，その未来志向性自体が人間としての上昇志向性から生じてくるのであるから，年長世代はその既存社会をよりよい社会へと発展させたいという欲求を基本的にもっている．つまり，年長世代が既存社会発展欲求をもつこと自体が，年長世代にいる人間が大人としての上昇志向性と未来志向性をもつことのあらわれなのである．

年長世代が既存社会発展欲求をもつからこそ，未来を担うべき次世代である年少世代に対してその社会のさらなる発展を託する教育欲求をもつようになってくるのである．そこに，世代間の教育が成立してくるのであり，このこと自体人間の本性のあらわれでもある．人間が個人としての明確な自己意識をもつ社会的動物であり，年長世代になれば未来志向性と上昇志向性を同時にもつようになるとともに，年少世代である子どもは自らの親に信頼と尊敬の感情から模倣欲求をもつのであるから，人類の継続的発展を成立させる世代間の教育が必然的に成立してくるのである．

以上のような世代間の教育を成立させる根本的要素は人間のもつ価値追求性なのである．この点について，次に考察したい．

5. 教育的有機体である人間のもつ価値追求性

大人のもつ未来志向性や上昇志向性はともに，人間の本性である価値追求性に起因している．人間の価値追求性は他の動物には比較にならないほど大きいと言うことができる．その価値追求性こそが人類の文化を人類の長い歴史において発展させ続けてきたのである．

人類の文化発達の構造は個人レベルでの価値追求性に始まるが，そのような価値追求性は自らの子孫に伝えていくとともに，社会的動物としての側面が加わり，自ら個人だけに留まらず，人類全体をその範囲に含み込むようなレベルにまで広がっていく．それこそ価値追求性の成果であると言うことができる．人間は個としての存在においては，さまざまの点において限界をもっている．このことは明確な自己意識をもつ人間にとって明らかなことである．人間が個としての自らの限界を克服するためには，自らの子孫のうちに自らの未来を投影し，さらに，個としての自己や自己の子孫だけではなく，人間社会全体にお

ける未来を投影することが必要である．また，そのように世代を超えた連続性によって，より高い価値を実現していくことが可能になってくるのである．

　教育的有機体である人間は自らの成長・発達の経過において現在志向性から未来志向性への転換を実現するとともに，上昇志向性によって次世代への文化伝達を教育という形で実現し，人類の文化を築き上げてきた．人類の発展は個々の人間が教育的有機体として成長・発達するとともに，社会的動物としての側面から人間社会において活動することによって個人のレベルでの成長・発達が社会のレベルでの成長・発達に，さらには，人類のレベルでの成長・発達に繋がってきた結果である．

　これこそ教育的有機体である人間の価値追求性という人間の本性のあらわれなのである．

第3節　個性化と社会化の過程としての人間の発達

1. 自我の生成と自己意識

　人間の成長・発達が自己形成によって行われていることはすでに明らかになった．誕生と同時に環境からの影響を受けつつ反応する生理的レベルでの影響の授受によって無意識的自己形成が進んでいく過程で，自我が徐々に生成してくる．やがて自我が確立することによって自己意識が現れ，明確化してくる．自己意識の明確化は自己と他者との区別を認識することに繋がり，その結果，周りの人や物との関係を認識するようになることから，社会性が徐々に成立してくる．それゆえ，自我の確立のためには，周りの人や物との関係の認識が必要不可欠である．周りの人や物との積極的な影響の授受がコミュニケーションへと発展し，自我の確立が実現していくのである．

　自我の確立は自己意識の明確化に繋がる．人間の自己意識は他の動物には比較にならないほど明確なものになってくるが，それこそが人間の自我が顕著に発達してくる結果である．自我の確立が個人としての自己意識を明確にするからこそ，本能を自制したり，自己形成を行ったりできるほどに自己を客体化することができるようになるのである．この過程は個人の発達だけで行われるというよりは，周りからの教育的はたらきかけによって進められていくものであ

る．周りからの教育的はたらきかけを受け入れることにより，効率的に自己と他者の関係を客体化し認識できるようになる．これこそが個人性と社会性の発達を促進するのである．

個人性と社会性の発達は人間関係のなかで生活するという人間独自の生き方を身に付けるための重要な契機になる．「人間らしさ」の本質である道徳性はこの個人性と社会性のバランスを取るところに成立してくるものであり，生涯にわたって人間が正面から捉えなければならない教育問題の基礎になる要素である．

人間という社会的動物は教育によってその個人性と社会性のバランスを取るためのルールとして成立してくる道徳に従う社会的動物である．それがうまく行われない場合，いかなる人間も社会的不適応であるニートや社会的ひきこもり，さらには，社会的逸脱者になってしまう可能性がある．ニートや社会的ひきこもり，社会的逸脱者は社会化の過程における個人性と社会性の発達のバランスを取る教育に失敗した例であると言うことができる．

以上のように，人間の成長・発達と自己意識の関係は極めて重要な関係であり，教育問題の中心に存在するテーマである．

2. 自己意識の明確化としての発達

自己意識の明確化は自己の存在と他の存在との区別を明確化し，他者との関係を踏まえつつ自己を考えるような習慣づけを行うために不可欠の条件である．人間の発達がこのような自己意識の明確化の過程として実現してくるのであるから，その自己意識の明確化に従った教育指導が必要になってくる．

自己意識の明確化に従った教育指導とは，子どもの主体性のあらわれである「やる気」を尊重し刺激することによって，自らの行為に対する自信と責任をもたせるような形で進められなければならない．子どもの「やる気」を重視するあまり，いかなる誤った行為でも否定しないで，ただひたすら子どもの主体性を尊重する「支援の教育」は，わがまま勝手な自己中心的人間をつくり上げることに繋がる危険性がある．子どもが行った誤りは明確に指摘するとともに，その責任を取らせることが必要である．誤りを誤りとして認めさせること，さらに，その責任を取らせることは，社会的人間としての基本的生き方のルール

であることを教える必要がある．これこそ教育専門家である教師が行うべき教育の基本原則でなければならない．

　自己反省することによって自己の誤りを認めることこそ，自己意識をより正確なものにするために不可欠の要素である．自己自身の誤りを認めるような自己反省が行えることは，人間としての自己意識の明確化の一段階であると言うことができる．それまでの自己中心的なものの考え方から脱却することは，子どもから大人への成長・発達の一つの段階である．

　人間における自己意識の明確化とは，人間存在のあらゆる要素に及ぶものでなければならない．それゆえ，個人性の側面に関することだけではなく，社会性に関すること，さらには，両者の関係に関することについても，成長・発達の側面として自己意識の明確化は実現してくるのである．それゆえにこそ，成長・発達が進むにつれて自己意識の明確化は多面的になるとともに，客観性のレベルが高まってくる．つまり，自己意識の明確化が進むにつれて，より客観的に物事を捉え，他者の立場に立って物事を考えることができるようになり，「思いやり」や「心のつながり」の重要性も理解できるようになってくるのである．その結果，「人間らしさ」が人間の成長・発達の過程で身に付いてくるのである．

3. 個性（個人性と社会性）の発達がもつ自己矛盾

　自己意識の明確化は自らの存在における個人性と社会性のバランスを取る必要性を認識させるようになる．他人の立場に立って物事を考え判断する必要性に気づき始める．しかしながら，それと同時に自らのあり方において，個人性と社会性のバランスの取り方が微妙に異なってくる．それこそがそれぞれの人間の個性（独自性）となって現れてくるのである．

　自らの個人としての欲求に重点を置いて物事を進める人間や，他の人のことを尊重し，そのために自らの欲求を自制する人間，他者と自己の欲求の軽重を決定できず常に決断力のない優柔不断な人間，というようにさまざまの個性をもつ人間が存在している．このようなさまざまの個性をもつ人間が存在してくるのは，個人性と社会性のバランスの取り方が人によって異なっているからである．ただいずれの場合でも，個人性と社会性という個性を構成する二つの要

素は互いに対立・矛盾する要素であることに変わりはない．

　人間の自己意識は成長・発達に伴い明確化するにつれて，個人性と社会性の対立・矛盾によって生じてくるさまざまのストレスを感じるようになってくる．このようなストレスは人間の成長・発達に独自のストレスであり，そのストレスに耐えつつ人間として成長・発達を遂げていかなければならないのである．教育的はたらきかけもこのような成長・発達を進めるためのはたらきかけであるがゆえに，多かれ少なかれ子どもにストレスを与えるものである．しかしながら，人間の成長・発達に付き物であるストレスから人間は逃げることができない．教育的はたらきかけは子どもたちにストレスを与えると同時に，そのストレスに耐えられるストレス耐性を養っていくことも重要な役割なのである．

　便利さと快適さを追求する現代社会において，ストレスから解放されることは，文明と科学技術の進歩の成果であると理解されている．教育現場においても，子どもだけでなく，教師もストレスにさいなまれていることが報告されている．しかしながら，現代社会のストレスは過去のいかなる社会のストレスよりも軽減されていることは明らかである．それにもかかわらず，現代社会がストレス社会であると言われるのは，現代人がストレス耐性をもたなくなってきていることが大きな原因であると考えられる．

　いじめや不登校という教育問題の解決策の一つにカウンセリングが挙げられる．カウンセリングはこれらの教育問題によるストレスから解放するための療法であり，教育ではない．教育問題に対応する教育は教育問題の根本的解決と同時に，その問題から生じるストレスに耐えられるストレス耐性を被害者に養うことを目指さなければならない．

　教育問題に対する対症療法ではなく，根本的対応は道徳教育によって行われなければならない．道徳教育は教育問題が起ってから対応するのではなく，起らないような日常的な生き方の教育であり，人間関係の正常化，思いやりと心の教育である．それと同時に，道徳教育は人間の成長・発達の対立・矛盾からの解放のルールと人間がもつ弱肉強食的要素を自制することによって弱者救済的要素に転換するための教育でなければならない．ここにおける「自制」こそ，ストレス耐性の基礎になるものである．この「自制」は明確な自己意識をもつ社会的動物としての人間固有の性質である道徳性のあらわれであり，弱肉強食

という自然界の摂理を人間独特の道徳的ルールである弱者救済に転換させるのである．

人間の成長・発達はその本質から自己矛盾的要素を含みもつものである．それゆえに，その自己矛盾から解放するための道徳教育は人間教育の基礎に存在していなければならないのである．

4. 発達と社会的役割

人間は教育によって社会的動物になる．それは人間の成長・発達が個人性と社会性の発達としてあらわれてくるがゆえに，そのバランスを教育することによって，人間社会の構成員として社会的役割を演じるようになることが求められるからである．人間社会の構成員として社会的役割を演じるということは，年長世代として未来志向性と上昇志向性をもち，文化の発展と伝達に寄与するようになることである．そのためには，社会性の発達が重要な要素になると言うことができる．

このような意味において，ニートや社会的ひきこもりという現象は極めて大きな社会問題であると同時に教育問題でもある．社会的役割を担わない人間は人間とは言えない．人間は教育によって社会的動物になるのであるから，その意味において，ニートや社会的ひきこもりは不適切な教育の結果であると言わざるをえない．人間の成長・発達は個人性と社会性の調和的発達によって実現される．しかも，個人性と社会性の対立・矛盾は成長・発達に伴って拡大してくることも必然的事実である．それゆえにこそ，その対立・矛盾から生じるストレスに対する耐性を養うことは教育の第一目的でなければならない．

教育からストレスを取り除くことは教育を成立させない状態をつくり出すことに繋がる．本来社会化することによって社会的動物になる人間が社会的役割を担うことができない状態は，社会的役割を演じるための能力を育成されなかったことに起因する．社会的役割を演じるための能力とは，社会生活全体を構成する何らかの職業能力，その社会的立場を維持・発展させるための意志と意欲，さらに，それらに伴うストレスに耐えるストレス耐性から構成される．現代社会では，これらの能力のうち，ストレス耐性が軽視されている．ストレスを軽減することが近代文明・科学技術の目指すところであるという事実から，

ストレス耐性を養うことを評価しないのが現代社会の特徴であると言うことができる．

　しかしながら，このストレス耐性を軽視することは，年長世代として社会を維持・発展させていくために年少世代を新たな年長世代へと教育していくことを成立させない状態を生み出すことに繋がるのである．年長世代として既存社会を維持・発展させるために社会的役割を担うこと自体，大きなストレスを伴う活動である．さまざまのストレスを感じつつもそれに耐えながら，既存社会のさまざまの問題に立ち向かっていくことによって社会的役割を果しつつ社会改革にかかわることになり，その結果，社会の発展は実現されるのである．

　以上のような意味において，発達の過程においてストレス耐性を育成することは重要な意義をもつ教育内容である．

5. ストレス耐性の育成

　人間の成長・発達そのものがストレスであり，教育はそのような成長・発達を促進させるという意味において，子どもにストレスを与えることでもある．現在志向性をもつ子どもにとって，未来の生活に役立つ知識や技術を教えられること自体ストレスである．したがって，そのような知識・技術を習得させることと，さらに，そのような知識・技術を習得させることによって子どものもつさまざまの能力を発展させるという二重の目的で教育が行われる．前者は実質陶冶を目的とする教育であり，後者は形式陶冶を目的とする教育である．現在の学校教育では実質陶冶が中心的目的とされているが，教育の過程において子どもが大人としての未来志向性を身に付けていくことは形式陶冶的要素を大きく含んでいると言うことができる．教育は人間の成長・発達に必要な要素を育成する使命をもっている．その要素とは，意欲と耐性である．意欲については現実の学校教育において，その重要性が評価され，そのための教育方法の研究が積極的に行なわれている．しかしながら，耐性についてはほとんど教育の対象として認識されていないのが現状である．

　教育者がもつ教育目的は基本的には実質陶冶的目的になるのは，教育評価を行う事を前提に教育活動を行うからである．しかし，子どもの成長・発達にとって，必要なのは実質陶冶的内容だけでなく，形式陶冶的内容をも含みもつ

のである．ストレス耐性の育成はこの形式陶冶的内容に含まれる．とりわけ，現代社会がストレス回避社会であるがゆえに，なおさらストレス耐性育成の教育が学校教育において取り入れられなければならない．

便利さや快適さを求めること自体，人間の基本的欲求と科学技術の発展が目指すところである．しかしながら，それによって，現代人の虚弱化が起りつつあることは否めない．便利さ快適さを求める社会であるからこそ，教育においてストレス耐性を育成することの必要性が生れてきているのである．

ストレス耐性の育成は子どもに対する教育においてだけではなく，教師自身においても必要になりつつある．教育現場において，職場のストレスが原因で休職している教員が多いこともそのあらわれであることは否めない．教師自身がストレス耐性をもたないために，子どもにストレス耐性を育成することが軽視されているのである．

人間の成長・発達自体がストレスであり，教育はそのストレスを促進するはたらきかけであるという事実を踏まえれば，ストレス耐性の育成は差し迫った教育課題であることは明らかである．ストレス耐性の育成は真の児童中心主義教育を実践していくための前提教育であり，ストレス耐性が日常生活で養いにくい現代社会においては教育実践によってストレス耐性を基礎教養として育成していくことが必要なのである．

第4節　文化伝達と文化創造

1. 世代間の文化伝達を成立させる価値追求性

価値追求性という人間の本性が人類の文化を創り上げ，それを伝達してきた．その歴史が人類の歴史そのものであると言うことができる．価値を求め文化を創造し，それを次の世代に伝達するために教育を行うという営みの歴史が人類の歴史である．このような文化の形成・伝達は，個としての人間が種としての人間（人類）への意識をもつことによって成立してくるものであり，子どもの現在志向性から大人の未来志向性への発展のあらわれでもある．

現在志向性をもつ子ども時代においては，自らの生の範囲でのみ物事を考えるのが当然のことと感じられる．成長・発達とともにしだいに未来志向性を身

に付け，大人としての意識をもつようになると，自らの子孫や社会全体，さらには，次世代のことを考慮に入れて行動するようになる．このような現在志向性から未来志向性への転換は教育に導かれた自己形成によって実現するのであるが，これは人間の本質にある上昇志向性という根本的性質によって実現されてくるのである．

　人間の上昇志向性が価値追求性としてあらわれ，それが個としての存在から社会全体へと，さらには，次世代への文化伝達へと繋がっていくのである．大人になった人間がもつ価値追求性は，自らの生理的・物理的有限性を認識するようになるにつれて，次世代（自らの子孫を含めて）に価値を受け継いでもらうことによって価値追求的欲求の実現を目指そうとする．それこそが世代間の教育であり，世代間の文化伝達なのである．

　人間は明確な自己意識をもつ社会的動物である．人間は教育によって自己意識の明確化，文化的価値の追求，社会化が進められることによって，種としての人間の意識をもつようになる．しかし，これは外的な教育的はたらきかけによってのみ実現するのではない．教育的はたらきかけはむしろ人間が本来もつべき上昇志向性と価値追求性に刺激を与え，目覚めさせるはたらきかけである．つまり，人間の成長・発達は人間独自の自己形成によって実現されていくわけであるから，その自己形成に適切にはたらきかけることによって，上昇志向性や価値追求性の機能をさらに顕著に高める形で進められなければならない．それゆえ，人間は教育されねば成らない唯一の被造物なのである．上昇志向性や価値追求性は人間の本質を特徴づける性質であり，その性質が世代間の文化伝達を必然的に成立させることになるのである．

2. 人間の本質が生み出す文化伝達と文化創造

　文化伝達は人間の価値追求性に基づいて成立してくることについては明らかになった．そのような文化を伝達される側の年少世代（子ども）は伝達された文化を受け入れるのは，年長世代（大人）に対して信頼と尊敬の感情をもつことから生じる模倣欲求によって成立してくるのである．ただこのような伝達された文化をそのまま受容する形で人類の文化伝達が成立してくるのではない．人類における世代間の文化伝達は，それを受け入れる側（次世代）の主体的な

取り入れによって実現するのである．これは人間が教育的有機体であるという本質に起因することである．

人類の文化伝達はその過程で文化に新たな要素が加えられながら行われていく．つまり，文化伝達の過程は文化創造の過程でもある．このことは文化伝達が教育的はたらきかけによって実現していくことの結果なのである．

教育とは被教育者の主体的学習能力に合致した形で行われるべきあり，被教育者の学習意欲を実現するための興味・関心を尊重しなければならないとする児童中心主義教育の基本的考え方が現代教育思想の中心になっている．それゆえ，教育者が教育意図や教育目的をもって教育実践していても，その目的や意図が必ずしも被教育者にそのまま受け入れられるかどうかわからない．子どもの主体性の尊重とは子どもの受け取り方（学習能力）によって教育効果が左右されることを前提にしている．さもなければ，教育は教育の名に値しない洗脳になってしまう．

教育は被教育者の自己形成を促進する形で行われなければならない．教育という文化伝達の過程において被教育者の自己形成力が機能するのである．教師の教育は子どもの自己形成によって習得されるのである．つまり，世代間の文化伝達の過程において年少世代による文化創造が組み込まれているのである．子どもは教えられた内容を自らの解釈によって理解し，記憶しようとする．この解釈・理解・記憶の過程は個々人の自己形成能力によって実現される．それは大人（親や教師や年長世代）が伝えようとした内容と必ずしも完全に一致するものではない場合がある．教育が洗脳でないかぎり，このような被教育者の側の主体的解釈・理解・記憶の過程を強制的に変更させることは行わない．

これこそが人類史における文化伝達の基本的構造なのである．

3. 文化伝達を基礎にする文化創造

年少世代は年長世代が創り上げてきた文化を伝達され，それを受け入れることによって既存社会に適合していくべき立場にいる．社会的存在である年長世代になるためには，その社会を成立させている文化的価値を習得することが前提になり，その社会で社会的役割を担いながら社会生活を続けること自体がその文化を習得していく過程そのものにもなる．しかしながら，先にも明らかに

したように，このような文化習得の過程は各人間の独自の自己形成によって行われるがゆえに，文化内容に独自の価値観が徐々に含まれていく．それゆえ，年少世代が新たな年長世代になる過程において，その社会を構成してきた文化内容そのものに徐々に変化が生じてくるのである．

人間の成長・発達は生活環境からのさまざまの影響や年長世代からの教育的はたらきかけ等を自己形成によって受け入れる過程で実現されていく．生活環境からの影響や教育的はたらきかけは，それまでに築き上げられてきた文化を次世代に伝えるための基礎的機能であるが，それはある社会で生活するために必要なさまざまの要素をその社会生活を通じてその社会の構成員になるべく形成していく社会固有の影響力としてあらわれてくる．そのような社会機能としての社会の影響をクリーク（E. Krieck, 1882～1947）は機能的教育と呼んだ．

しかしながら，このような機能的教育を受けながらも，独自の人間として自己形成していく個々の人間によって新たな年長世代が形作られ，新たな社会へと徐々に社会自体も変化していく．このような社会の恒常的・漸進的変化・発達は世代間の文化伝達において見られる「文化伝達を基礎にする文化創造」という構造の結果であると言うことができる．戦争や革命や宗教によって急激に行われる文化の変化と異なって，日常的な平和な生活においても社会や文化は漸進的に変化を遂げていく．人類文化の発展過程はこのような恒常的・漸進的変化に，ときおり起る戦争や革命や宗教による急激な変化によって，総合的に進んでいくものである．人類における文化創造は年長世代から年少世代への文化伝達を基礎にしつつ，各時代・社会の独自の要素（戦争・革命・宗教等）が加わり，さらに，新たな文化内容に影響されながら行われてきたのであり，今後もそれが続けられることが予想される．

4. 「教育と自己形成」の関係が生み出す「文化伝達と文化創造」の関係

教育的はたらきかけは被教育者の自己形成に合致した形で行われなければならない．それは意図的な教育的はたらきかけが行われる以前から（生命の発生と同時に）さまざまの環境からの影響を受け入れつつ行われている自己形成に合致してこそ，教育の名に値するはたらきかけであるからである．

このような教育と自己形成の関係は，年長世代が年少世代に対して行う文化

伝達においてもあらわれてくる．年長世代は年少世代に対して愛情をもつからこそ，価値あるものを伝達していきたいと思い，年少世代はその年長世代を信頼し尊敬するからこそ，その年長世代から伝えられた文化受け入れたいと思うのである．ただその受け入れ方は各人の独自の自己形成によって実現されていくがゆえに，そこには，独自の要素が加わり，文化創造的要素を含みつつ年長世代の文化を受け入れるのである．その結果，文化伝達は文化創造を前提に行われざるをえないのである．

　このような「教育と自己形成」の関係，および「文化伝達と文化創造」の関係は，それを行う人間が教育的有機体であるからこそ生じてくる関係である．まさに人間は教育に対して有機的に反応していく存在なのである．

　「人間は教育を必要とする唯一の被造物である」というカントの言葉は，ここにおいても重要な意義をもってくる．教育なしには，人間は社会的動物になれないし，文化伝達も文化創造も行えない．教育的有機体である人間が単純な自己形成だけで成長・発達を遂げていくとするなら，人類の文化や科学技術は現実のように発達しなかった．世代を超えて価値を探究し，実現していこうとする上昇志向性と価値追求性が人類の文化を創り上げてきたのであり，今後も発展させていくのである．ただその方向性については，現実社会を構成している現在の人間には必ずしも明確な予測はできない．それは次世代の文化創造に任せなければならないからである．

　以上のような意味において，未来は人類にとって常に不確実性の時代であり，文化伝達で未来を規定したいと考える年長世代の思いだけで未来は決定できない．未来を形成していくのは次世代である．ただ年長世代としての使命は次世代が誤った方向に向いていかないような教育を心がけることが必要である．それこそが次世代に伝える最低限度の文化であることを忘れてはならない．

5．人間社会の基礎的要素作りの構造である世代間教育

　人間社会は歴史的・文化的遺産の集積の上に成り立っている．それゆえ，既存社会を維持・発展させるべき立場にいる年長世代は年少世代に対してそのような文化を伝達し，社会の維持・発展を実現していこうとする．個々の人間の能力や人生は極めて有限的であり，いかに優れた人間であっても，一人の能力

で人類社会全体を改革・発展させることはできない．人類社会の発展は人間と人間のつながり（横のつながりと縦のつながり）を通じてのみ，実現することが可能になる．横のつながりとは，一つの社会に閉じこもるのではなく，広く世界全体との交流をする教育（国際交流の教育）によって実現されることが必要である．さらに，縦のつながりは歴史教育と次世代教育による文化伝達の充実が重要な意義をもつ．それゆえ，この縦のつながりを充実させるための歴史教育と次世代教育に対する取り組みの改革の重要性を再確認しなければならない．

21世紀を迎え最初の10年が過ぎ，今後予測不可能な「不確実性の時代」が始まりつつある．このような現状において，今後の人間社会の基礎的要素を明確に規定し，それを次世代に伝えていくという世代間教育の重要性は高まりつつある．20世紀までの世界は歴史的発展の延長として成立してきた産業社会であったために，世代間の教育は自然に成立していった．しかし，そのような自然に成立する世代間の教育では，対応不可能な状況が生じてきているのである．エネルギー問題・環境問題等新たな人類の課題に対しては，これまでの基本的考え方での対応は不可能である．人類の現在までの発展は経済的発展が世界的レベルで拡大し，その成果としての人類文化の発展が実現されてきた．今後の社会においては，それができない状況が起りつつある．環境問題が経済問題とリンクしていることが必ずしも十分環境教育で取り上げられていない現状は，不確実性の社会の進行を一般の人々に知らせようとしない意図すら感じられる．

その結果，年長世代が伝達する文化的価値を踏まえながらも，十分な情報吟味の行われない新たな文化的価値を創り出す領域がかつてなかったほど拡大してくる時代が，あらわれきつつある．これこそが「不確実性の時代」なのである．

不確実性の時代において，教育は極めて難しい問題に直面することになる．古代ギリシア時代以来教育の中心であり続けた家庭教育の崩壊，年長世代から年少世代への文化伝達という教育の基本形態がともに崩壊の危機に瀕している．その結果，さまざまの教育問題が発生してきているのである．1980年代以降の教育問題（校内暴力，いじめ，不登校，学級崩壊等）は基本的に家庭教育の機能低下がその根本原因である．さらに，情報の氾濫に伴う価値観の混乱が文化伝達に基づく文化創造の方向性を示すことが難しい状況を引き起しつつある．

今後の世代間教育を成立させる基本的要素は，年長世代が現実社会の改革の方向性を明確に認識して，それを次世代に伝える使命感をもたねばならない．個人の利益のみを求めるような従来の経済至上主義的イデオロギーに毒されていては人間社会の発展は望めない．

　このような不確実性の時代においては，年長世代が年長世代の特徴である未来志向性を明確にもち，今後の社会のあり方についての方向性を明確にもつことの重要性が高まってくる．その意味において，世代間教育の意義は大きくなってくるのであるが，それが不完全な情報教育によって喪失されようとしている．つまり，情報教育という1つの教育方法改善教育が教育本来の世代間の文化伝達を見失わせる傾向が起っているのである．その背後には世界全体に広まっている経済至上主義的イデオロギーが存在している．

　経済至上主義的イデオロギーの広まりに起因する利己主義的傾向のため，親の子どもに対する愛情の喪失，年長世代の年少世代への意識の変化，さらには既存社会の文化や伝統に対する誇りの喪失が，日本社会の世代間教育をも根本的に崩壊させる危険性を顕著化させている．

　このような不確実性の時代において，われわれは教育の本来の姿を再確認し，このような時代を克服していく教育実践を実現していかなければならないのである．

参考文献

- 田井康雄・中戸義雄共編『探究・教育原論』学術図書出版社，2005年
- 田井康雄『現代道徳教育原論』学術図書出版社，2007年
- 田井康雄編『新教育職の研究』学術図書出版社，2009年
- 白川一郎『日本のニート・世界のフリーター』中公新書ラクレ，2006年
- 斎藤　孝『子どもたちはなぜキレるのか』ちくま新書，2005年
- 汐見稔幸『親子ストレス』平凡社新書，2007年

第 2 章

教育理論の構造

第 1 節 人間の本性に合致した教育理論

1. 教育者の立場から見た教育

　教育者は被教育者の性質や能力を十分踏まえた上で，明確な教育目的をもって意図的に教育的はたらきかけを行う立場にいる．それゆえ，教育者は被教育者の性格や能力に合致した教育方法を工夫し，よい性格を形成しつつ多様な能力を育成するという教育効果が上がることを目指さなければならない．このような意味において，教育学は個々の被教育者の性格や能力に適した方法をとりながらも，普遍的価値である善の理念に合致した目的を実現する必要がある．それゆえ，その方法を心理学にその目的を倫理学に求めることによって意図的はたらきかけとしての教育を成立させる実践学であると定義したヘルバルト（J. F. Herbart, 1776〜1841）の考え方は重要な意義をもつと言うことができる．

　ヘルバルトがあらわれてくるまでは，コメニウス（J. A. Comenius, 1592〜1670）の教授学を基礎にする教育方法論にかかわる教育思想が中心であった．コメニウスは三十年戦争が行なわれていたボヘミアに生れ，人生の大部分をその戦争のなかで過ごした．その結果，無知が戦争の原因と考え，無知をなくすために「あらゆることをあらゆる人に教える」方法学としての教授学の必要性を唱えたのである．それゆえ，教育学におけるコペルニクス的転回を行うことによって，児童中心主義教育思想を成立させたルソー（J. J. Rousseau, 1727〜1778）や児童に対する教育愛の重要性を教育活動の根本に据えたペスタロッ

チー（J. H. Pestalozzi, 1746～1827）らの児童中心主義教育思想家たちの教育思想も主に教育方法に関する理論が中心であった．彼らはそれまであった教師中心主義教育思想を批判し，児童中心主義教育思想を展開することの重要性を唱えたのである．

　ヘルバルトはペスタロッチーの教育理論を研究することから，教育に関心をもち，教育学を理論づけたのであるが，その基本的考え方は次のようなものである．教育者は教育を行う場合，被教育者の自己形成の状態を十分に把握して教育方法を工夫する必要があるとともに，被教育者をいかなる教育目的に向かって教育するかの両方に重点を置かねばならないことをヘルバルトは示しているのである．つまり，コメニウスが言うように教授学の考え方に従えば，悪いことを教えることも教育になってしまうという矛盾を克服するために，ヘルバルトは教えるべき目的を倫理学的に吟味して教育することが必要であることを唱えたのである．それゆえ，ヘルバルトは徳育の重要性を主張するのである．

　教育者の立場からの教育の意義は，被教育者自身が教育の意義を十分に認識できていないときに，その被教育者の意志とは無関係に必要な教育的はたらきかけを行うところにある．それゆえ，教育者の行う教育活動自体に被教育者はストレスを感じるのである．とりわけ，大人が子どもに対して行う教育では，この傾向は強い．大人は子どもの将来のことを考え，教育を行おうとするが，現在志向性を一般にもっている子どもはそのような教育的はたらきかけにストレスを感じ，反発するのである．それゆえにこそ，教育専門家である教師は子どもに対する教育を行う場合，子どもたちに興味・関心を起すようなはたらきかけの内に教育を行わなければならない．

　子どもたちに「学ぶ楽しさ」を教えるということには，二つの意味が含まれている．一つは教育的はたらきかけのテクニックとして子どもがストレスを感じにくい状態で学習を進めるようにすることであり，もう一つは教育によるストレスにもかかわらず，そのストレスを克服することによって得られる教育の成果の意義を自ら認識できる充実感に基づく楽しさである．幼い子どもに対しては前者のような形で，子どもの成長・発達が進むにつれて後者のような形での「学ぶ楽しさ」を体験できるような教育的はたらきかけが必要なのである．教育専門家である教師の教育は，このように子どもの成長・発達段階に応じて

行わなければならないのである．

　教育者の立場（とりわけ，プロの教師の立場）から見た教育は被教育者の状態を把握した上で教育方法を決定しなければならない．それは被教育者自体教育的有機体であるという人間の本質を見抜いて行うことが求められる．被教育者はそれぞれの立場において必要とする教育は異なっている．それはそれぞれの被教育者自身の自己形成の状態によって決まるからである．

　以上のことを考慮に入れて，教育者は教育を考えていかなければならないのである．

　しかしながら，ヘルバルトのこのような教育についての考え方では，意図的の教育活動を受けない状態のまま成人し，大人としての役割を十分果すようになっていった多くの人間に対する教育の説明ができないことになる．意図的な教育を受けなくても人間として成長・発達を遂げていくことについての考え方は，被教育者の立場から教育を見ることによって成立してくるのである．

2. 被教育者の立場から見た教育

　現在志向性をもつ被教育者（すなわち，子ども）から見た教育はストレスそのものであり，それを自ら受け入れたいと思う者は少ない．それは子どもにとって現在やりたいこととは無関係だからである．さらに，そのような教育的はたらきかけを受けなくても，日常生活には何の支障も感じないからである．そのような意図的教育をほとんど受けない状態でも人間は人間として成長・発達していくものである．公教育制度の成立以前の時代において大部分の人間はこのような状態で大人になっていったのである．

　これは教育的有機体である人間の成長・発達が自己形成によって行われていくからである．生活環境からのさまざまの影響によって自己形成が行われ，しだいに既存社会に必要な知識・技術を身に付けていくようになるのである．このような人間の成長・発達に加わる社会からのあらゆる影響を教育と捉える考え方を示したのがクリーク（E. Krieck, 1882～1947）であった．クリークと同様に，成長・発達に及ぼす環境の影響を教育と捉える考え方は，すでにエルヴェシウス（C. A. Helvétius, 1715～1771）やオウエン（R. Owen, 1771～1858）も主張していたことであるが，クリークはこのような社会機能を教育と捉え，人

間の成長・発達に加わるあらゆる影響が教育になると考えたところに特徴がある．とりわけ，クリークは人間社会のこのような影響を機能的教育という言葉で定義し，自らの定義はヘルバルトの教育に関する考え方が教育者の意図的はたらきかけであるという主観的な要素の左右されるのに対して，被教育者の成長・発達にあらわれてくる客観的影響と捉えるという意味においてより科学性をもつ教育科学を主張した．

人間の自己形成はこのような生活環境からの影響と教育者による意図的教育によって行われ，その成果として成長・発達が実現していくのである．クリークのこのような教育に対する定義は，人間の成長・発達に加わる生活環境からの影響がその成長にとって有益なものばかりでないことを見逃している．つまり，子どもの成長・発達に対して生活環境から悪い影響が加わっても，それを教育としていいのかという問題が生じてくる．この点については，ヘルバルトが教育学を定義する以前において，コメニウスが『大教授学』において無知をなくすためにあらゆることを教授することの意義を主張し，そのための教育方法を徹底的に研究していた．コメニウスは悪いことであっても無知であるよりは良いとする考え方に従って，教育方法の研究だけを行ったのである．

ヘルバルトはこのようなコメニウス以来の教授学の考え方を批判し教育学を樹立したのであるが，クリークの教育科学の考え方はコメニウスの考え方に逆戻りすることになる．被教育者の成長・発達に悪い影響を与えることを教育とは言えないとするために，ヘルバルトは教育の目的を倫理学に求めたのである．

以上のように，教育についての考え方は教育者の立場，被教育者の立場によって異なった意義をもつことを認識しておくことが重要である．

3. 文化伝達としての教育

教育を年長世代から年少世代への文化伝達であると定義したのは，シュプランガー（E. Spranger, 1882〜1963）である．このような考え方の基礎になる，いわゆる教育を世代間のはたらきかけや関係で捉えていたのは，シュライエルマッハー（F. D. E. Schleiermacher, 1768〜1834）にさかのぼり，さらには，その考え方を日常的な生の分析によってディルタイ（W. Dilthey, 1833〜1911）がより具体的に捉え直し，シュプランガーが文化教育学としてまとめ上げたので

ある．シュプランガーは教育を年長世代から年少世代への文化伝達であるとするとともに，教育機能として発達援助，文化伝達，良心の覚醒を挙げている．

これはヘルバルトのように教育を一対一の教育者と被教育者の関係で捉えるのではなく，社会化の過程と世代間の関係を含み込んで，より具体的・客観的に教育を理解しようとする立場である．教育を世代間の文化伝達として捉えることは，人間の社会化過程と世代間の文化伝達を年長世代と年少世代の相互関係から教育を見ることであると同時に，個としての人間が社会の成員になるという人間の成長・発達を多面的に捉えるときに必然的にあらわれてくる視点である．

教育を世代間の文化伝達と捉えることによって，教育者の立場から見る教育と被教育者の立場から見る教育の考え方を総合化することが可能になってくる．一人の人間が既存社会に適合していく過程は，年少世代が年長世代になる過程であり，同時に社会構成員として社会的役割を演じることによって社会そのものの発展と文化の蓄積をも実現するようになることでもある．つまり，新たな年長世代として次世代に対して文化伝達を行うべき立場に立つようになっていく．このような過程を通じて人類の文化発達の歴史が展開されていくのである．

さらに，文化教育学においてシュプランガーの主張する良心の覚醒は，ボルノー（O. F. Bollnow, 1903～1991）によって実存主義教育学へと発展していくことになる．実存主義教育学とは実存哲学に基づく人間理解を教育学に取り込もうとする考え方であり，人間の発達を非連続なものと捉えるところから，従来の教育学を連続性の教育学とするのに対して非連続性の教育学とボルノーは呼んでいる．この点については，別に取り上げることにする．

以上のように，教育を世代間の文化伝達として捉える考え方によって，人間と教育の関係についての理解が人間の複雑な本性に合致した理論として成立してくることになるのである．

4. 個性伸長と社会適合

個性伸長と社会適合とは，二つの根本的教育目的である．一人ひとりの子どもの個性を伸長することは重要な教育目的であるが，同時に既存社会の構成員として役割を担えるような社会的存在になることが人間として必要な姿である．

しかしながら，個性伸長と社会適合が相対立する教育目的と理解される場合がある．教育目的としての個性伸長と社会適合は人間が明確な自己意識をもつ社会的動物であるという人間の特殊性を成立させるための教育目的なのである．社会的動物である人間における個性とは個人性と社会性によって構成されている．それゆえ，個性伸長の教育とは人間の個人性と社会性を伸長する教育ということになる．しかしながら，個人性と社会性は相反する性質であるため，教育自体が子どもにとってストレスを与えることに繋がるのである．このような個人性と社会性のバランスを示した生活ルールこそが道徳であり，そのような道徳は人間の本質である個人性と社会性という相矛盾する性質から必然的にあらわれてくる道徳性をもつがゆえに必要不可欠であるとともに，徳育が教育の中心的なものになってくるのである．

現実社会において，人間は常に社会生活によって，社会からのさまざまの影響を受けながら成長・発達を遂げていくために，その社会に適するような性格が形成されていくものである．少なくとも社会からの機能的教育を受けながら生活しているかぎり，既存社会の価値観と逆の価値観をもった人間には成長しない．現実に起っているようなひきこもりになる人間は，むしろ個人性と社会性の対立から生じるストレスのために，このような機能的教育や道徳教育から逃避することによって，社会性の発達が十分に進まないために起ると考えられる．

教育的はたらきかけは機能的教育によって子どもの個性伸長と社会適合が並行して進んでいる状態をより促進するために行われるべきであり，その意味において，この二つの根本的教育目的である個性伸長と社会適合は矛盾するものではない．それは人間のもつ本質的特徴である明確な自己意識をもつ社会的動物という教育目的を実現するための前提である．社会に適合する人間の性格から能力まですべて同じ人間がいることを想像すれば，それがいかに不自然なことであるかすぐに理解できる．さまざまの性格と能力をもつ多様な人間が一つの社会を構成しているのが現実社会の自然の姿である．

以上のような意味において，教育目的としての個性伸長と社会適合は矛盾することのない重要な教育目的であると言うことができる．

5. 既存社会適合と社会改革

既存社会において成長・発達を遂げていく人間はその社会から機能的教育を受け，それを年長世代（親や教師）によって意図的に教育されることで，その社会の構成員になっていくのであるが，その社会の構成員になる（つまり，年長世代になる）ことは同時に未来志向性をもつようになることをも意味する．現実の既存社会に適合し，その社会を維持する立場に立つようになるとともに，その既存社会に存在しているさまざまの矛盾にも気づくようになってくる．既存社会をよりよい社会に改革していく必要性を感じるようになる．しかも，現実生活の場である社会を崩壊させることなく，改善していくための意識が年長世代にあらわれてくることが必要である．

既存社会の構成員である年長世代がその社会の問題点を改善することによって社会改革を行っていくことが人間社会の発展の基本的構造である．革命という急激な改革は既存社会に適合していない社会外的存在（アウトロー）が非合法的暴力行為によって社会改革を行おうとすることであり，その意味において革命は極めて非道徳的行為である．既存社会構成員はその社会自体に対する愛着（郷土愛や愛国心）を感じるものであり，それこそが人間の社会化の成果である．

既存社会に対する愛着を感じるからこそ，その社会を「よりよい状態」に改善していきたいという欲求が生れてくるものである．既存社会の構成員で既存社会の問題点を見て見ぬ振りをする人間は，利己主義者である．自分個人の生活さえよければそれでいいと考える人間は，十分な社会化がなされていない利己主義者であると言っても言い過ぎではない．その意味において，現代日本における教育で愛国心の教育を軽視していることは極めて大きな問題である．

愛国心と言えば，ナショナリズム的愛国心（自らの国を愛するために他の国を犠牲にすることを厭わないような愛国心）と理解する人々がいるが，愛国心にはパトリオティズム的愛国心（自らの国を愛するのと同様に他の国民がその国を愛する愛国心を尊重するような愛国心）もある．前者のような愛国心は特別な教育をしなくてもあらわれてくるが，後者のような愛国心は教育によってのみ成立するものである．戦後日本では愛国心の教育は全くと言っていいほど行われてこなかった．それは戦前の教育に対する反省からであるが，その結果，

日本人は自らの国に対する愛国心もプライドももたず，個人としての生活の安泰が維持できれば，国家としての存在にこだわらないような利己主義的な考え方をもつ人間が少なからずいることは否定できない．

　教育の本質から言うなら，現代日本社会は大きな問題を含む社会であることを忘れてはならない．

6. 非連続性の教育理論に見る発達

　非連続性の教育学とは，ボルノーによって唱えられた実存主義教育学である．ボルノーはそれまでの教師中心主義教育思想も児童中心主義教育思想もともに人間の発達を連続性で捉えていることに対する問題点を指摘した．人間の発達は連続的に起るものではなく，ある日突然非連続的に起るものであるとする捉え方をした．

　実存哲学では人間存在が現存在と実存という二つの存在形式を取ると考えられている．日常的な生活において人間は現存在としてルーティーンを特に考えることもなく過ごしている．しかし，何らかの出来事によって，そのような日常的なルーティーンが行えなくなり，真剣に自己の存在の在り方について考えて自己の行動を決定しなければならない状態になるとき，実存に変化する．実存に変化した人間は自らの日常を深く振り返り，その意味について真剣に考え直すようになる．ここに覚醒が起るのである．しかし，その出来事が終わってしまうことによって，また，日常の現存在に返っていくのが人間存在であると考えられている．このような現存材から実存への変化はいつ起るかわからない．このような実存哲学の考え方が教育による人間の発達にも当てはまるという考え方をボルノーが指摘しているのである．

　実存主義教育学においては，現存材から実存への変化を導くための覚醒を起すキーポイントとして「出会い」が取り上げられている．教育においてさまざまのもの（人，物，思想，書物等）との出会いがその出会った人間にそれまではもてなかったような考え方に気付かせたり，行動を取らせたりするきっかけになることを教育に取り込んでいこうとする教育理論である．

　このような人間の発達の捉え方はそれまでの教師中心主義教育思想や児童中心主義教育思想とは根本的に異なった人間発達の捉え方を可能にするという意

味において，新しい教育理論と言うことができる．発達における非連続性は教育実践においていつ起るかわからない発達という意味において，教育方法の工夫や気分転換の必要性，人間能力の多面性などに対する肯定的なアプローチの可能性を提案することになる．

このような実存主義教育学の考え方は無意識的自己形成の研究にも今後利用できる可能性をもっている．教育的はたらきかけによって身に付いてくる知識・技術は実存主義教育学的には，覚醒の過程であるがそれ自体は無意識的自己形成の過程でもある．無意識的自己形成によって習得された要素を突然意識化したときに覚醒が成立すると考えることができる．このような構造については，今後研究されなければならないことである．

7. 人間形成の概念

教育と人間形成の関係についてある程度整理しておく必要がある．その根本的な相違点は教育が作用概念であるのに対して，人間形成は目的概念である点が挙げられる．人間形成を目的として教育することが真の教育であると言うことができる．それゆえ，「人間形成する」ということはできない．

また，教育は年長世代から年少世代に対するはたらきかけであり，文化伝達であるとする考え方から言うと，年少世代が年長世代になると教育は終わるという考え方が成立してくる．教育によって自己形成が行われ，年少世代がさまざまの知識・技術・能力を身に付けて成長・発達し，年長世代と同様の立場に立ったとき，教育は終わるのである．年長世代になってからは年長世代同士の間での相互影響授受を通じてそれぞれ独自の自己形成を行いながら変化・発達していく．その過程で，年長世代が年少世代の影響を受けてもそれは教育とは呼ばない．それは年長世代が自己形成によって年少世代の考え方や行いを取り入れたのである．世代間の教育はあくまで年長世代が年少世代へはたらきかけることによって成立するのである．

以上のように，人間は誕生から死に至るまで常に（年少世代の時期には年長世代化らの教育によって，年長世代になってからは相互影響授受によって）受けた影響を，自己形成を通じて変化・発達していくことが人間形成なのである．それゆえにこそ，人間形成は目的概念であり，教育は作用概念であり，自己形

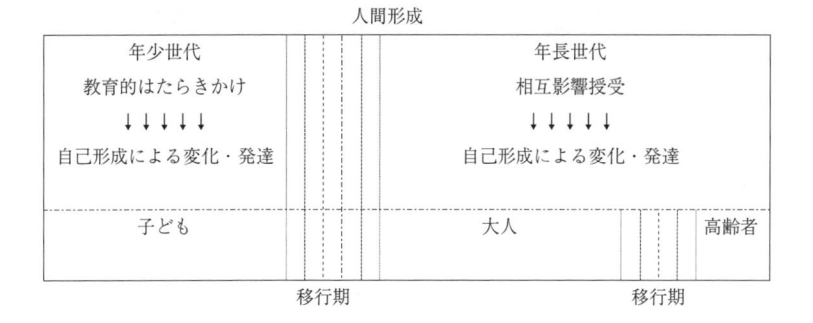

第1節　人間の本性に合致した教育理論

```
               人間形成
┌─────────────────┬─┬──────────────────┬─┬────┐
│    年少世代      │ │     年長世代      │ │     │
│  教育的はたらきかけ │ │   相互影響授受     │ │     │
│   ↓↓↓↓↓     │ │    ↓↓↓↓↓      │ │     │
│ 自己形成による変化・発達│ │ 自己形成による変化・発達 │ │     │
├─────────────────┼─┼──────────────────┼─┼────┤
│      子ども      │ │       大人        │ │高齢者│
└─────────────────┴─┴──────────────────┴─┴────┘
              移行期                    移行期
```

図 2.1　人間形成の構造図

成は人間という教育的有機体がもつ機能なのである．

　従来の教育学では，年少世代が年長世代になるまでの成長期における発達を中心に捉えてきたのであるが，現在教育問題を生涯に亘るスパンで考える必要性が出てきているので，人間形成論という学問の重要性が高まりつつある．とりわけ高齢化社会を迎えている先進諸国において，従来の教育学では捉え切れない教育問題が増えつつある．

　従来の教育学は人間の成長期における教育と自己形成の関係を捉えてきたのであるが，人間形成論は人間の成長期と成人期から老年期における生から死に至る生涯における自己形成のあり方を問題にし，研究する学問である．その意味で今後の更なる研究の重要性が期待される領域と言うことができる．

　高齢者教育やデス・エデュケーションの問題は人間形成論の立場から捉えていくべき問題である．現状では，高齢者教育は生涯学習の一領域として捉えられているため，高齢者の置かれている立場を高齢者自身の立場から問題にされるのではなく，生涯の一段階，しかも，最終段階の余生の生き方的な視点で取り上げられているに過ぎず，高齢者の自己形成のあり方から捉えることはほとんどなされていない．また，デス・エデュケーションについても，生命尊重の教育のために利用することが考えられているが，現実の高齢化社会において，死に直面しながら生きることを避けられない現状で生きていかねばならない人間の宿命を切り開くより積極的な人間形成論的視点からの研究が不可欠である．

第2節　教育的はたらきかけに必要な要素

1. 教育愛

　ペスタロッチー（J. H. Pestalozzi, 1746～1827）が言うように，教育愛は教育の基礎になるものであり，愛のないところに教育は成立しない．この教育愛の構造について明らかにする前に，愛の種類について明らかにしていきたい．

（1）エロース

　エロースとは価値愛であり，価値あるものを求めるというあらゆる生物に共通する基本的な愛である．とりわけ，人間は他の動物に比較にならないほど強いエロースをもっている．人間以外の動物のもつエロースは生理的欠乏を補うための欲求としてあらわれてくるものであるから，その欠乏が満たされるとともに失われる．しかし，人間はそのような本能的レベルでのエロースだけではなく，理性的レベルでも強いエロースをもつがゆえに，文化・芸術や科学・技術を発展させてきたのである．

　エロースに導かれる欲求はすべての生物に共通するものであるがゆえに，生物同士の競争や闘争を起す原因にもなり，その結果，自然界の摂理である弱肉強食が存在している．弱肉強食は強力なエロースをもつ人間界にも存在している．しかしながら，人間は明確な自己意識をもちながらも社会的動物でいなければならないという本性をもつために，弱者に対して哀れみの感情や同情の気持ちをもつことができる．この哀れみや同情は人間のみがもつ愛であるフィリアによって生れてくる．この点が人間と他の動物を区別する特徴になっているのである．

　人間のエロースは強力であるために文化・芸術だけでなく科学・技術を発展させてきたことはすでに示した．さらに，人間はそのような文化・芸術，科学・技術を次世代に伝えるための教育というものを積極的に進めていくようになったのである．しかし，エロースはこのような人間の素晴らしさだけを増加させたのではなく，それと同時に自然環境破壊や弱いものいじめをも生み出してしまったのである．あくなき探究が科学・技術の発展を導いたが，それは自然の摂理をも破壊することに繋がっている．例えば，地球上の絶滅危惧種を保護する試みや宇宙開発は人類の自然との共存を建前にしているが，自然を人間の手

によって変えようとする（従来の自然環境破壊と同じことの繰り返しに繋がる）ことに気づいていない現状にある．人間にとって都合のよい自然保護は自然保護ではなく，自然破壊に繋がる危険性をもつことを人間は認識しなければならない．このエロースは人間の自制によってのみ押さえることができることを忘れてはならない．そのように自らのエロースを自制によって制御するためのルールこそが道徳であり，その道徳こそが人間独自の愛であるフィリアによって成立するのである．

(2) フィリア

フィリアとは相互愛であり，明確な自己意識をもつ社会的動物である人間特有の愛である．明確な自己意識をもちながら，他の人間と共存するためには，力の強いものは弱いものを支配するだけではなく，救っていかなければならない．そのとき，このフィリアという愛が不可欠の要素になってくる．仲間に対し愛し愛されたいという欲求の基礎になるフィリアは，他者に対する愛情のために自らの欲求を自制することによって自然界の摂理である弱肉強食を人間界の道徳である弱者救済へと変化させることができる．

フィリアは具体的には，人類愛，兄弟愛，恋愛としてあらわれてくる．さらに，道徳を成立させるための相互信頼や相互尊敬の意識もフィリアから生れてくる．人間同士がフィリアによって相互信頼と相互尊敬の気持ちをもつからこそ，相手のために自らの欲求を自制できるのであり，法律だけではなく道徳という主体的・自制的ルールを人間社会はもつのである．人間はフィリアをもつからこそ，法律という外的強制力をもつルール以外に，自制的ルールである道徳が成立してくるのである．フィリアによって人間同士の正常な人間関係が成立するのである．そこに人類愛や兄弟愛が生れてくるのである．

さらに，人間は恋愛感情をもつとき相手にも好かれたいという欲求をもつ．愛し愛されたいという欲求が恋愛感情の基本であり，愛している相手が自分のことを嫌っていても，自分が愛していればいいという愛情（エロースによって人を好きになる）は正常ではない．それがストーカーなのである．ストーカーはエロースによって人を好きになるのである．そこに人間らしさは感じられない．つまり，フィリアは他者に対する思いやりを成立させる愛であり，人間固有の道徳を成立させる愛なのである．

人間の自然な生活においてあらわれてくるのはエロースとフィリアである．あらゆる人間はエロースとフィリアをもち，人間社会において人間独自の社会的生活を行なっているのである．

(3) アガペー

アガペーは授与愛であり，本来人間の自然にもっている愛ではない．神の愛であり，無私の愛であり，母の子に対する愛（母性愛）であると言われている．しかしながら，母性愛についてはやや特殊なアガペーと言うことができる．それはアガペーがエロースやフィリアと異なって，人間に自然に備わる愛ではなく，何らかの訓練や努力によって，自らの自然の愛であり，エロースやフィリアを自制するとともに意図的に努力することによってもつ愛であるのに対して，母性愛は母親が実の子に対して本能的にもつ愛であるからである．

母性愛は生理的早産として生れてくる人間の新生児の成長・発達に母親による育児が不可欠であるために人間に備わった本能と考えるべきであろう．その意味において，母性愛は他のアガペーとは異質な愛である．人間以外の動物にも母性愛はあるが，その程度の強さは成長・発達に対する必要性に応じているという意味において母性愛は本能的愛であると言える．近年，実の母親による幼児虐待が頻繁に起っている．これは社会の発展に伴って社会制度や教育制度の充実が実現し，個人の自己意識と権利が尊重される現代社会において進んだ利己主義的傾向のなかで，子どもに対する母性愛という本能を自制し，理性によって自らの利己的な幸せを追求する人間が現れてきたことに起因していると考えることができる．多様な吟味されない情報に晒されている現代において，理性によって誤った方向に向けられた母性愛を本来の母性愛へ理性的に戻すためにも母親教育の必要性が高まってきている．

このような母親の母性愛に対して，教師がもつべき教育愛は教育活動に携わる者が意図的にもつ訓練と努力が必要である．アガペーが無私の愛であると言われるのは，人間が本来もっているエロースやフィリアを自制することによってはじめて成立してくる愛だからである．エロースやフィリアという愛は基本的に「求める」「欲する」側面をもつ．それに対して，アガペーは「与える」側面のみの愛である．与えるだけで満足できる愛は非人間的であると言わざるをえない．人間が生物であるかぎり，与える欲求だけでは生きていけないからで

ある．それゆえ，生物である人間がアガペーをもつためには訓練と努力が必要なのである．専門職としての教師が備えなければならない第一の専門性は教育愛であると言うことができる．

(4) 教育愛の構造

　教育愛は教育活動を行う基礎に不可欠の愛である．しかも，努力の必要な愛である．それは人間が本来もつ自然の愛であるエロースとフィリアとは異質な愛であるアガペーに基づく愛だからである．

　教育的はたらきかけを行う場合，自然の愛の感情（エロースとフィリア）をもって被教育者に対応する場合，よくできる子に対して評価するとともに，できない子に対して必然的に嫌悪感を抱くようになる．その結果，教育者は「えこひいき」すると被教育者に受け取られる．その結果，被教育者が教育者に対してもつ信頼と尊敬の感情は失われ，教育的関係の基礎になる正常な人間関係すら成り立たなくなってしまう．教育的関係の前提には相互信頼と相互尊敬の感情に基づく正常な人間関係が存在していなければならない．教育的関係において被教育者が教育者を信頼し尊敬していれば，被教育者の側から主体的に教育者を模倣したいという欲求をもち，教育は自然に成立してくる．それゆえ，教育者が教育活動を行う前提は被教育者との間の正常な人間関係を崩さないように自らの自然の愛の感情（エロースとフィリア）を制御し，できる子もできない子にも平等に接するだけでなく，できない子どもへのアガペーをさらにもち，教育的努力を重ねなければならないのである．

　このような意味において，子どもが好きだから教師になりたいと言う教職志望者は教師には向かない．子どもが好きであることと教師になりたいことは別の問題である．子どもが好きという理由で教師になった人間は必ずえこひいきする教師になると言っても言い過ぎではない．

　教育者は被教育者との正常な人間関係を維持するため，フィリアをもっている必要がある．そして，被教育者が（エロースによって）求めることにアガペーで応えることが必要なのである．ここにあるべき教育が成立してくる．教育者のもつエロースは被教育者に対する教育的はたらきかけをより有効なものにするための自主研修を行うことに向けられなければならない．

　教育専門職である教師は教育的はたらきかけに対してその基礎になる教育愛

をもたなければならず，教師の専門性の最も基礎にあり，最も重要なものはこの教育愛を習得しているかどうかであると言うことができる．教育愛が確立していれば，教師としてのさまざまの知識や技術を習得するための自主研修欲求も自然に生れてくる．さらに，教育者は常に自らの立場と被教育者との関係を客観的に捉え直す努力をすることによって，被教育者にえこひいきしていないかを反省しながら教育活動の従事することも可能になってくる．

　教育愛は教育における非合理性の原理を成立させる基礎である．教育における非合理性の原理とは，効率性に基づいて行う教育活動が個々の子どもの成長・発達に有害であることを避けるための原理である．このような教育活動における非合理性の原理を成立させるためには，教育者は常に教育愛をもって教育活動に従事しなければならないのである．

　教育愛の難しさは，教育的関係がその基礎に正常な人間関係をもち，その上に教育的関係を成立させねばならないところにある．正常な人間関係自体はフィリアという人間がごく自然にもつ愛である．それを前提にしながらも，それに左右されることのないアガペーの意図的行使こそが教育愛の成立を実現するのである．

　以上のような意味において，教育愛は教育的はたらきかけに必要最大の要素であると言うことができる．

2. 価値追求性

　価値追求性とは精神的に健康な人間が常にもつ性質である上昇志向性とともにあらわれてくる性質である．教師が教育活動を行うとき，子どもに対して価値あるものを伝えなければならない．また，子どものなかから価値ある性質を導き出していかなければならない．その意味において，教師の教育的はたらきかけには常に「価値あるもの」に対して敏感になっていることが必要不可欠である．そして，その「価値あるもの」を身に付け，子どもたちに伝えていきたいという上昇志向性こそが教師の自主研修を意義あるものにするのである．

　教師が専門職であるなら，専門職としての専門性を維持・発展させるために常に自主研修を行わなければならない．現実ではこのような自主研修が必ずしも十分に行われていない場合がある．その結果，教師の専門性の低さや問題教

第 2 節　教育的はたらきかけに必要な要素　　43

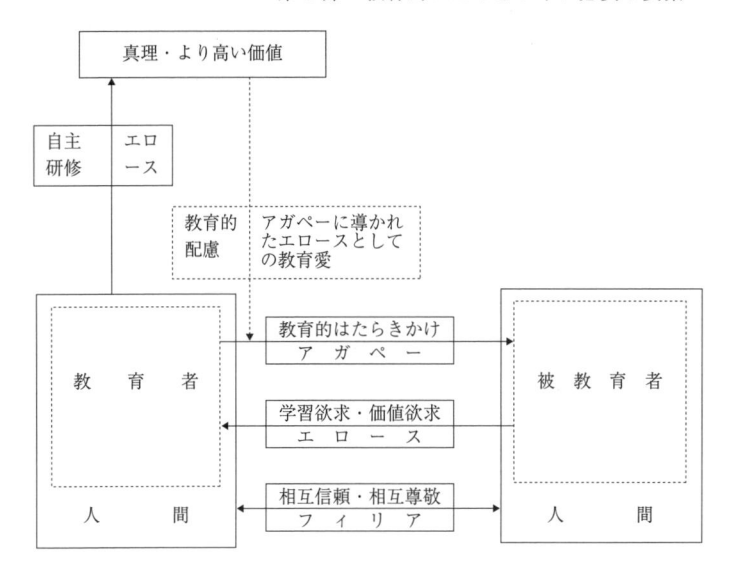

```
                    ┌──────────────┐
                    │ 真理・より高い価値 │
                    └──────▲───────┘
                           │
              ┌─────┬─────┐│
              │ 自主 │ エロ ││
              │ 研修 │ ース ││
              └─────┴─────┘│
                    ┌─────┴─────────────┐
                    │教育的│アガペーに導かれ │
                    │配慮 │たエロースとして │
                    │     │の教育愛         │
                    └─────┴─────────────┘
                           ┆
   ┌──────────┐    ┌──────────────┐    ┌──────────┐
   │          │    │ 教育的はたらきかけ │    │          │
   │          │───▶│   アガペー       │───▶│          │
   │ 教 育 者 │    └──────────────┘    │ 被教育者 │
   │          │    ┌──────────────┐    │          │
   │          │    │ 学習欲求・価値欲求 │    │          │
   │          │◀───│   エロース      │────│          │
   │          │    └──────────────┘    │          │
   │          │    ┌──────────────┐    │          │
   │ 人  間   │◀──▶│ 相互信頼・相互尊敬 │◀──▶│ 人  間  │
   │          │    │   フィリア      │    │          │
   └──────────┘    └──────────────┘    └──────────┘
```

図 2.2

師が取り上げられるのである．専門職にある者の自主研修は価値追求性のあらわれであり，価値追求性をもたない者に強制的に課された研修は必ずしも有効性をもつとは言い難い．

　教育は次世代を担うべき子どもたちに対してはたらきかける活動である．それゆえ，最新の状況分析に基づく情報から導かれた知識・技術を教師はもたなければならない．そのような意味において，上司の命令に従ってさえいればよいと考えるサラリーマン教師や，自らの労働条件ばかり主張する教育労働者的意識に毒された教師は教育的使命に対する上昇意識をもちにくい．

　教師は親の教育権と国の教育権を代行する教育権代行者であり，それと同時に子どもの学習権を保障する専門職であるという現実を十分に認識することが，価値追求性という性質を教師に与えることに繋がる．教師の自主研修はこのような教育専門家としての自覚とそれに伴う教育愛によって裏打ちされるものでなければ成らない．教師の恒常的な自主研修こそがその専門性を維持・発展させるのであり，その自主研修意欲は「よりよいものを求める」という価値追求性から生れてくることを忘れてはならない．しかも，このような価値追求性を

もつ教師の姿自体も子どもの成長・発達に大きく影響を与える要素になる．そのような意味においても，教育者にとって上昇志向性は不可欠の性質である．

3. 道徳性

　教師が子どもに教育的はたらきかけを行う場合，子どもに伝わるものが教えた内容だけではないことに気づいていなければならない．子どもは教師から教えられたこと以外のさまざまのことを自ら学び取っている．とりわけ，教育愛をもって子どもに接している教師の場合，子どもは教師自身が教育意図をもたないことに対しても模倣欲求をもって接してくる．それゆえ，教師は普段の生活態度・言動・服装まで気を付けなければならない．

　本音で子どもと付き合うことが教師としてのあるべき姿と考える教師もいることは事実である．しかし，自分の普段の行動がすべて完璧であると心の底から信じている教師はいないであろう．そうであるなら，教師は子どもと接する場合，意識的に模範的行為を行わなければならない．そのためには教師は自らの道徳性を十分身に付ける努力が必要である．

　道徳性とは道徳的判断力，道徳的心情，道徳的態度および実践意欲から成り，それらの道徳性の要素を日常生活において形成している姿が子どもたちに示されているのである．つまり，子どもは信頼し尊敬している教師の行動をすべて見，それを模倣しようとしているがゆえに，教師の道徳性は教師自身の意図とは無関係に子どもたちに伝わっていくのである．

　それゆえ，教師は常日ごろから自らの行為が子どもたちに模倣されることを前提にして行動しなければならない．子どもに模倣されていけないような行動は取らないと言うことが教師の態度の原則でなければならない．

　人間は機械ではない．教育的有機体である人間は自ら自己形成しているわけであるから，教師が意図的に行う教育的はたらきかけだけを受け入れているのではなく，教師が模倣されたくないと思っていることを模倣する場合も少なくない．教師は自らの行為すべてが模倣されても，子どもにとって有益に影響するような行為を常に心がけねばならず，そのためには自らの道徳性の向上に努めていなければならないのである．

　日常生活で非道徳的な行動を行っていることが子どもに伝わることに大きな

問題があるが，子どもが教師の非道徳的行為に気づき，それまでの信頼と尊敬の気持ちを失ってしまうことは，さらに大きな問題である．いずれにしても，教師の道徳性は子どもに大きな影響力をもつことを，教師は忘れないようにしなければならない．

4. 自己教育力

　自己教育とは意識的自己形成のうちその目的が教育にかかわるものであるときに成立してくる．その意味において，教師の意識的自己形成は自己教育が重要な部分を構成するということになる．教師にとって自己教育力とは自主研修と自らの道徳性の向上努力にあらわれてくるのであるが，日常的な生活において自主研修と必ずしも関係のないことであっても，積極的な興味・関心をもち，自らに基本的資質・能力の向上のための努力を続けることが教師には求められる．とりわけ，教育という広い領域にかかわる専門職である教師については，このような日常的な自己教育力は極めて重要な意義をもつと言うことができる．

　教師としての自主研修だけでなく，日常生活のあらゆる機会において新しい情報を取り入れ，それを吟味することによって，年々変わってくる社会情勢やそれに伴う子どもの変化，新たな科学・学問領域の情報を手に入れ，吟味することが，教師の専門性の幅を広げるとともに高度化に繋がる．「社会のことを知らない教師」ということがよく言われるが，教師こそ現実社会の多用な出来事について精通していることが求められる．それは教師から教育される子どもは未来の社会において活躍することが期待されているわけであるから，未来の変化状況を予測できない教師が，未来において活躍するのに有効な教育が子どもたちに対してできるはずがないからである．

　教師が教育活動とのかかわりで自主研修することは，専門職として当然の義務である．しかし，教育という幅広い領域にかかわる専門職がその現実的有効性を維持するためには，専門的な自主研修に加えて，日常生活において教育問題を分析研究する習慣づけが必要である．そうすることによって，教育活動そのものの自主研修までが現実の教育問題とのかかわりを密接にもつような形で実現されることが可能になり，教育活動そのものの有効性が高まるのである．

　教師は学校の教壇に立つときだけ教師であることが求められているのではな

く，日常生活においても教師であることが求められる．それは教師が道徳性をもたねばならないということと同時に，普段の生活においても教育に積極的に取り組む態度をもつことが必要だからである．

　教育学が実学であるかぎり，その実学としての成果は教育実践に生かされなければならない．そのために教師は自己教育力が求められているのである．

5. ユーモア

　教育は子どもの成長・発達を促進することを最大の目的にしている．子どもの成長・発達は個人性の発達と社会性の発達である．個人性と社会性はそれ自体対立するものであるから，子どもにおける成長・発達自体，子どもにとってストレスになる．教育はこの対立する個人性と社会性を発達させることを目指すがゆえに，子どもにとって教育はストレスを与えることそのものなのである．

　教育的はたらきかけを行う教師は，このような教育の本質を十分に心得て教育活動しなければならない．つまり，教師は教育活動を行う場合，そのストレスを和らげるためにユーモアを心がけなければならない．教師自身がユーモアをもって教育的はたらきかけを行うことによって，子どもが成長・発達に伴うストレスを和らげることができる．そのような教師のユーモアに導かれた教育を受けることによって，子どもも成長・発達に伴って現在志向性から未来志向性への移行に従いストレス耐性も現れ，教育的はたらきかけに対して積極的に受け入れようとするようになってくる．それゆえ，ある程度未来志向性が現れてくるまでは，教育活動にユーモアは不可欠の要素になってくるのである．

　子どもの本質的性向である現在志向性から大人としての未来志向性への転換は，子ども自身の主体的意識によって実現するが，そのような主体的意識の転換はさまざまの教育的はたらきかけや環境からの影響によって徐々に進んでいく．しかも，その転換自体が成長・発達の個々のあらわれにおいて共通する現象がストレスなのである．それゆえに，人間の成長・発達にはストレスが伴うことは必然的な現象なのである．

　教育者はこのような子どもの成長・発達そのものに対する子ども自身の立場からの感じ方（ストレス）を把握し，そのストレス感を緩和するためにユーモアをもって教育的はたらきかけを行うとともに，そのようなストレス感の軽減

のためにもストレス耐性を子どもに養う必要がある．つまり，子どもに教育的はたらきかけを行うときには，成長・発達の促進のためにストレスを与えつつも，その成長・発達に伴うストレスに耐えるためのストレス耐性の育成にも心がけなければならない．ストレス耐性は一人ひとりの人間において異なるわけであるから，教育的はたらきかけはそれまでに子どもに備わったストレス耐性の範囲内においてストレスを与え，そのストレス耐性の程度を高めていくような教育的はたらきかけ（ストレス）を工夫する必要がある．その工夫の一つがユーモアである．

以上のような意味において，子どもに対する教育的はたらきかけは子どもの個性に合致した個別的なはたらきかけになることが必要なのである．そして，その個別的なはたらきかけに個別的なレベルでのユーモアが必要なのである．

第3節　学校教育の意義

1. 公教育制度の意義

教育の基本は親の教育である．子どもの誕生とともに始まる母親による乳児期のスキンシップや育児，さらに，幼児期に入るに伴い母親だけでなく，父親によるスキンシップと育児，親子・兄弟・家族との愛情に満ちた家庭における共同生活を通じて子どもの成長・発達が進んでいく．その後，近隣の人々との人間関係の拡大に従って，生活圏も拡大化し，その生活に必要な知識・技術・能力を徐々に自己形成によって身に付けて社会構成員としての役割を担える大人に成長していくのである．

近代以前においては，人間の成長・発達はこのように家庭での育児と日常生活での生活実践の拡大に応じて自己形成されることによって実現されていった．しかし，近代社会の発展に伴って，社会生活に必要な知識・技術の量が飛躍的に拡大することによって，大人として社会的役割を演じるようになるために必要な能力として知識・技術を専門的に教育することが必要な時代が訪れてきた．産業革命は人類史におけるその典型的出来事であったと言うことができる．

このような状況において，18世紀以降徐々に国による教育制度（公教育制度）が整えられていったのである．国民の教育が国の発展に繋がるという考え

方と個々の人間が人間として能力を発達させる権利をもつという考え方に基づいて，近代民主主義国家は公教育制度の充実を図ってきたのである．

近代以降，教育は生活に伴って自然に行われると言うよりも，意図的に教育することによって，個々人の生活レベルを向上させ，社会・国家の発展に繋げていく国家政策的傾向を徐々に強めていったのである．

このような国家政策的傾向のなかで，教育についての基本的考え方の転回（教師中心主義教育思想から児童中心主義教育思想への転回）が起ってきた．公教育制度で行われる教育自体に児童中心主義教育を実現していこうとする新教育運動が19世紀末から始まり，20世紀前半から一般の学校教育においてもその傾向が進むようになっていった．このような傾向のなか家庭教育を補う学校教育という考え方が定着していくとともに，科学・技術の発展に伴って学校教育のウェイトはますます大きくなっていった．

公教育制度の充実は教育における機会均等，男女平等，無償化，義務化という形を通じて，教育は権利であるという一般的な考え方の広まりに繋がっていった．そして，現在では学校教育は家庭教育の衰退という現実を受け，家庭教育に代わらざるをえないような状況すら起りつつある．つまり，公教育制度の意義はますます大きくなり，さらに，今後学校教育は教育全体の中心に立ち，家庭教育の在り方まで左右する役割を担う時代が訪れることが予想される．

2. 親の教育権と国の教育権

「人間は教育を必要とする唯一の被造物である」というカントの言葉が示すように，人間の自己形成は生活環境や他者からの教育的はたらきかけによって成立し，「人間になる」ための自己形成には教育が必要になる．そのような教育する権利を教育権と呼ぶことができる．基本的な教育権は親がもつ．親の教育権は自然権であり，子どもの誕生と同時に始まる子どもの自己形成を進める教育（育児）は親の教育権の最初の行使である．それは母親が本能的にもつ母性愛に起因し，生理的早産として誕生してくる人間においては極めて重要な意義をもつと言うことができる．

親の教育権についてはそのような教育権という概念ができるはるか以前から当然の権利であると同時に義務として成立してきたのは，生理的早産として生

れてくる人間の特性に起因している．それに対して，国の教育権については近代国家の成立に伴い公教育制度の整備・充実とともに成立してきた概念である．近代国家は国家政策として自らの国民を教育する権利と義務をもつのである．国の教育権は個々の人間のもつ教育を受ける権利の保障と，国としての体制の維持・発展のために必要な教育の実現の権利として成立する．現実的に国の教育権は公教育制度と教員養成制度によって実現・維持される．

　近代国家において，このような親の教育権と国の教育権はバランスを保たれなければならない．親の教育権は自然権であるが，親の子に対する教育は必ずしも教育学的に吟味された理論に基づいて行われる教育ばかりではなく，さまざまの誤謬を含んで行われる教育である場合が少なくない．それを是正し，不足する部分を補うのが学校教育の役割である．学校教育は国の教育行政に基づいて行われているが，直接教育にかかわっているのは現場の教師である．教師は国の教育権を代行するとともに親の教育権を代行することによって，子どもの学習権を保障しなければならないという極めて専門的な職業でなければならないのである．つまり，教師は親の教育権と国の教育権のバランスを取るための最前線に立つ教育専門家でなければならないのである．

3. 教育専門家としての教師の役割

　教師は教育専門家でなければならない．専門職とは他人の権利を代行できる職業である．それゆえ，専門職に従事する人間は不断に自主研修を行わなければならないのである．教師の専門性については，教員免許，教員採用試験，自主研修の三つの要素によって成立している．ただ，前の二つの要素は教師になるまでの専門性であり，実質的な教師の専門性については自主研修によって成立されなければならない．

　しかしながら，現実の教育においても，この専門性を維持するための自主研修が必ずしも十分に行われていない場合が少なくなく，その自主研修を補う行政研修や免許更新制が導入されている．

　教育専門家としての教師の役割は親の教育権と国の教育権を代行し，教育的見識に則って教育権を実現していく，いわゆる教育権代行者としての役割である．それゆえにこそ，教師は専門職であることが求められ，不断の自主研修が

必然的な職責にあるのである.

　教師の職務は親の教育権と国の教育権を代行することであり，自らの主体的学習権を児童・生徒の直接行使する権利をもたない点を注目しなければならない．子どものなかで自らの学習権という権利を理解する者は，多いとは言えない．それゆえ，教育権をもつ親や国の教育権を教育専門家の立場から実現しつつ，同時に個々の子どもの学習権を実現していくことが教師の職務なのである．このような教師としての職務を遂行するためには，教師は親や国が主張する教育要求を教育学的見識によって吟味し，個々の子どもの学習欲求の実現のために全力を尽くさなければならない．教師は教育者的立場と被教育者的立場のそれぞれの主張を十分把握した上で，バランスを取りながら教育活動に従事するという意味において，教育専門家は実践的専門家でなければならない．教師の最大の役割は子どもの学習権を実現することであり，そのために親の教育権と国の教育権のバランスを取るという原則を忘れてはならない．

　家庭教育の衰退に伴って，親の教育権が正しく機能しにくくなりつつある現状において，学校教育の領域が拡大してきている．教師はこのような事態を十分に認識し，以前は行う必要がなかった仕事が増えたことを雑用が増えたと考えるのではなく，家庭教育を補う学校教育の領域が増えたことに対応すべく，積極的に対処しなければならない．教師は教育専門家であり，専門家は自らの判断で問題状況を主体的に判断し，自らの行為を決定できなければならないという原則を十分認識し，積極的に対応していかなければならない．そのためにも，普段から学校教育の内容だけに終始するのではなく，家庭や地域との関係において学校教育に従事しなければならない．時事変化している教育状況に敏感に対応できる教師こそ教育専門家であり，家庭教育の衰退しつつある現状において，なおさら，教師の役割は増えつつあることを認識しておかなければならない．

4. 家庭教育と学校教育の関係

　教育は本来家庭教育が中心であり，それを補う形で学校教育が成立発達してきた．20世紀後半までの社会においては，家庭教育はそれなりの機能を果してきたが，20世紀末以降21世紀にかけて家庭教育の衰退は著しい．その結果，

従来は学校教育で取り上げる必要のないことまで，学校教育で行わなければならなくなってきた．教育の中心が家庭教育から学校教育に移ってきたのである．

このような状況において，学校教育が従来の知育中心の進学と受験の教育だけを行っていればいい時代は終わった．学校教育は子どもの学習権を実現するための全面的責任をもたねばならない時代になってきたのである．新しい教育基本法では家庭教育の復権に向けての条項が新たに加えられたが，強制力をもたない．経済至上主義的イデオロギーの蔓延している現代社会において，家庭教育の復権は極めて難しいと言わざるをえない．

学校教育は積極的に家庭教育を補わなければならないということは，学校と家庭の連携を充実するという意味ではなく学校が核になり，家庭・学校・地域社会の連携を積極的に推進していかなければならないということである．情報化社会の進展のなか，さまざまな情報の氾濫により価値観の混乱状態が著しくなりつつある．このような諸状況から，確固たる価値観に基づく責任ある教育が行えるのは学校教育以外にはありえない．

学校教育は教育全般にわたって責任ある教育に取り組まねばならない．そのためにも，教師は社会の現状分析を積極的に行い，「社会の常識を知らない教師」と言われるような汚名を晴らさなければならない．教師こそが社会の常識のリーダーになり，社会の変化に敏感に対応できる能力をもつ必要がある．それでこそ，次世代を担う子どもたちの教育を行うことができるのである．家庭教育が機能している時代において，学校教育は家庭教育の不足を補いさえすればよかった．そのような時代は過ぎ去ってしまった．現在こそ，学校教育が教育全体のリーダーシップを取らねばならない時代なのである．

教師の専門性の内容もそれに伴って，変化しなければならない．進学のための知識・技術を教授するだけの学校教育ではなく，子どもが実際の社会で生き抜いていくための「生きる力」の育成，さらには複雑化した人間関係において互いに相手の心を気遣う「心の教育」は実質的な必要性を求められる教育内容になりつつある．このような「生きる力」の教育や「心の教育」は学校教育のなかだけで実現されるべきものではなく，家庭・学校・地域全体を通じて実現されるものである．このような点からも，現在の学校教育は家庭・学校・地域の連携を前提に進められなければならない．しかも，学校教育を充実するため

にこの連携を行うというよりは，子どもが未来社会において有能に生きていくために，教育が現実的有効性をもつために不可欠の条件が家庭・学校・地域の連携なのである．

　学校教育と家庭教育の関係が根本的に変わろうとしている現状において，その学校教育に従事する教師自身がこのような現状認識を十分にもつ必要がある．教師は自らが教育を受けていた時代の教育状況から現状を判断して教育活動を行っていることは許されない．客観的に現在の社会状況を分析・判断し，それに対応していかなければならないのである．最新の社会状況を把握した上での教育活動を行う責任を教師はもつがゆえに，教師は現実の社会状況に常に関心をもち，積極的にかかわっていく態度が必要である．それこそが家庭・学校・地域連携の第一歩であり，家庭教育と学校教育の関係のあるべき姿である．

5. 社会変化に対応すべき学校教育

　現在，学校教育は教育の中心であり，家庭・学校・地域との連携を主体的に進めていくことによって，現実社会を導くだけでなく，未来の社会に活躍すべき次世代の育成に責任をもたなければならない．特に社会変化の著しい現代社会において，学校はその社会変化を敏感に捉え，将来に備えなければならない．

　教育の領域においても，古代ギリシア時代以来続いてきた教育の中心にあるべき家庭教育が崩壊の危機に瀕し，その機能をますます失おうとしている現状は人類の歴史においてかつてなかったことである．つまり，現代は不確実性の時代に突入しつつある状況である．

　教育の基本的な構造が維持され，年長世代から年少世代への文化伝達が順調に行われ，家庭教育がその機能を十分果している間，教育は単純に年長世代が創り上げてきた文化を伝達し，家庭では親が子どもの成長・発達に対して愛情をもって進めていき，学校教育を終了すると既存社会に適合し，年長世代として既存社会を維持・発展させながら日々の生活を営んでいけるような時代を確実性の時代と呼ぶことができる．それに対して，従来の社会的常識が失われ，それまでとは根本的な構造変革が起り，新たな対応策を一つひとつ見つけ出すためにさまざまの領域において試行錯誤を必要とする時代こそ，不確実性の時代なのである．

現代はこのような不確実性の時代に第一歩を踏み込んだような状態である．今こそ，専門的教育機関である学校がこのような新たな教育状況に積極的に取り組み，対応していかなければならない時代である．学校教育が教育全体の中心であるという自覚をもち，社会におけるさまざまな教育問題を対症療法的に対応するのではなく，積極的根本的な原因の探究を行い，そのような教育問題を起らない日常的な教育のあり方を模索していかなければならないのである．

教師は社会の変化の根本的原因および構造を分析し，今後の不確実性の社会を予測し，そのような社会においても生き抜いていけるような「生きる力」を育成するという現実的課題を真摯に受け止め，その解決のための研究を不断に続けていかなければならない．教師は単に教育方法の研究という実践的研究だけでなく，時代の動向を踏まえた社会変化の方向性を探る根本原理の哲学的研究能力を身に付けなければならない．従来の確実性の時代においては，必要でなかったような社会変化に対する積極的対応は，今後の教師にとって必須条件になってくる．さもなければ，不確実性の時代において教育者としての役割を演じることはできないからである．

社会変化に対応するべき学校教育という考え方自体，現在までほとんど取り上げられてこなかった．それは教育構造そのものが変化するような事態を人類は経験してこなかったからである．しかし，これからの不確実性の時代に突入しようとする時代においては，社会変化に対する学校教育の対応の仕方は社会自体の発展の方向に大きくかかわってくるようになる．

以上のことを，今後教職を目指す人々は明確に認識しておくことが必要である．

参考文献

- 田井康雄・中戸義雄共編『探究・教育原論』学術図書出版社，2005 年
- 田井康雄『現代道徳教育原論』学術図書出版社，2007 年
- アルフォンス・デーケン『ユーモアは老いと死の妙薬』講談社，2002 年
- 汐見稔幸『親子ストレス』平凡社新書，2007 年
- 松岡　武『ユーモア教育のすすめ』金子書房，1996 年

第3章

教育の構造―家庭・学校・地域―

第1節　教育活動の構造

1. 教育活動を導く教育目的

　意図的な教育活動を成立させるためには，教育目的が必要である．教育目的は被教育者の学習状況を踏まえた上で立てられなければならない．それは教育活動自体，被教育者の自己形成を促進する形で進められるべきものだからである．教育目的は教育活動の効果（教育効果）をより高めるために立てられるのであり，その教育目的に応じて教育活動が行われなければならない．意図的な教育的はたらきかけである教育活動は常に明確な教育目的に導かれて行われる必要がある．

　教育目的はカリキュラム（教育課程）と被教育者の学習状況に応じて立てられるのが本来の姿である．しかしながら，現実の学校教育においては，そこまでの個別教育は行われず，学習指導要領においても学年ごとの発達段階を想定して立てられたカリキュラムに従って教育目的が設定されている．それゆえ，授業に付いていけない子どもや授業に飽き足らない子どもがあらわれてくるのである．本来であれば，個々の子どもの学習状況に応じてより細かい習熟度別学級が組まれ，きめ細かいカリキュラムと教育方法が工夫されるべきである．

　教育目的は被教育者の学習状況に応じた形で立てられるとともに，その目的を実現する最適な教育方法が工夫されなければならない．教育活動がその意義をもつのは，被教育者においての教育目的が達成されることにおいてである．

そのような意味において，教育者は個々の被教育者の学習状況を十分に把握しておくことが教育活動の第一条件になってくるのである．そして，それぞれの学習状況に応じた個別的な教育方法によって教育されるのが教育効果を上げることに繋がるのであるが，現実にはこのような方法は採られていない．とりわけ，学校教育においては，集団でのクラス編成が行われている．それにはいくつか原因がある．

　第一に，教師の数と生徒の数のバランスである．少人数教育には予算的な制約が付き物である．教育理論的に言えば，1クラス10人程度のクラス編成が最適であるが，そのための十分な教育予算は取られていないと考えられる．

　第二に，教育において被教育者の能力育成を考えると，被教育者同士の間での競争がその成員の能力を伸ばすエネルギーになるという点である．人間の能力の伸長は競争によって飛躍的に伸びるものであり，教育における競争の意義は大きい．競争は自然界だけでなく，人間界においても不可欠の要素であることを踏まえれば，それを否定する考え方は非教育的であると言わざるをえない．

　第三に，集団で教育を受けることによって常に競争しながら学習することに意義と喜びを感じられるような社会性を発達させることに繋がる点が挙げられる．学校教育において社会化という側面はあまり取り上げられないが，極めて大きな要素である．家庭教育で社会性は養えない．学校教育で集団生活するということ自体が社会生活のために有効な訓練になるのである．その意味で，いじめ等が原因で不登校になる子どもに対する指導で，安易に不登校を認めたり，不登校する権利というような非教育的な見解を採ったりすることは許されるべきことではない．不登校を認めるなら，その代わりに社会化を保障する手立てを常に用意しておくことが教育者には求められる．

　最後に，集団でのクラス編成によって友だち関係をつくることの意義は，単なる社会性の育成以上の重要な意義をもつと言うことができる．人間関係づくりは親や教師によって教えられるものではなく，自ら共同生活を通じて身に付けていく能力であり，学校はその最適の場である．

　以上のように集団教育が行われている学校教育において，教育活動を導く教育目的はそのような集団教育を前提にした上で，個々の子どもの能力や学習状況に応じた方法を工夫しなければならない．集団における個々の子どもの能

力・性格を考慮した上で，集団と個とのバランスを取りながら子どもに適した教育方法を工夫していくことこそが，教育専門家である教師の主な仕事になるのである．

2. 教育目的を導く教育評価

　明確な教育目的を立てて意図的な教育活動を行うのは教育効果を高めるための基礎条件である．教育効果を高めることを目指す教育は，教育評価を必然的に行わなければならない．それは単に被教育者の学習能力を評価するだけでなく，教育者自身が行っている教育活動そのものの評価をすることによって，よりよい教育活動を実現していく必要性からである．教育活動に伴う教育評価は被教育者の学習評価と教育者自身の教育活動に対する教育評価だけでなく，教育にかかわるあらゆる要素に対する評価を含んで行われることによって成立してくる．どれか一つだけの評価では，教育活動そのものの改善には繋がらない．それでは教育評価としての正当性を欠くものになってしまう危険性がある．教育専門家である教師はそのために常に多面的に教育評価を行いながら教育活動を続けていかなければならないのである．

　教育評価を行うことなしに責任ある教育活動は行えない．教師は教育評価に応じて次の教育目的を設定し，それに基づく教育方法を工夫しなければならないのである．それゆえにこそ，教師は日常の教育活動を続けることによって自然に教育活動のレベルが高まり，教師の専門性が形成されていくのである．このような教育評価を行うことなしに，適正な教育活動はできない．また，長年教師をしていながら，いつまで経っても，教育活動が上達しないのは，教育評価を十分に行っていない証拠と言わざるをえない．教育評価は被教育者の学習状況の改善と同時に教師自身の教育活動の改善のためにも必要不可欠である．

　教育目的と教育評価の関係はさらに，逆の意味をももつ．つまり，教育評価は教育目的に応じて行われなければならない．設定された教育目的がどの程度実現されたかによって教育評価がなされるべきであり，教育目的の設定とは無関係な視点から教育評価されることには問題がある．教育評価は教育目的を立て，それに基づく教育活動を行った人自身が行わなければならない．そのような一貫性がなければ，教育効果は期待したように上がらない．

教育専門家である教師はこのように日常的に教育活動と教育評価を繰り返すことによってその教育活動に自信をもつようになり，自分なりの教育観を培うようになるのである．つまり，教育評価は教育活動のレベルを常に高めるために常に行わなければならない教師の専門性を高める自主研修の基礎になるものである．自らの教育活動を評価することによってその問題点や改善点を発見し，そこからその問題点や改善点をよりよう方向に向けていく過程に教育活動があらわれてくるべきであり，それゆえにこそ，日々の教育活動そのものが自主研修の基本的な構造をとるものとして展開されなければならないのである．

　自主研修の行えない教師や自主研修を何から行うべきか悩む教師は，普段の教育活動を自己評価していない証拠である．普段の教育活動に対する自己評価は必然的な責務であり，それを行わない教師は専門職である自覚をもたないサラリーマン教師であると言っても言い過ぎではない．これこそがあらゆる教師がもつ問題教師へ堕落してく危険性の芽になるものなのである．

3．教育目的と教育活動と教育評価の関係

　以上のように，教育活動と教育評価は密接な関係にあり，常に一貫して行われなければならないのであるが，意図的な教育的はたらきかけである教育活動も教育目的に導かれなければ成り立たない．このような意味において，教育目的と教育活動と教育評価は一貫性をもつものでなければならない．教育活動が常に評価されるのは，その教育活動を導く教育目的に基づいてでなければならない．その教育評価に基づいて教育目的と教育活動のどちらにそれぞれどのような問題点があるかを再吟味することによって，次の教育目的設定を変化させたり，教育方法を工夫したりするフレキシブルな対応を教師は行わなければならない．

　それゆえ，教師の教育活動はそれ自体が自主研修の機能をもっていなければならないと言うことができる．教育目的と教育活動と教育評価の関係は常に一貫性をもって行われることによって，教育実践そのものが自主研修としての意義を伴うようになってくる．このような目的と活動と評価の関係は，専門職と呼ばれる職業に共通するものであるが，その職業活動自体が常に自己評価を含み込まなければ，その専門性を維持・発展していくこと自体が困難になる職業

であるがゆえに，必然的に専門職に就く者は自主研修を行わざるをえないのである．ただ教師において殊更自主研修が問題になるのは，大部分の教師という職業が公務員であり，個人としての専門性の評価が他の専門職に比べて行われにくい立場に置かれているからである．医者や弁護士であれば，その評価によってその後の職業活動が行えなくなる可能性が高い．それに反して，教師の場合，公務員としての立場が保証される為，必ずしもその専門性における問題が発覚して，生徒が離れていっても，他の学校に転校することは，それほどの問題にはならないという現状がある．これが教師の専門性のレベルの低さの一つの原因であることは否めない．

以上のような意味において，教育目的と教育活動と教育評価の一貫性は教師の専門性を維持するための基礎条件であることを十分認識しておくとともに，教育目的と教育活動と教育評価の一貫性こそが教師の自主研修の要であることを理解しておくことが，教師の専門性を成り立たせる第一条件であることを忘れないようにしなければならない．

4. 教育目的論の種類
(1) 個人的教育目的論

個人的教育目的論とは，人間の個性や素質の伸長を教育の第一の目的とする教育論であり，一般に児童中心主義教育思想に多く見られる教育目的論である．個人的教育目的論を展開している代表的思想家としては，ルソー，ヘルバルト，フレーベルなどを上げることができる．ルソーはその著『エミール』において，自然状態で子どもを成長・発達させる必要性を説き，それを合自然の教育という理念を導きだすとともにそのための方法論として消極教育を主張し，教育学におけるコペルニクス的転回を行い，教育の中心に子どもを置いて考えることを常識にする教育思想を展開したことで有名である．

ヘルバルトはペスタロッチーの教育実践に触発され，教育学研究を始め，教育の目的を倫理学に求め方法を心理学に求めることによって教育学を理論的に成立させるともに，四段階教授法によって児童の認識能力に応じた教授法を哲学的に創り上げ，教師が教えることと子どもが教えられることが一致するところに教育が成立するというそれ以前にあった教授学をはるかに超えた教育学を

成立させた思想家である．また，人間の本性である道徳性の教育である徳育を教育の中心に据えた．

また，フレーベルはペスタロッチーの教育実践に刺激され，それを幼児教育に活かそうとし，幼稚園を最初に創った人であるとともに，それまで教育学的に評価されていなかった遊びに注目し，その教育的意義を明らかにした教育思想家である．子どもの遊びを促進することこそ教育の基本的構造であるという考え方を展開した．

これらの思想家に共通する特徴的な点は，個としての人間の成長・発達を中心に教育を捉えようとしたところであり，その意味において，個人的教育目的論の教育思想家と呼ばれているのである．

(2) 社会的教育目的論

社会的教育目的論とは，教育は子どもの成長・発達を個人の問題として捉えるのではなく，社会における役割を担える人間になり，社会そのものの発展のためにこそ教育の有意性を見つけ出そうとする教育目的論である．すなわち，社会的役割を担えるようにすることを第一の目的とする教育論である．個々の人間の成長・発達はその社会や国の発達を究極的目的とする教育によって実現するものであり，社会を発展させるところに重点を置く教育思想であり，そのような思想家としては，プラトン（Platōn, 前427～前347），ペスタロッチー，ナトルプ（P. Natorp, 1854～1924），マカレンコ（A. S. Makarenko, 1888～1939），デューイ（J. Dewey, 1859～1952）などが挙げられる．

プラトンはその著『国家』において，理想国家のあり方を教育と能力による階級国家として定義し，その理想国家は哲人によって支配される国家であることを示した．教育は理想国家を創り上げるためのはたらきかけであるとする考え方は近代国家のあり方を示す側面をもっている．

ペスタロッチーは教育実践家として教育を捉えていた人であり，教育実践と教育愛の関係，具体的教育方法の研究とともに，現実的に人間の社会化に対する教育の意義について追究した．また，現実社会における人間の本質を探究し，その生涯に亘って貧しい子どもたちとともに生き，社会を改革する方向への努力をした．

ナトルプは教育が社会生活において自然に成立してくる構造を重視し，「人

間は人間社会においてのみ人間になる」と主張し，ヘルバルトの教育理論が社会の要素を含み込まないことを批判した．特に教育と社会との関連を重視し，社会による社会への教育は同時に人格陶冶であるという社会的教育思想の典型を示した．

マカレンコは社会主義の国家であったソ連において集団主義教育理論を展開し，ソ連の集団主義教育の理論的根拠を創り上げた．個人の幸福は集団の幸福によってはじめて成立するのであり，資本主義の搾取から解放された社会における新しい人間の教育の必要性を主張した．

デューイはアメリカのプラグマティズムを教育理論に取り込み，それまでの教育理論研究を教育実践と結び付けることに努力した．彼は教育学研究に実験学校の必要性を主張し，教育学が現実生活と密接な関係のなかでのみ成立することの重要性を主張した．そのために，教育学研究には実験学校が不可欠であることを主張した．また，彼は人間の経験を環境との相互作用と理解し，それを具体的教育実践に取り組むことによって道具主義（探究の道具として経験を利用するという意味において）を確立した．

以上のような思想家の思想に共通することは，人間の教育が個人としての完成であることと同時に，社会化の過程そのものが社会の発展に直接結び付くものであり，その点を重視する必要性が主張されている共通する特徴がある．

(3) 文化的教育目的論

文化的教育目的論とは，教育を世代間の文化伝達を基本にして行われる現象として捉える考え方であり，個人的教育目的論も社会的教育目的論も結局はこの文化的教育目的論の過程にあらわれてくる理論に過ぎないと考える．このような教育目的論を唱える思想家としては，シュライエルマッハー，ディルタイ（W. Dilthey, 1833～1911），シュプランガーが代表的な存在である．

シュライエルマッハーは教育を年長世代の年少世代へのはたらきかけとして捉え，親から子への教育も教師から生徒への教育もそのような世代間のはたらきかけの一要素であると考えている．しかも，その子どもや生徒は教育によって社会化していく能力を自らに本質的に備えているという教育有機体としての人間の在り方について論及している．

ディルタイは精神科学の認識論の新たな基礎として理解心理学を提唱するこ

とによって「生の哲学」を成立させるとともに，シュライエルマッハー研究から普遍妥当的教育学の不成立を主張し，個々の人間の精神作用に応じた教育的はたらきかけが文化の伝達を成立させることを重視した．このような歴史的生の哲学はシュプランガーに大きく影響を与えた．

シュプランガーは教育を年長世代から年少世代への文化伝達と定義し，文化教育学を樹立した．教育を文化伝達として捉える基礎には，個人が社会化していく前提があり，そこには，世代間に教育的関係が必然的に成立するものであるという考え方が成立してくる．さらに，教育機能として発達援助，文化伝達，良心の覚醒を挙げ，文化伝達の構造について詳細に研究している．

以上のように，文化的教育目的論は世代間のはたらきかけとして教育を捉え，その教育目的によって文化伝達が成立することを構造的に解明しようとする教育目的論である．

文化的教育目的論は個人的教育目的論と社会的教育目的論を含みこんだ人間形成のための教育目的論を目指すものであると言うことができる．教育史に残る教育思想はこれら三つの教育目的論のいずれかに属すると考えられるが，これら三つの性格は人間の本来的性格を示すものであり，すべての教育思想にはこれら三つの側面が含まれている．ただそのなかでも強調されている側面が個人的教育目的であるが，社会的教育目的であるか，文化的教育目的であるかという相対的な差であると理解するべきである．

5. 教育評価の種類
(1) 絶対評価と相対評価

教育評価，とりわけ学習評価の方法として用いられている方法が絶対評価と相対評価という二つの評価方法である．

絶対評価とは，個々の被教育者の能力が教育活動によってどの程度発達したかを評価する方法であり，他の被教育者との比較によるのではなくそれぞれの被教育者内部の能力伸長の実現度によって評価するものである．それゆえ，絶対評価を厳密に行うためには，教育を行う以前の被教育者の基礎的能力を明確に把握し，それぞれに適切な到達目標を設定し，その到達目標にどの程度近づけたかによって行う到達度評価を行われることが必要である．それゆえ，絶対

評価は基本的に個別指導や極めて少人数の指導（10人以下）でなければ，その実質的意義はあらわれてこない．単純に子どもたちの競争心を必要以上に掻き立てないために行う絶対評価という考え方は，絶対評価自体の意義を無視するだけではなく，子どもの成長・発達に不可欠の要素である競争意欲を失わせる原因になる危険性があることを，教師は十分認識しておかなければならない．

それゆえ，現実の学校（とりわけ，小学校）で行われている絶対評価は正当な効果を表しているとは言えない．相対評価によって生じてくる教育における必要以上の競争主義を避けるためにのみ，安易な絶対評価に走るべきではない．それによって子どもたちの競争意欲を失わせる結果に陥るだけでなく，教育評価のもつ教育改善機能を失わせることに繋がることがあることを教師は認識すべきである．

相対評価とは基本的に集団教育において行われるべき評価方法である．相対評価は多人数の被教育者の教育を評価するのに最適な方法であるが，それによって競争を激化させ，教育本来の個々の子どもの個性を伸長することが軽視される結果に繋がる危険性が指摘される．しかしながら，この問題は評価自体の問題ではなく，それを用いる教師の側の教育指導の問題であると言うことができる．それらは教師が評価基準の多様化や評価後の十分な配慮に基づく指導を心がけることによって解決しなければならない問題である．相対評価自体は集団教育を行っている学校教育の評価方法として最適な方法であると言うことができる．

競争心を刺激することを問題点とする考え方は，これから現実社会へ入っていこうとする子どもたちの将来を考えに入れていない考え方であり，現実の社会状況を考えに入れ，いずれこのような現実社会で活躍するべき子どもたちのことを考えるなら，競争に対応する能力を養うことこそ必要である．競争をいたずらに回避することによって，競争から受けるストレスに対するストレス耐性を養わないストレス回避の教育を行うことが，ニートやひきこもりを生み出すことに繋がっていることも否めない．

以上の意味において，絶対評価も相対評価もそれ自体が良い悪いという評価方法ではなく，それをいかなる教育目的でいかなる教育方法に対応する評価であるのかによって，つまりは，教育者の被教育者に対する教育の在り方に応じ

(2) 診断的評価と形成的評価と総括的評価

これらの評価は教育者自身が自らの教育活動そのものの効果を高めるために行う評価方法である．

教師は授業を行う場合，授業する対象である子どもたちの能力・性格に応じて授業展開を決めていかなければならない．そのような授業を行う前にその対象を評価し授業展開を決定していくときの評価が診断的評価である．この診断的評価によって教師は学習指導案を作成し授業展開していくのである．

そして，実際の授業時には指導案に従った学習指導をしていくのであるが，子どもたちの反応に応じて指導案に構想した指導方法を修正しながら授業を進めていかなければならない．それが形成的評価である．形成的評価はプロの教師の独壇場である．子どもの反応に対して臨機応変に対応できる教師こそ，教育専門家であるプロの教師と言うことができる．そのような形成的評価はその後の授業における診断的評価に結び付けられなければならない．

総括的評価とはこのような日々の教育活動を一定期間続けた後に，全体として自ら行ってきた教育活動を反省し新たな試みに繋げるための評価であり，その一定期間は教師が何を目的とするかによって一学期，一年，数年に及ぶ場合もありうる．

いずれの評価についても，教育専門家である教師が自らの専門性を維持・発展させるために，恒常的に行わなければならない必然的な自主研修の一環であると言うことができる．教師が教育専門家としての専門性のレベルを維持・発展させる原点がこれらの教育活動に対する自己評価に基づく自主研修でなければならない．

以上の意味において，診断的評価・形成的評価・総括的評価は教師にとって極めて重要な評価であることを忘れてはならない．

(3) 到達度評価

到達度評価は絶対評価のための具体的方法論である．個々の被教育者の能力の伸長を評価することによって，その被教育者に最適の教育目的と教育方法を工夫するための評価方法である．

到達度評価については被教育者の能力を細かく分析し，そこから導かれる教

育目的を設定し、それぞれの領域においての能力伸長の実現を目指すのであるから、被教育者の学習状況や性格・能力を十二分に把握することによって設定するべき目標を決めなければならない。その意味においては、到達度評価は学校教育において集団での教育を行う場合には必ずしも有効な評価方法とは言えない。

到達度評価をクラス全体の総合的能力伸長のために利用することもできる。その場合の到達度評価は個々の子どもの能力・性格分析ではなく、クラス全体としての雰囲気や学習傾向・性格等を十分分析した上で、伸長させるべき項目を決め、それを実現するような形での教育を進めるときに有効である。

到達度評価のこのような性格・特徴を十分に知った上での運用が必要になってくる。

第2節　社会の変化に即応した教育目的

1. 競争主義教育

1970年代半ばまでの日本の教育は進学と受験のための教育であり、それは高度経済発展を遂げていた日本社会の競争的状況を教育界においても取り入れ促進するものであった。進学率の上昇と経済発展が比例し、競争することの美徳が社会全体で認められていた時代である。競争主義教育は力のあるものがその能力を十分に発揮できる反面、力のないものは自らの能力をあらわす機会が与えられない、まさに弱肉強食社会を促進する教育であった。

このような教育のなかで、競争に敗れた人々に対する教育の必要性が求められるようになってきたのが、1980年代以降である。競争によって現れる見える学力のみを伸長する偏差値教育ではなく、実生活において生きてはたらく能力を養うためには、子どもたちにゆとりを与える教育が必要であるとされるようになった。競争主義の教育は詰め込み教育という方法によって実現され、知識や技術を身に付ける実質陶冶的な教育目的が重視されたのである。しかし、競争主義の詰め込み教育は、実は子どもたちに形式陶冶的意義をも果していることに、この当時は注目されなかった。

ゆとり教育は必ずしも教育的必要性からのみすすめられたのではなく、国際

的比較による日本人の長時間労働に対する批判から，公務員の労働時間短縮という国際的公約のなかで実現してきたことであると言うことができる．教育現場における過激な競争状況の緩和と社会全体での労働時間短縮の必要性もあって，学校教育の教育内容の減少や週五日制の導入は教育以外の要因によって導入されたのである．

2. ゆとり教育

　1980年代より，ゆとり教育が行われるようになったが，現実にはそれは先進諸国からの外圧の結果やむなく行われた労働時間の短縮の延長上にあらわれたゆとり教育であるため，教育理論としてのゆとり教育は跡付け理論でしかなかった．それゆえ，週一コマ導入された「ゆとりの時間」には特別な目的もなく，昼寝の時間や遊びの時間に費やされる例も少なくなかった．教育時間の短縮のため教育内容の削減が進められ，受験・進学についても，大学の定員増・一芸入試等，競争の緩和策が次々導入されていった．それにつれて，子どもの学校外での学習時間もどんどん減少し，ゆとり教育は進められていった．

　ゆとり教育を導入したとき，教育関係者も政治家も，暗に日本人は本質的に優れているから，教育内容や時間を減少しても，根本的な学力は低下しないという根拠のない確信をもっていたようである．しかし，教育理論を伴わないゆとり教育の実践のために日本人の学力は確実に低下していった．問題はゆとり教育で教育内容の減少という実質陶冶的問題についてよりも，ゆとり教育に伴った支援の教育に大きな問題があったと言うことができる．つまり，ゆとりをもたせるということは，子どもたちに教育に伴うストレスから解放することを意味し，その結果，ストレス耐性をもたない子ども（だけでなく，大人）が増加してきたことである．

　進学と受験の詰め込み教育は知識の詰め込み以外にそのような詰め込み教育によって与えられるストレスに対する耐性の育成という形式陶冶的意義があったことが見逃されていた．問題は受験競争に参加してきたことが，人生における競争にも耐えられる耐性を養うのに役立っていたという事実が見逃されていたことにある．20年余りのゆとり教育の結果，日本社会には，日本型ニートや社会的ひきこもりというそれまでなかった現象があらわれてきたのである．

ニートやひきこもりの一つの原因は，ゆとり教育であったことは明らかなことである．ストレス耐性を育成しないゆとり教育は，現在日本社会をストレス社会にしてしまったのである．

現代社会がストレス社会であることを否定する者はいない．しかし，現代社会は科学・技術の発展は日常生活からさまざまのストレスを減少させ，取り除くための義実や方法を発展させてきた社会である．それゆえ，客観的には現代社会はかつてなかったほど便利で快適な社会になっている．それにもかかわらず，その現代社会を大部分の人間がストレス社会と感じているのは，大部分の人間がストレス耐性を弱体化させているからである．これこそゆとり教育の負の成果であると言わざるをえないのである．ニートや社会的ひきこもりはそのようなストレス耐性の欠如した人々の典型である．つまり，ゆとり教育こそがゆとりを感じられないほどストレス耐性をもたない人々をつくり出した一因になってしまったのである．ゆとり教育が学力低下を招いたことが社会的に指摘されているが，実はそれ以上に問題なのは，ストレス耐性をもたない人間（何に対してもひ弱で，耐えられない人間）をつくり出してしまったことになることに教育関係者は気づかなければならない．

3. 確かな学力の教育

OECDの国際教育比較において日本の学力低下が問題になり，2004年度以降それまでのゆとり教育を見直し，確かな学力の教育・基礎基本充実の教育への転換が図られている．学力低下を食い止めるために，教育内容特に理数系の充実を図るとともに，教育内容・時間の増加，全国学力テストの再開など学力上昇のための施策が採られた．しかも，この学力は受験と進学のための従来の学力ではなく，課題を自ら発見し，それを解決していく「生きて働く学力」と考えられている．

この考え方に一つ抜けた点がある．それはこのような「生きて働く学力」のためには，課題を発見し解決しようとする場合に生じてくるストレスに対する耐性の育成が必要であるにもかかわらず，このことについては全く触れられていない点である．自らストレスに立ち向かっていく能力（耐性）を前提にしなければ，「生きて働く学力」は成立しない．

「生きて働く学力」は「生きる力」としてあらわれてくる．今後の「不確実性の時代」においてこのような「生きる力」は不可欠な能力であるが，その「生きる力」そのものがストレス耐性を基礎にしていることを教師は十分認識していなければならない．ストレス耐性はゆとり教育や支援の教育からは生れてこない．ストレス耐性の育成の前提はストレスを与える教育を積極的に行っていくことによってはじめて成立してくる．ただしそのストレスは被教育者のストレス耐性内でのストレスでなければならない．その意味で，ストレス耐性育成の教育は極めて少人数で個々人のストレス耐性を把握することから始め，進められなければならないのである．

今後の学校教育は少人数クラス編成が重要な課題になるが，それは単なる学力の伸長という目的よりも，個々の子どものストレス耐性が個別的であるという現状に応じたストレスを加えていくことによってストレス耐性を養っていくことこそが，今後の教育の中心的課題になるからである．20年余りに亘って行われてきたゆとり教育からの脱却のためには，そのゆとり教育によって培われた負の成果であるストレス耐性欠乏症を徐々に改善していく教育が今後不可欠である．ストレス耐性の育成という前提の下にはじめて確かな学力の育成が成立してくるのである．

第3節　家庭と学校と地域の関係の変遷

1. 地域のなかの家庭の時代（1945年以前）

戦前の日本社会において，学校教育は現在ほど大きな影響力をもたない時代が続いた．家庭での子どもの成長・発達が進み，その比較的早期から地域の友だちとのつながりにおいて，さらに，人間としての成長・発達が進められる時代であった．学校教育がすべての人間の成長・発達に大きくかかわるのではなく，一部の人間の成長・発達に限定的にかかわる時代において，地域と家庭の関係は極めて密接であったと言うことができる．子どもの成長・発達において家庭の延長上に地域があり，その地域での人生が生涯に亘るような構造で成立するがゆえに，家庭での教育も地域の特徴を踏まえたものにならざるをえなかった．

このような時代においては，地域そのものがゲマインシャフト的要素を強く

もっていて，家庭との一体感を本質的にもっているための家庭と地域との連携が特別に意識化される必要もなかった．そのような時代においては，地域全体がそれぞれの家庭の集合体であり，ゲマインシャフトだったのである．教育自体が生活と密接にかかわり，しかも，その中心は学校ではなく，家庭と社会での具体的な生活そのもののなかで実現されていたのである．

　このような状態は都市化とともに徐々に失われていった．農村部では比較的近年までそのような傾向は残っていたし，現在も残っているところが少なくない．いわゆる，近所付き合いが生活の重要な要素であるとともに，教育的意義を大きくもっていたのである．家庭での生活そのものがその地域のなかで密接に関係づけられていた時代から，現在のようにそのつながりがますます希薄化していこうとしている時代に向かいつつある．地域のなかの家庭という時代構造は，今後ますます崩壊の一途をたどることが予想される．

2. 地域のなかの学校の時代（1945〜1975）

　戦後の日本社会，とりわけ，終戦直後から高度経済成長発展期に至るまでの時代である．戦後の復興が進むなかで，新たな社会づくりが教育を軸として行われようとしていた時代である．それまでの家庭教育が中心の時代から，学校教育の重要性が大きくなり，その学校教育こそが地域の発展と密接な関係をもつようになる時代であった．

　すべての国民が義務教育制度によって学校教育を受けることが保障され，学校教育の重要性が社会的に認識された時代において義務教育だけでなく，上級学校への進学も徐々に高まろうとしている時代であり，地域の発展と学校の設置とが結び付き，学校そのものの地域における存在価値が高まってくる時代である．それぞれの学校教育における地域的特色が取り入れられ，私立学校も徐々に増える傾向を示し始める．地域の発展と学校の設置が一体化し，このような状態がさらに学校教育の重要性を増大させていく構造をつくり出した．

　家庭の地域との連携は以前とは変わらないが，学校と地域との連携の強化によって，相対的に家庭と地域のつながりは弱まりつつある．この傾向は現在まで続き，家庭と地域の連携を学校が中心になって行わざるをえない時代に現在は入っているのである．それゆえ，家庭・学校・地域の連携が学校教育の一つ

の目的として設定されるようになってきたのである．

3. 学校教育のための家庭教育の時代（1975～1994）

　高度経済成長期の日本社会は進学率の上昇と受験教育中心の時代であり，学校教育が社会全体の中心的な役割を演じていた時代である．学校教育は家庭教育を補うという形から学校教育のために家庭教育においても，進学や受験教育を補うための塾や家庭教師による家庭教育の学校教育化が進んだ時代である．学歴の高さが生涯所得と比例することが常識になり，経済発展と学校教育が結び付く学校教育の最盛期であったと言うことができる．

　学校は地域発展の成果であると同時に，家庭教育とも密接な結び付きをもち，教育の中心は学校教育に移り始めた時代でもある．経済至上主義的イデオロギーの広まりと相俟って，高学歴化の傾向はさらに強まり，高校進学率は90％を超え，大学進学率も年々高まり，学校教育の教育全体に対するウェイトはかってないほど高まり，教育といえば学校教育を意味し，しかも，その教育は知育であるとする考え方が一般的な認識になっていった．

　このような傾向に歯止めがかかったのが，ゆとり教育のはじまりである．ゆとり教育については，先にも明らかにしたように，世界の外圧によって始められたものであり，教育的必要性から行われたものとは言えない．

4. 家庭教育のための学校教育の時代（1994～2004）

　ゆとり教育の導入以後，生活科の設定，総合的学習の時間の導入，「生きる力」，「心の教育」という本来家庭教育で行われるべき内容が次々学校教育に取り込まれていった．これは家庭教育が徐々にその機能を失い始めたからである．男女共同参画社会の推進，零歳児保育園の普及，ジェンダーフリーの教育の導入等によって，家庭教育はその機能を徐々に失わざるをえないような社会状況があらわれてきた．本来家庭教育の中心的担い手は母親であり，乳児期の育児は母親が行うものであるとする考え方から，男女共同参画社会を実現するために母親の育児負担を軽減するために育児における男女共同参画や地域による育児という非教育的発想が当然のことであるかのように家庭教育に導入されることによって，家庭教育はその本来の機能を徐々に失いつつある．育児における

男女共同参画とは，子どもの発達段階に応じて母親の育児と父親の育児が行われなければならないことを意味する．つまり，乳児期における育児は母親が中心になって行われる必要があり，幼児期において子どもの社会化が進むにつれて父親の育児が必要になってくるという教育学的見識から生まれた育児における男女共同参画が実現しなければならない．しかしながら，現実の育児における男女共同参画とは，子どもの成長・発達とは無関係に，単純に母親の育児負担軽減によって男女共同参画社会を進めようとする教育とは無関係な要素に引き摺られた意味しかもたない．

平成18年に制定された教育基本法にも，家庭教育に関する条項が加わったのも，家庭教育の衰退状況を受けてのことである．従来であれば，家庭教育は言うまでもない教育全体の基礎であるという意識から以前の教育基本法で取り上げられさえしなかったことが，今回の教育基本法では家庭教育の衰退状況から取り上げざるをえなかったのである．

現在，家庭教育を充実させることを待っていても，経済至上主義的イデオロギーの広まりから，家庭教育の復権は不可能である．このような状況から，学校教育において，本来の家庭教育の内容を取り込む必要がある．学校教育が家庭教育に代わって，教育の中心的役割を本格的に演じていかなればならない時代になりつつある．教師はこのような現在の教育状況全体を客観的に把握し，従来行う必要がなかったような内容まで取り込んでいかなければならないという自らの置かれている立場と学校教育の役割を十分認識していかなければならないのである．

教師が昔と同じ教育を続ける意識では，現在の学校教育は十分な機能を果すことはできない．現在は家庭教育を補うための学校教育の時代なのである．

5. 家庭教育崩壊に伴う不確実性の時代における教育（2005〜　）

今後，現在の状況の進展の末（経済至上主義的イデオロギーの広まりとそれに伴う家庭教育の崩壊現象）には，不確実性の時代が訪れてくる．不確実性の時代とは，それまで，当然の基本的原理であったものが根本的に崩壊し，新たな構造が確立するまでの試行錯誤の時代であり，自らの主体的判断によってあらゆる行動を決定していかなければならない時代である．

教育における不確実性の時代とは教育の基本であった家庭教育が崩壊し，教育の基本的役割を演じる構造を最初から創り上げていかなければならない時代である．とりわけ，学校教育の役割は重要になるが，具体的に学校教育の役割がいかなるものになるかが不確定なものになる．というのは，現在の家庭教育の衰退状況においては，まだ，家庭教育の機能を補うという意味での学校教育の役割は，公教育制度成立時の機能（家庭教育を補う学校教育の機能）の延長上に成立してくるものであり，家庭教育崩壊後の学校教育の機能は必ずしもその延長上のものになるか明確に決定できないからである．

　不確実性の時代において，家庭教育が崩壊した場合，世代間の教育の構造にも大きく影響を及ぼしてくる．さらに，情報化社会の進展がそれに追い討ちをかけ，情報の混乱が進み，従来の価値観は大きく変わる可能性がある．一般の国のように，愛国心の教育がある程度行われてきた国においては，価値観の混乱はそれほど顕著にはならないが，日本のように戦後60年以上もほとんど愛国心の教育を受けないまま，しかも，経済至上主義的イデオロギーの広まりのため利己主義化が進んでいる状況では，国家としての成立自体も危ぶまれる状況が生じてくる危険性がある．

　このような不確実性の時代に指しかかろうとしている現在，教育がそれを食い止める方向での社会を目指すか，このような時代の流れに乗って不確実性の時代になってからの教育を構想すべきかが大きな問題である．それぞれの場合について，現在考えられることについて考察していきたい．

第4節　不確実性の時代における教育の役割

1. 不確実性の時代の特徴
（1）　家庭教育の崩壊

　人類史のはじめから教育の中心は家庭教育であり続けた．それは人間が生理的早産として生まれてきたことと教育的有機体という基的性質をもっているからであった．しかしながら，20世紀の後半以降，男女共同参画社会の推進，経済至上主義的イデオロギーの広まりという世界的傾向に伴い，女性の社会進出が進むことによって，家庭教育に対する考え方が変化しだした．子どもの成長・

発達のための家庭教育ではなく，大人の社会構造のための家庭教育という考え方がその主流になってきたのである．その結果，育児における男女共同参画や零歳児保育園の広がりという社会現象が，それまでの家庭教育を急速に変化させてきた．

20世紀の後半以降，経済至上主義的イデオロギーの広まりとそれに伴う経済発展に比例して，子どもの成長・発達に必要な育児という考え方から大人の都合のよい育児という考え方に変化し，しかも，それを認める社会的風潮のために家庭教育は徐々に衰退しつつある．その副産物として先進諸国における少子化傾向があらわれてきているのである．このままの状態が続けば，家庭教育の崩壊は確実になることは火を見るより明らかなことである．

家庭教育の崩壊は人間教育の基礎の崩壊であり，それに代わる新たな教育構造の成立が必要不可欠である．現状から言えば，学校教育が家庭教育の機能を受け継ぎ，充実させていくという考え方になる．しかしながら，そのような方向が確立しているわけでもない．というのは，家庭における乳幼児期の教育を代替する教育施設はできていないからである．零歳児保育園は教育施設ではない．女性労働者の育児と労働の両立のための施設であり，教育施設ではない．

しかしながら，零歳児保育園が教育施設でないことなど問題にさえされていない．それは現代社会が教育を基本にしたものの考え方より，経済活動とのかかわりでものを考える一般的傾向が行き渡ってしまっているからである．それゆえ，零歳児保育園の広がりが家庭教育を崩壊させることに繋がる可能性を指摘する教育関係者も多くはない．これは教育関係者自身のなかにも経済至上主義的イデオロギーに影響されている人々が多いことのあらわれである．

幼稚園と保育園の統合による認定こども園も，教育的趣旨の基に作られるというよりはむしろ省庁間の力関係の産物である．それゆえ，認定こども園の数もそれほど増えていない．

このような状態がいつまで続くかは断定できないが，少なくとも現在行われているように教育行政が対症療法的な施策を続けているかぎり，家庭教育の崩壊は時間の問題であると言わざるをえない．

(2) 世代間教育の崩壊

　教育は年長世代から年少世代への文化伝達であり，その文化伝達は年長世代の年少世代への愛情と年少世代から年長世代への信頼と尊敬の感情によって成立する良好な世代間関係において行なわれるものである．しかしながら，経済至上主義的イデオロギーの広がりにより，親の子どもに対する愛情が薄れ（その一つの具体的あらわれが少子化現象である），それに伴い，子どもの親に対する信頼と尊敬の感情が失われることによって起る親子関係の疎遠化が，遅かれ早かれ世代レベルでも起ってくることが予想される．とりわけ，日本のように戦後一貫して愛国心教育を行ってこなかった国においては，愛国心をもたないことによる利己主義化傾向が顕著である．それゆえ，親子関係が崩壊することは同時に世代間関係の崩壊に繋がる可能性が高い．

　日本人が愛国心をもたないことを示す例は多々あるが，あまり気づかれていないことを指摘したい．それは日本における歴史研究である．日本における古代史研究と世界での古代史研究の歴史観の違いはその専門家でなくても容易にわかることである．つまり，日本の古代史研究の代表的テーマである邪馬台国論争は紀元数世紀の出来事であるが，世界史レベルでの古代史研究は紀元前数世紀が中心である．日本の紀元前数世紀はすべて縄文時代とされ，土器の研究以外に特別な注目をもたれていない．これは日本人自身が自らの国に対する愛国心をもたないような教育が60数年以上に亘って続けられてきた負の成果であると言うことができる．また，日本人で法隆寺の世界文化遺産としての価値の高さを正当に評価する人が少ないのも，戦後歴史教育軽視の負の成果である．

　日本における世代間教育は家庭教育を軸にして親子関係の延長上に歴史を認識してきた．これは日本社会が未だにゲマインシャフト的要素を強くもつ社会を維持していることのあらわれであるが，このような特殊な日本社会において家庭教育の崩壊は同時に世代間教育の崩壊に繋がる危険性が極めて高いのである．

　それゆえにこそ，日本においては世代間教育が他の国における以上に崩壊する危険性が高い．世代間教育はその文化の維持・発展に直接かかわる教育である．それゆえ，世代間教育の崩壊は日本社会そのものの崩壊に繋がることは必然的な状況であると言わざるをえない．

(3) 情報の混乱

　情報機器の急速な画期的発達によって，世界全体が情報化社会になった．ただそれに伴う十分な情報教育が行われているとは言い難い状況である．とりわけ，日本における情報化は情報機器メーカー主導で実現されてきた側面は大きい．それゆえ，教育分野での情報教育は後追い方の教育に終始してきたと言っても言い過ぎではない．現実に小学校から大学に至るまで行われている情報教育の大部分は，情報機器の操作方法の教授に終始している現状である．情報吟味の教育や情報倫理の教育はほとんど行われていない現状にある．その結果，多様な情報に翻弄され，価値観の混乱も著しくなりつつある．

　多様な吟味されない情報が次々取り入れられることによって，従来の社会を成立させてきた情報や文化的価値が過小評価されている．情報の混乱はこのような従来の社会的常識を崩壊させることに繋がり，それは世代間の文化伝達に大きく影響するようになる．年長世代からそれまでに形成されてきた文化が伝達されるより，情報化社会の進展による多方面からもたらされた必ずしも吟味されていない情報の方が大きな影響力をもつようになり，結果として世代間の文化伝達としての教育そのものが成立しなくなる状態が現代日本社会では顕著である．このような状態は情報を吟味する能力をもたないままに大量の情報に晒された結果起るのであり，現在日本社会の現状はまさにそのような状況であると言うことができる．

　情報の混乱のために，年長世代が年少世代に伝達するべき文化内容の価値と新たな情報の価値の正しい評価ができないままに，マスメディアの興味本位的な報道に踊らされ，新しい情報を取り入れつつ従来の文化を否定することによって，その結果，世代間の文化伝達が成立しなくなるのである．つまり，情報の混乱が社会の歴史発展の基礎である世代間の文化伝達を阻止し，社会における機能的教育を混乱させる状態を引き起しているのである．しかも，そのような混乱自体にほとんどの日本人は気づいていないのである．

　情報の混乱は今後の情報化のさらなる進展に伴って激増してくることが予想される．そのような意味において，情報化教育の正常な機能がより整えられ，あるべき情報教育が進められなければならない．

(4) 国際化教育の混乱

情報化とともに交通網の充実と交通手段の多様化によって，教育の国際化は今後も必要であり，進んでいくことも容易に想像できる．そのためにも，国際化教育の必要性も高まってくることは明らかである．しかしながら，国際化教育はその前提に自国についての愛国心教育を基礎とする十分な教育を前提にしてはじめて意味をもつ教育である．自国に対する愛国心をもたず，自国についての十分な認識をももつことなしに，世界各国の文化や情報を身に付けることは，自国の価値を評価しない自虐的な国家意識を培うことになり，結果的に自己中心的な利己主義化を国民の意識に植え付けることになる．

現在日本はちょうどこのような状況にあると言うことができる．日本の歴史や文化についてほとんど知らないまま海外ホームステイを経験し，外国の聞き慣れない思想や制度に飛びつき，その反動として日本の思想や制度を十分に認識しないままに一方的に批判してしまう若者がいかに多いことであろうか．

国際化教育がその成果を上げるのは，自国や自国の文化・歴史をある程度認識した上で，他の国々の文化に触れることによって，自国の文化を含めてそれぞれの国の文化の価値を客観的に捉え，学ぶべき点は取り入れ，それと同時に，自国の文化のよさを認識することにおいてでなければならない．このような意味において，現在の日本における国際化教育や比較文化教育は本来の成果を十分に上げるものになっているとは言い難い．日本語教育も十分にできていない子どもが外国語教育を早期から受けることに対してさまざまな批判があるのと同様に，国際化教育をより意義のあるものにするためには，日本の文化に対する教育と愛国心教育の充実が目指されなければならない．

(5) 経済至上主義的イデオロギーの広がり

世界的なレベルで経済至上主義的イデオロギーが広まっていることは，環境問題に対する各国の対応を見ていても明らかのことである．地球温暖化や環境問題に対する世界の国々の対応は，真に地球環境の悪化をいかに阻止するかではなく，環境ビジネスにいかに有利にかかわれるか，排出権取引をいかに有利に進めていけるかが最大の問題であり，自らの国が損をしないためにいかに対応するかという極めて政治的配慮・経済的配慮が至る所に窺われる．このようなことは国家間の問題に留まらず，個人レベルでも，さまざまの問題となって

あらわれてきている．

　教育問題においても，モンスター・ペアレントの問題などはその典型であると言うことができる．それ以外の日常生活においては，モンスター・クライエント，モンスター・カスタマー，モンスター・ペイシエントなど，すべて行き過ぎた経済至上主義的イデオロギーのあらわれによって，過剰な権利意識と経済的欲求が結び付き，その異常な状態に自ら気づかないか，気づいていても金が入ればよいと考えるような風潮のあらわれと言うことができる．

　資本主義社会の進展に伴い経済主義的イデオロギーが広まるのは当然のことであるが，経済以上に高い価値を見出しえない経済至上主義的イデオロギーが蔓延している現状には，大きな問題がある．それは従来の人間らしさの価値観（弱者救済）を捨てることにつながり，結果として，弱肉強食社会への傾向性が強まってくることになる．

　人間が人間として発展を遂げてきたのは，「人間らしさ」の特徴である弱者救済という道徳原理を自ら維持していこうとする意識が人間の文化の基礎にはあったからである．それが失われることはかってなかったことであり，そのような状態での人間世界がいかなる状態になるかは，まさに不確実性の社会であると言わざるをえない．

　以上のような不確実性の時代の特徴について考察してきたが，このような不確実性の時代への突入阻止の対応策について次に考察したい．

2．不確実性の時代への突入への対応策
（1） 家庭の教育力の復権

　不確実性の社会の第一の根本的原因は家庭教育の崩壊である．教育的有機体である人間の基礎を成り立たせるのは家庭教育である．その家庭教育が崩壊を阻止することは不確実性の時代への突入を阻止する最大の施策である．つまり，家庭の教育力の復権はいかにして実現されるかについて考察していきたい．

　家庭の教育力の基本は母親の乳児期の育児である．それが男女共同参画社会の推進とそのための零歳児保育園の普及によって，乳児期の育児から女性を解放しようとする流れのなかで成立しにくくなったことに起因している．乳幼児期，とりわけ乳児期の母親は子どもの成長・発達にとって特別な意義をもつ．

この点を無視して，育児における男女共同参画や，地域による育児という極めて非教育的な考え方が，その正当性の吟味もないままに導入されていることに問題がある．育児における男女共同参画とは，子どもの成長・発達に必要な母親の育児と父親の育児という形で実現されなければならない．つまり，乳児期には母親による育児が十分に行われ，子どもの社会性の発達のあらわれる幼児期に入るとともに父親による育児が行われる必要がある．とりわけ，乳幼児期における育児の中心は，母親においても，父親においても，スキンシップを通じて行われるのである．

男女共同参画社会の実現は正しいことであり，今後も進めていかなければならないことである．しかしながら，乳児期は母親による育児が子どもにとって最適な育児であることを認めなければならない．そのためには，出産後3年程度の育児休暇を保証し，しかも，その3年が終わった後の女性の社会復帰も同時に保証する社会体制が整えられる方向で男女共同参画社会が進められなければならないのである．つまり，男性中心の労働体系で発展してきた社会構造を男女共同参画社会の社会構造に転換するとき，単純に育児における男女共同参画や零歳児保育園の普及というような対症療法的施策では十分な成果を上げることはできないのである．

エレン・ケイ（E. K. S. Key, 1849〜1926）も言うように，女性の社会参加は男性と同等に認められなければならないが，出産と育児については，女性が中心になって行わなければならないのである．そのためにも，乳児期の育児を母親が心いくまで行え，しかも，その後社会に戻れるような社会制度の確立こそが真の男女共同参画社会を創り出すことに繋がるのである．

このような方法以外に家庭教育の崩壊現象を食い止めていくことは不可能である．

(2) 年長世代の教育的役割の維持

年長世代から年少世代への文化の伝達（つまりは，年長世代の教育的役割）は年長世代の年少世代に対する愛情と年少世代から年長世代への信頼と尊敬の感情によって成立する．年長世代の教育的役割は年長世代の教育意図によってのみ成り立つのではなく，年少世代の年長世代に対する信頼と尊敬の感情から生じる模倣欲求によって成立してくるのである．このような構造が成立するに

は，世代間の結び付きが強固になることが重要である．世代間の結び付きが強固になるためには，その社会に対する共通意識として愛情（郷土愛や愛国心）が存在していなければならない．現代の日本社会においては，日本人としての共通意識が希薄で，利己主義的傾向が極めて高い．その利己主義的傾向は社会における義務を果さず，権利のみ主張することに繋がり，社会や国に対する愛情をもっていないことに何の違和感ももたいない日本人が極めて多い．

このような状態は，すでに明らかにしたように，日本社会が長年に亘って愛国心教育を全く行ってこなかったことに起因する．愛国心教育が軍国主義に繋がるという誤った考え方が，未だに一部の教師や政治家のなかにもたれている．パトリオティズム的愛国心は愛国心教育によってのみ成立してくるのであり，愛国心教育を全く行ってこない場合，ナショナリズム的愛国心が生れてくるか，利己主義的個人主義になるか何れかである．自らの国に対する愛国心をもつことが年長世代に対する信頼と尊敬の気持ちを養うことにも繋がるのである．

(3) 経済至上主義的イデオロギーの是正

経済的価値以上の価値を探究することの意義の教育（道徳教育）以外に，経済至上主義的イデオロギーの是正を実現する方法はないと言わざるをえない．まさに道徳教育の復権の必要性である．資本主義社会は経済至上主義的イデオロギーが広まる社会である．そして，資本主義社会の前提は自由競争である．自由競争を前提にする社会は必然的に弱肉強食社会になる．それゆえ，自由競争を前提にする社会においては社会保障制度の充実が必要になってくるのである．しかしながら，社会保障制度自体完全な自由競争社会においては成立しない．弱者のために特例として社会自体で弱者を救済する制度こそが社会保障制度である．そのような社会保障制度を充実するためには，そのための負担をその社会の構成委員が負わなければならない．つまり，国民負担によって社会保障制度が成立するのである．社会保障制度とは肉強食社会における弱者救済的要素の成果であると言うことができる．社会保障制度の必要性が認められるためには，その基礎に道徳教育が不可欠に要素となってくるのである．

現在の日本社会のように，利己主義的個人主義が広まった状況では，社会保障制度も十分機能できない可能性が高い．例えば，年金掛け金以上の年金支給が受けられないなら，年金掛け金を拒否することが当然の権利であるかのよう

な考え方が横行している社会では，経済至上主義的イデオロギーは克服できないことは明らかである．また，国民負担率が50％を超えるようなヨーロッパ先進諸国の社会保障制度を非現実的と考える国民は経済至上主義イデオロギーに毒されていると言わざるをえない．

このような状況は道徳教育によって経済的価値以上の価値を求めるようなものの考え方を小学校時代から養っていく以外に方法はない．社会全体での経済至上主義的イデオロギーからの脱却への努力が求められる．

3. 不確実性の社会を導く教育

以上のように，不確実性の社会を阻止する施策について考察してきたが，かなり難しい問題を含むことは否定できない．そこで，不確実性の社会になってしまってからの教育のあり方について最後の問題にしたい．

(1) 国の教育権の強化

不確実性の社会自体，経済至上主義的イデオロギーに基づく自然の社会状況の結果としてあらわれてきたのであるから，そのような状態においてあらわれてくるのは弱肉強食の自然界の摂理のみによって営まれる社会である．そのような社会において，「人間らしさ」を実現していくためには，国の教育権に強制力をもたせることは一つの方策であると言える．

親としての教育権を放棄することによって崩壊した家庭教育を学校教育が肩代わりするためには，より明確なあるべき目標を国が設定し，その方向に向けて教育していくことが不可欠である．不確実性の社会は民主主義の政治の衆愚政治化と経済至上主義的イデオロギーの結末である．それは個々人のまとまりのない社会であるがゆえに，国家としての政策や指針が喪失された社会である．

このような状態において，国が教育に対する明確な方針を立て，家庭教育に代わりうる学校教育の確立を目指さなければならない．親の子どもに対する無私の愛（母性愛）によって成立する家庭教育が崩壊した後，国による教育権を強化しなければ，人間社会の成立はおぼつかない．

(2) 学校教育中心の教育

国による教育権は学校教育によって実現されなければならない．その場合，現在日本が取っている教育における地方分権制度と開放制の教員養成制度は不

可欠の基礎条件になる．この二つの基礎条件が成立しない場合，国の教育権強化は全体主義国家への道を歩むことに繋がることは明らかである．

家庭教育の崩壊を前提にした教育が成立するためには，国の教育権と親の教育権を代行する教師の役割は今後極めて大きくなってくることが予想される．その意味において，教師の専門性のレベルアップはさらに求められて当然であるということができる．

さらに，学校教育の領域の拡大が求められる．従来のような正規の学校教育の他に，専修学校や各種学校のような多様な学習欲求に応える学校の整備が必要になってくる．不確実性の社会においては，既存社会における既存の職業以外の新たな職業に就くことを求める人々も多くあらわれてくることが予測される．

「生きる力」の第一の能力として挙げられている確かな学力とは，「基礎基本を確実に身に付け，いかに社会が変化しようと，自ら課題を見つけ，主体的に判断し，行動し，よりよく問題を解決する資質や能力」と規定されている．これこそ，今後の不確実性の社会を生き抜くための力であり，そのような教育を学校教育は行わなければならないのである．そうであるならば，正規の学校以外の多様な学校をも積極的に正規の学校に取り入れていかなければならない．

(3) 新たな社会体制の構築

すでに明らかにしたように，家庭教育の崩壊現象が起り始めたのは20世紀の後半であり，それは経済至上主義的イデオロギーの広まりに伴う男女共同参画社会の推進に起因している．零歳児保育園や地域による子育てという考え方が家庭教育の必要性を喪失させていった．

このような経済至上主義的イデオロギーの広まりは戦後日本社会の経済発展の副産物である．しかしながら，失われた20年と言われるバブル崩壊以降の日本社会の経済発展はそれ以前とは異質なものにならざるをえない．国の経済発展は多数の低賃金労働者の存在によって実現する．この事実はマルクス(K.Marx,1818〜1883)がブルジョアジーのプロレタリアートに対する搾取として資本主義社会の本質を批判した時から明らかになっている．現代日本社会の労働者の賃金は世界的に見て最高水準にあり，低賃金労働者と言われているフリーターや非正規雇用労働者ですら，世界の発展途上国の労働者の賃金をは

るかに超えた水準にある．このような高賃金の労働者が大部分である日本が経済的に国際競争力をもつことは，豊かな天然資源でもない限りは不可能である．それにもかかわらず，日本人の意識が未だに経済至上主義的イデオロギーに毒されていて，「強い経済力」を標榜するようでは不確実性の時代を生き抜くことはできない．

　自由競争で弱肉強食社会を実現するのではなく，お互いに助け合う弱者救済社会への意識転換こそ，これからの不確実性の社会を生き抜く基礎条件である．弱者救済を推し進める教育とは，まさに道徳教育であり，自制と耐性を育成することによって新たな社会体制の構築に向かわなければならない．弱肉強食の社会から弱者救済の社会への転換とは，自由競争に基づく経済発展を目指す国家から高国民負担率に基づく福祉国家への転換である．

　日本人は自らの経済至上主義的イデオロギーからの脱却なしに福祉国家を論じようとしている自己矛盾に気づかない人々が多い．福祉国家を目指すためには，利己主義的・経済至上主義的考え方からの一日も早い脱却こそが，最低条件である．

参考文献

- 田井康雄編『新教育職の研究―新たな教育環境に生きる教師のあり方―』学術図書出版社，2009年
- 田井康雄・中戸義雄共編『探究・教育原論―人間形成の解明と広がり―』学術図書出版社，2005年
- 諏訪哲二『学校はなぜ壊れたか』ちくま新書，2005年
- 久徳重和『ここまで治せる不登校・ひきこもり』マキノ出版，2001年
- アルフォンス・デーケン『ユーモアは老いと死の妙薬』講談社，2002年

第二部

教育現実の探求

第4章

教育基本法と学習指導要領

第1節　教育法規の体系および日本国憲法

1. 教育法規の体系

　一般に，教育法規には，当然，不文法（特に判例）も含まれるが，ここでは，成文法について若干ふれることとする．

　国の法規は，日本国憲法（以下，憲法という）を最高法規として，そのもとに数多くの教育に関する法律が制定されている．中でも，教育基本法（以下，基本法という）は，憲法とともに，数ある教育法規の根幹を成すものである．法律以下のすべての教育法規は，憲法および基本法の条文に依拠して定められている．

　また，国際法上，国家間（国際連合等の国際機関も含む）で結ばれる条約も（憲法第98条2項の規定により，日本が国家として同意（批准等）をしているものは，日本では国内法として受容され法律より優先する），教育に関するものは教育法規といえる．（一例として，「子どもの権利条約（政府訳：児童の権利に関する条約）」や「国際人権規約」「障害者権利条約」などがある．ただし，条約の一部について批准を留保していることがある．)

　さらに，「○○法」つまり法律以外にも，「政令」（内閣が出す命令）や「省（府）令」（各省（府）が発する行政上の命令）も教育法規の一部をなすものである．（例えば，学校教育の根幹を定めている「学校教育法」については，政令である「学校教育法施行令」，および文部科学省令である「学校教育法施行規

則」がある．）なお，本章でとりあげる「学習指導要領」は，前述の政令や省令ではなく「告示」であり，厳密には「教育法規」とはいえない．（詳しくは後述する．）

また，地方公共団体が定める，「条例」「規則」（たとえば，〇〇県立高等学校の設置及び管理に関する条例，〇〇県立高等学校の管理運営に関する規則，など）も教育法規と位置づけられる．

2．日本国憲法

憲法の基本原理は，「主権在民（国民主権）」「基本的人権の尊重」「戦争放棄（平和主義）」の三つである．また，他の法律と大きく異なる性質として，憲法が「国の最高法規」であり，憲法に反する法律は無効であること（憲法98条），その改正にあたっては，よりより厳格な手続きが必要とされること（同96条），という二点が挙げられる．

ところで，「第3章　国民の権利及び義務」（10条〜40条）では，基本的人権の尊重について詳細な規定が設けられている．その中で特に，教育に関する権利および義務を定めた「26条」は，きわめて重要な条文である．

> 第26条　①すべて国民は，法律の定めるところにより，その能力に応じて，ひとしく教育を受ける権利を有する．②すべて国民は，法律の定めるところにより，その保護する子女に普通教育を受けさせる義務を負ふ．義務教育は，これを無償とする．

この条文中の「法律に定めるところにより」という部分に基づき，次節以降で触れる基本法等の教育法規が規定されている．また，26条以外にも，「14条（法の下の平等）」，「15条2項（全体の奉仕者）」，「19条（思想および良心の自由）」，「20条（信教の自由）」，「21条1項（集会，結社および表現の自由）」，「23条（学問の自由）」，「25条（生存権，生活の向上に努める国の義務）」，「27条3項（児童酷使の禁止）」，「89条（公の財産の用途制限）」等も，教育に関わる条文として重要な意味を持つものである．

第2節　教育基本法

　基本法は，第二次大戦後，憲法公布後の翌年（1947年），戦後の教育の理念等を定めるものとして，公布・施行された．以来，約60年間，「教育憲法」的な法律として，日本の教育制度の根幹を支えてきた．しかし，2006年12月に，紆余曲折をへて「全部改正」されることとなった．本節では，「改正」前の基本法（以下，「旧基本法」という）が制定された経緯等に触れるとともに，2006年に「改正」された基本法（以下，「新基本法」という）について，「改正」に至る経緯・背景，改正のポイント等を述べることとする．

1. 旧基本法の成立

　旧基本法は，国会（当時は旧憲法下の帝国議会）での審議を経て，1947年3月31日に公布，即日施行された．この法律の特徴として，まず指摘しておきたいのは，形式的には憲法と同じく「前文」が設けられ，また内容的にも憲法に準ずる性格をもつ法律，つまり「教育憲法」として位置づけられたという点である．（旧基本法「前文」は後掲の対比表を参照）

　旧基本法に「前文」が設けられたのは，憲法制定の過程において，戦前の教育体制と決別するためには，憲法の中に教育の根本を定める条文が必要ではないか，という議論が当時なされていたことと無縁ではない．また，他の教育法規と異なり，旧基本法は「憲法の精神に則り，教育の目的を明示して，新しい日本の教育の基本を確立するために」制定されたわけであるから，旧基本法を「教育憲法」として位置づけたことはごく自然なことである．したがって，他の教育法規は，当然，基本法の精神に違反しないようにしなければならない，とされた．事実，旧基本法の公布・施行直後の1947年5月3日（憲法が施行された日＝現在の「憲法記念日」）に，当時の高橋誠一郎文部大臣が「教育基本法制定の要旨」という訓令を出し，この原則を明らかにしている．

　　（前略）　この法律は，日本国憲法と関連して教育上の基本原則を明示し，新憲法の精神を徹底するとともに，教育本来の目的の達成を期した．（中略）今後のわが国の教育は，この精神に則って行われるべきものであり，又，教育法令もすべてこれに基いて制定せられなければならない．（後略）
　　（文部科学省HP内「教育基本法資料室」http://www.mext.go.jp/b_menu/kihon/

about/003/a003_05.htm より引用)

　次に，教育の根本を規定する形式が，「教育勅語」＝「勅令」から，「基本法」＝「法律」の形式に変化した，という点も大きな特徴の一つである．戦前においては，「勅令」つまり天皇の命令は，議会や内閣，司法の権限が及ばないところで，軍部に巧みに利用され，第2次世界大戦の泥沼にはまり込んだ一つの大きな要因となった．戦後は，その反省に基づき，国民の意思に基づく「法律」という形式で，教育の理念・目標が掲げられることになったわけである．

2. 旧基本法から新基本法へ

　2006年12月15日，新基本法が，第165回臨時国会において成立し，12月22日に公布・施行された．新基本法は，「1947年に制定された教育基本法（昭和22年法律第25号）の全部を改正し，教育の目的及び理念並びに教育の実施に関する基本を定めるとともに，国及び地方公共団体の責務を明らかにするものです．」（文部科学省HP　http://www.mext.go.jp/b_menu/kihon/index.htm より引用）とされている．

(1) 改正の経緯とその背景

　2000年台に入り，「教育改革国民会議報告─教育を変える17の提案」（2000年12月22日），「中教審答申─新しい時代にふさわしい教育基本法と教育振興基本計画の在り方について」（2003年3月20日），「与党教育基本法改正に関する協議会最終報告─教育基本法に盛り込むべき項目と内容について」（2006年4月13日）等が，報告・公表された．

　これらの報告を受け，2006年4月28日，「教育基本法案」が閣議決定され，第164回通常国会へ提出され，衆議院において特別委員会および本会議で趣旨説明・質疑等が行われたが，同年6月，国会の閉会に伴い，同法案は継続審議となった．

　2006年9月に始まった第165回臨時国会に同法案は再び上程され，同年11月に衆議院本会議で可決，参議院に送られ，同年12月15日に参議院本会議で可決・成立し，同年12月22日，平成18年法律第120号として公布・施行された．

それまでおよそ60年にわたり一度も改正されなかった基本法の「改正」問題が，21世紀に入りクローズアップされ，「改正」されたのは何故か．

今回の「改正」は，一言でいえば，「憲法改正への一里塚」と見ることができる．「改正」当時の政権与党は，戦後一貫して「自主憲法制定」を党是に掲げていた．ただ，憲法は「硬性憲法」であり改正のハードルはきわめて高い．そこで憲法とともに，戦後日本の象徴であった旧基本法をターゲットとし，憲法「改正」への布石とした，のではないだろうか．

ここでは，これ以上詳細については触れない．後に掲げる参考文献等を一度読んでいただければと思う．

(2) 旧基本法と対比しながら改正のポイント等を考察してみよう

新基本法は，形式的には旧基本法の「改正」という形式をとっているものの，内容的には実質的にその性格を大きく変えているといえる．

形式的には，一つひとつの条文が長くなり，条項の数が11条19項から18条34項と倍近くに増えている．また，内容的にも重要な変更が行われている．

以下，新基本法の章ごとに，新基本法と旧基本法を見比べながら，その主な変更点について考えてみよう．（対比表中，本文でとりあげた主要な部分に執筆者が下線部を記した．）

1) 前文

旧基本法と同様，新基本法にも前文が設けられ，法制定の趣旨を明らかにしているが，内容を見ると，重要な部分での変更が見られる．

まず，「公共の精神」の尊重，「豊かな人間性と創造性」「伝統の継承」が追加された点である．これは，規範意識や道徳心，愛国心の欠如などが声高に叫ばれ，戦前の教育勅語に定められていたような徳目や規範を基本法に盛り込むべきである，との考え方に立ったものであり，これらが今回の改正の主要な目的であったことがうかがえる．

また，教育の目的を明示するだけでなく，「その振興を図る」とし，「理念法」から「振興法」へとその性格を大きく変えた点も指摘しておく．

さらに，後段の部分において，旧基本法の「この理想の実現は，根本において教育の力にまつべきものである」という部分が完全に削除された点も見逃すことはできない．旧基本法でこの文言が前文にとりいれられたのは，憲法に規

新基本法	旧基本法
前文	前文
我々日本国民は，たゆまぬ努力によって築いてきた民主的で文化的な国家を更に発展させるとともに，世界の平和と人類の福祉の向上に貢献することを願うものである．	われらは，さきに，日本国憲法を確定し，民主的で文化的な国家を建設して，世界の平和と人類の福祉に貢献しようとする決意を示した．この理想の実現は，<u>根本において教育の力にまつべきものである</u>．
我々は，この理想を実現するため，個人の尊厳を重んじ，真理と <u>正義</u> を希求し，<u>公共の精神を尊び，豊かな人間性と創造性を備えた</u>人間の育成を期するとともに，<u>伝統を継承し，</u>新しい文化の創造を目指す教育を推進する．	われらは，個人の尊厳を重んじ，真理と平和を希求する人間の育成を期するとともに，普遍的にしてしかも個性ゆたかな文化の創造をめざす教育を普及徹底しなければならない．
ここに，我々は，日本国憲法の精神にのっとり，我が国の未来を切り拓く教育の基本を確立し，その振興を図るため，この法律を制定する．	ここに，日本国憲法の精神に則り，教育の目的を明示して，新しい日本の教育の基本を確立するため，この法律を制定する．

定されている「個人の尊厳」「国民主権」を確立し民主的で平和な国家を実現するためには，それを創り出していくべき主体＝「主権者」を育成することが必要であり，それは「根本において教育の力にまつべきものである」としたことにほかならない．新基本法でこの部分が削除されたのは，今回の「改正」がやはり憲法「改正」の布石とされた証左ではないだろうか．

2)　第1章（教育の目的及び理念）

　最大の改正点は，第2条である．「教育の方針」に代わり「教育の目標」が規定され，前文でも触れられている「公共の精神」をはじめとして，「伝統や文化の尊重」「国と郷土を愛する」ということが目標として具体的に示された．このねらいは何か．そもそもこれらの目標のほとんどは，従前より学習指導要領にすでに規定されていたものである．それを敢えて新基本法の条文として定めたのは，学校現場へこれらの目標の徹底を図ることがその目的ではないだろうか．法律の名の下に，現場へのさまざまな圧力が強められるのではないかと危惧している．

　また，「生涯学習の理念」（第3条），「障害者に対する教育」（第4条第2項）

が新たに追加された．

第一章　教育の目的及び理念 （教育の目的） 第一条　教育は，人格の完成を目指し，平和で民主的な国家及び社会の形成者として必要な資質を備えた心身ともに健康な国民の育成を期して行われなければならない。 （教育の目標） 第二条　教育は，その目的を実現するため，学問の自由を尊重しつつ，次に掲げる目標を達成するよう行われるものとする。 　一　幅広い知識と教養を身に付け，真理を求める態度を養い，<u>豊かな情操と道徳心を培う</u>とともに，健やかな身体を養うこと。 　二　個人の価値を尊重して，その能力を伸ばし，創造性を培い，自主及び自律の精神を養うとともに，職業及び生活との関連を重視し，勤労を重んずる態度を養うこと。 　三　正義と責任，男女の平等，自他の敬愛と協力を重んずるとともに，<u>公共の精神</u>に基づき，主体的に社会の形成に参画し，その発展に寄与する態度を養うこと。 　四　生命を尊び，自然を大切にし，環境の保全に寄与する態度を養うこと。 　五　伝統と文化を尊重し，それらをはぐくんできた<u>我が国と郷土を愛する</u>とともに，他国を尊重し，国際社会の平和と発展に寄与する態度を養うこと。	第一条（教育の目的）　教育は，人格の完成をめざし，平和的な国家及び社会の形成者として，真理と正義を愛し，個人の価値をたつとび，勤労と責任を重んじ，自主的精神に充ちた心身ともに健康な国民の育成を期して行われなければならない。 第二条（教育の方針）　教育の目的は，あらゆる機会に，あらゆる場所において実現されなければならない。この目的を達成するためには，学問の自由を尊重し，実際生活に即し，自発的精神を養い，自他の敬愛と協力によって，文化の創造と発展に貢献するように努めなければならない。

（生涯学習の理念） 第三条　国民一人一人が，自己の人格を磨き，豊かな人生を送ることができるよう，その生涯にわたって，あらゆる機会に，あらゆる場所において学習することができ，その成果を適切に生かすことのできる社会の実現が図られなければならない。	（新設）
（教育の機会均等） 第四条　すべて国民はひとしく，その能力に応じた教育を受ける機会を与えられなければならず，人種，信条，性別，社会的身分，経済的地位又は門地によって，教育上差別されない。	第三条（教育の機会均等）　すべて国民は，ひとしく，その能力に応ずる教育を受ける機会を与えられなければならないものであつて，人種，信条，性別，社会的身分，経済的地位又は門地によつて，教育上差別されない。
2　国及び地方公共団体は，障害のある者が，その障害の状態に応じ，十分な教育を受けられるよう，教育上必要な支援を講じなければならない。	（新設）
3　国及び地方公共団体は，能力があるにもかかわらず，経済的理由によって修学が困難な者に対して，奨学の措置を講じなければならない。	2　国及び地方公共団体は，能力があるにもかかわらず，経済的理由によつて修学困難な者に対して，奨学の方法を講じなければならない。

3）第2章（教育の実施に関する基本）

　教育を実施する際に基本となる事項について，義務教育，学校教育，教員，社会教育，政治教育，宗教教育に関する規定を見直したほか，新たに，大学，私立学校，家庭教育，幼児期の教育，学校・家庭・地域住民等の相互の連携協力などについて規定している．主な変更点は以下の通りである．

　第5条では，旧基本法に規定されていた9年の義務教育の年限について，将来の延長の可能性も考慮し，他法に委ねることとするとともに，義務教育の目的，義務教育の実施についての国と地方公共団体の責務などについて新たに規定している．なお，義務教育の「無償」については，旧基本法と同様に授業料のみ徴収しない，という規定にとどまり，「真の無償化」にはほど遠い内容と

なっている.

　第6条では，学校教育は，体系的・組織的に行われるべきこと，また，学校教育においては，児童・生徒が，規律を重んずるとともに，学習意欲を高めることを重視すべきことを新たに規定している.

　第9条は，旧基本法第6条（学校教育）の第2項を，新たな条項として起こし，教員の使命，研修の重要性，身分・待遇の保証を定めたものである.「崇高な」という文言を追加し教員の立場を「聖職者」的に捉えている．また，後述する旧基本法第10条の「教育は，…国民全体に対し直接に責任を負つて行われるべきものである」という部分が削除されたこととも関連するが，「全体の奉仕者」という部分を削除し，「教育は，…この法律及び他の法律の定めるところにより行われるべきものであり，…」と新たに規定している．このことについては，教員の位置づけを「国民全体の奉仕者」ではなく，法律に従うだけの「法令執行人」へと変質させた，と指摘している研究者もおり，公務員を全体の奉仕者と規定している憲法との関連性についても考察してみる必要がある．さらに，教育公務員特例法で従前より明文化されている「絶えず研究と修養に励み」という文言が敢えてこの条文に規定されたことも指摘しておく．

　第10条は，「家庭教育」についての規定が追加されたものである．保護者が子どもの教育について第一義的責任を有すること，及び，国や地方公共団体が家庭教育支援に努めるべきことを規定している．家庭教育の重要性を否定するわけではないが，国が家庭の中まで介入するというのは，危ういものを感じずにはいられない．第13条も同様である．

　また，新基本法では，「男女共学」に関する条項が消えている．改正過程の議論の中で，男女共学は法律で定めるまでもなく浸透しているとされ削除されたということである．しかし，今なお戦前の旧制中学あるいは高等女学校の流れを受け継いだ男女別学の公立高校は多数存在している上，「男女別学のススメ」を唱える風潮が以前より強くなってきているのではないか．「男女共同参画社会」を今後一層推進していく上で，この規定が削除されたことの意味をあらためて考えなければならない．

　なお，対比表では省略したが，社会教育（第12条），政治教育（第14条），宗教教育（第15条）の条文は旧基本法とほぼ同じ内容となっている．また，大

学教育（第7条），私立学校（第8条），幼児期の教育（第11条）が新たに追加された．

第二章　教育の実施に関する基本 （義務教育） 第五条　国民は，その保護する子に，別に法律で定めるところにより，普通教育を受けさせる義務を負う． 2　義務教育として行われる普通教育は，各個人の有する能力を伸ばしつつ社会において自立的に生きる基礎を培い，また，国家及び社会の形成者として必要とされる基本的な資質を養うことを目的として行われるものとする． 3　国及び地方公共団体は，義務教育の機会を保障し，その水準を確保するため，適切な役割分担及び相互の協力の下，その実施に責任を負う． 4　国又は地方公共団体の設置する学校における義務教育については，<u>授業料を徴収しない</u>． （削除） （学校教育） 第六条　法律に定める学校は，公の性質を有するものであって，国，地方公共団体及び法律に定める法人のみが，これを設置することができる．	第四条（義務教育）　国民は，その保護する子女に，<u>九年の</u>普通教育を受けさせる義務を負う． （新設） （新設） 2　国又は地方公共団体の設置する学校における義務教育については，<u>授業料</u>は，これを徴収しない． 第五条（男女共学）　男女は，互に敬重し，協力し合わなければならないものであつて，教育上<u>男女の共学は，認められなければならない</u>． 第六条（学校教育）　法律に定める学校は，公の性質をもつものであつて，国又は地方公共団体の外，法律に定める法人のみが，これを設置することができる．

2　前項の学校においては，教育の目標が達成されるよう，教育を受ける者の心身の発達に応じて，体系的な教育が組織的に行われなければならない。この場合において，教育を受ける者が，学校生活を営む上で必要な規律を重んずるとともに，自ら進んで学習に取り組む意欲を高めることを重視して行われなければならない。	（新設）
「（教員）第九条」として独立	2　法律に定める学校の教員は，<u>全体の奉仕者</u>であつて，自己の使命を自覚し，その職責の遂行に努めなければならない。このためには，教員の身分は，尊重され，その待遇の適正が，期せられなければならない。
（大学） 第七条　（省略）	（新設）
（私立学校） 第八条　（省略）	（新設）
（教員） 第九条　法律に定める学校の教員は，自己の<u>崇高な</u>使命を深く自覚し，<u>絶えず研究と修養に励み</u>，その職責の<u>遂行</u>に努めなければならない。 2　前項の教員については，その使命と職責の重要性にかんがみ，その身分は尊重され，待遇の適正が期せられるとともに，養成と研修の充実が図られなければならない。	【再掲】第六条 2　法律に定める学校の教員は，全体の奉仕者であって，自己の使命を自覚し，その職責の遂行に努めなければならない。このためには，教員の身分は，尊重され，その待遇の適正が，期せられなければならない。
（家庭教育） 第十条　父母その他の保護者は，子の教育について第一義的責任を有するものであって，生活のために必要な習慣を身に付けさせるとともに，自立心を育成し，心身の調和のとれた発達を図るよう努めるものとする。	（新設）

2　国及び地方公共団体は，家庭教育の自主性を尊重しつつ，保護者に対する学習の機会及び情報の提供その他の家庭教育を支援するために必要な施策を講ずるよう努めなければならない。	
（幼児期の教育） 第十一条　（省略）	（新設）
（社会教育） 第十二条　（省略）	第七条（社会教育）　（省略）
（学校，家庭及び地域住民等の相互の連携協力） 第十三条　学校，家庭及び地域住民その他の関係者は，教育におけるそれぞれの役割と責任を自覚するとともに，相互の連携及び協力に努めるものとする。	（新設）
（政治教育） 第十四条　（省略）	第八条（政治教育）　（省略）
（宗教教育） 第十五条　（省略）	第九条（宗教教育）　（省略）

4）教育行政

　旧基本法第10条における「不当な支配」とは，誰による支配のことなのか．ときにはさまざまな圧力団体であることもあるだろうが，当然時の「国家」による不当な支配も念頭においていると見るべきであろう．また，同条第2項は，文部科学省（国）や教育委員会（地方公共団体）など教育行政の責任とその「限界」を規定していたと言える．ところが，現実には，1955年ごろを境として，教育行政は，学習指導要領への法的拘束力の付与，教科書検定の強化等，本来同条が規定していない（あるいは制限している）教育内容統制に力を注ぎ始めた．まさに「教育の自立性を保障すべき教育行政がその任務を超えて，教育の自由の精神を踏みにじり，管理を強化してきた」（堀尾輝久，『いま，教育基本法を読む』岩波書店，2002年，p.188）ということができ，基本法改正論議の中で，同条改正が一つの大きなポイントとなったのは当然の流れであった

と言える．

　新基本法第 16 条では，国や地方公共団体は「不当な支配」の主体とはならないことが明言されたわけだが，あくまでも，教育は主権者たる国民のものであり，教育行政には常にそのことを念頭に置いた姿勢が求められることは言うまでもないだろう．

　なお，対比表では省略したが，旧基本法との性格の違いを特徴づけるもののひとつとして，第 17 条で，国・地方公共団体が総合的かつ計画的に教育施策を推進するための基本計画（教育振興基本計画）を定めることについて規定している．（この規定を受け，2008 年 7 月 1 日，「教育振興基本計画」が策定された．しかし，期待されていた財政的保障，数値目標は盛り込まれず，単なる「教育計画」となってしまったことは非常に残念である．）

第三章　教育行政 （教育行政） 第十六条　教育は，不当な支配に服することなく，<u>この法律及び他の法律の定めるところにより</u>行われるべきものであり，教育行政は，<u>国と地方公共団体との適切な役割分担及び相互の協力の下</u>，公正かつ適正に行われなければならない． 2～4　（省略） （教育振興基本計画） 第十七条　（省略）	第十条（教育行政）　教育は，不当な支配に服することなく，<u>国民全体に対し直接に責任を負つて</u>行われるべきものである． 2　教育行政は，この自覚のもとに，教育の目的を遂行するに必要な諸条件の整備確立を目標として行われなければならない． （新設） （新設）

　また，基本法「改正」を受け，2007 年 6 月に「教育三法」（学校教育法，地方教育行政の組織及び運営に関する法律，教育職員免許法及び教育公務員特例法）が改正された．特に，教育職員免許法の改正によって，いわゆる「教員免許更新制」が 2009 年 4 月に導入されることとなった．「教員免許更新制」は法改正前あるいは導入後も数多くの問題点が指摘されている．ここでは，詳細について触れる余裕がないので，後に掲げる参考文献を参照されたい．

(なお，文部科学省は，教員の「養成・採用・研修」を一体として捉えなおし，「教員免許更新制」の廃止も視野に入れた「教育職員免許法」の抜本的改正を目指しており，文部科学大臣の諮問（2010年6月3日「教職生活の全体を通じた教員の資質能力の総合的な向上方策について」）を受け，現在中教審で審議が行われている．今後の動きを注視したい．）

第3節　学習指導要領

1．学習指導要領とは
(1)　概略

　学習指導要領（以下，「指導要領」という）とは，文部科学大臣が告示する学校教育の教育課程の基準であり，幼稚園，小学校，中学校，高等学校の段階別に作成されている（幼稚園のそれは「教育要領」と呼称されているが，本稿では「指導要領」と呼ぶこととする）．各学校または各学年段階における教育課程の基準，すなわち，各教科・科目の単位数やその履修，「総合的な学習の時間（総合学習）」や特別活動に関する内容，そしてこれらの年間授業時数，単位の修得および卒業の認定，その他配慮すべき点，等について細かに規定している．

　指導要領は，1947年に，文部省の「試案」として実施されて以来，小・中学校では7回，高等学校では8回の改訂が行われてきた．（小・中学校は2回目の改定より，高等学校は3回目の改定より「告示」形式となり現在に至っている．）

　現行指導要領は，1998年12月（幼稚園，小学校，中学校），1999年3月（高等学校，盲・聾・養護学校）に告示され，2000年4月（幼稚園および盲・聾・養護学校幼稚部），2002年4月（小学校・中学校および盲・聾・養護学校の小学部・中学部），2003年4月（高等学校および盲・聾・養護学校の高等部）から施行された．また，現行指導要領については，2003年10月に出された中教審答申「初等中等教育における当面の教育課程及び指導の充実・改善方策について」を受け，「新学習指導要領の更なる定着を進め，そのねらいの一層の実現を図る」として，総則を中心にその一部が改正された．

　なお，現行指導要領は，改訂版がすでに告示されている（以下，「新指導要領」という）．新指導要領は，2008年3月（幼稚園，小学校，中学校），2009

年3月（高等学校，特別支援学校）に告示され，2011年4月から幼稚園，小学校（特別支援学校の幼稚部，小学部を含む），2012年4月から中学校（特別支援学校の中学部を含む），2013年4月から高等学校（特別支援学校の高等部を含む）で施行される．（また，一部内容については「先行実施」されている．）「新指導要領」については後述する．

（現行指導要領および新指導要領の詳細については，一例として文部科学省内のサイトを紹介するので参照されたい．

http://www.mext.go.jp/a_menu/shotou/new-cs/index.htm　2010年11月23日現在）

（2）指導要領の「法的拘束力」

指導要領は，文部科学大臣が定める「告示」である．「告示」とは，「国・都道府県・市町村が，公的な決定を一般の人々に広く知らせること．」（『角川必携国語辞典』）であり，法律や命令，規則などの「法規」ではない．ただし，指導要領は，学校教育法の委任により同法施行規則が定められ，その施行規則を受けて指導要領が定められているので，指導要領には法規的性格があり「法的拘束力」がある，とされている．しかし，「（指導要領は）労働基準法に規定する労働基準などとはその性質を異にしており，たとえば，教育課程の一から十まですべておちなく拘束するといったことを意味するわけではない．つまり指導要領のある一つの事項が守られなかったからとか，あるいは規定外のある事項を余分に盛り込んだからといって，直ちに法令違反となるというようなものではない」（菱村幸彦『新訂版　やさしい教育法規の読み方』教育開発研究所，2002年，p.211）ともいえる．指導要領は，学校教育の教育課程を編成する際の大綱的基準を示したものであり，実際の教育課程の編成にあたっては，「子どものゆたかな学びを保障する」観点を最大限考慮しなければならない．

2．新指導要領のポイントと問題点

2006年12月の新基本法の制定（旧基本法の全部改正），2007年7月の教育三法の改正に至る過程において，本来の学びの主体である「子ども」が置き去りにされた感が否めない．教育に携わるものの一人として残念である．

指導要領の改訂についても同様のことが言えるが，ここでは，新指導要領の

改正のポイントと問題点をいくつか指摘するにとどめることとし，以下に示す．学生の皆さんによる議論を期待したい．

（なお，「日教組学習指導要領検討委員会編『子どもたちのゆたかな学びを支援する教育へ』」から多くを引用していることをお断りしておく．）

(1) 新基本法や改正された学校教育法で規定された学校教育の目標を達成することが求められ，「道徳の時間を要」として学校教育を行うこととして道徳教育が強調されている．「情報リテラシー」ではなく「情報モラルを身につける」ことが登場したのもその延長線上にある．

(2) 道徳教育において「公共の精神」を尊ぶことや「伝統と文化を尊重し，それらを育んできたわが国と郷土を愛する日本人の育成」が求められている．だが，人権教育についても，日本社会に暮らす外国にルーツをもつ子どもの存在にもいっさい言及されていない．

(3) 「ゆとり教育」からの脱却を図るため，「自ら学び自ら考える力の育成」から，まず「基礎的・基本的な知識技能を確実に習得させ」るという「教え込み」と「主体的に学習に取り組む態度」を養うという態度主義へと大きく学習観を転換させている．さらに，基礎的基本的な知識技能の活用を重視しているが，生きた現実生活を送るための活用ではなく，定められた学習指導要領の範囲で想定される問題を解くための応用に過ぎない．これらにより「総合的な学習の時間」は実質的にその意義が否定されることになっているのではないか．

(4) 「生きる力をはぐくむ」ことが依然として掲げられているが，「生きる力」にとって不可欠である共生の観点が現行指導要領と同様にまったく欠けている．学習観と同じく，個体主義的な発想が強く，人と人とが関わりのなかで学び，育ち，関係自身を豊かにしていくという方向性が見られない．

(5) 小学校高学年に「外国語活動」が導入されているが，そもそも早期に外国語活動を導入する目的が曖昧な上，担当する教員の専門性向上等の方策やその他の諸条件整備が不十分である．このままでは，学校現場がかなり混乱する可能性が高い．

(6) 中学校の「部活動」の役割が再び明記されているが，部活動を指導する教職員の勤務実態は放置されている上，部活動を地域での自主的なスポー

文化活動へ転換させていくという視点がまったく欠けている．
(7) 「特定の期間の授業設定」について，「夏季，冬季，学年末等の休業日の期間に授業日を設定する場合」が含まれるようになったが，今後，「学力の向上」を目指すあまり，「授業時数の確保」のために，長期休業が短縮され，子どもがますますゆとりのない生活に追い込まれていくのではないか，と危惧する．

おわりに

　本章の執筆を依頼されたのは，確か2009年の初めごろだったように記憶している．執筆に取りかかろうと考えていた矢先に，歴史的な「政権交代」が行われ，「コンクリートから人へ」を理念に掲げた民主党を中心とする新政権となった．民主党の公約でもあった「子ども手当」や「高校授業料実質無償化」が2010年4月から実施されている．また，政府の行政刷新会議による「事業仕分け」においては，「全国学力・学習状況調査」や「教員免許更新制」等について，大幅縮小あるいは廃止の方向で見直すべき，という判定が下された．2010年8月には，文部科学省が「新・公立義務教育諸学校教職員定数改善計画（案）」「新・公立高等学校等教職員定数改善計画（案）」を発表し，30年ぶりに40人学級を見直し，35・30人学級の実現など10年ぶりの新たな教職員定数改善計画を策定した．（ただし，この計画が予定通り進行するかは，2011年度政府予算案が確定していない現段階においては不透明である．）ここ1，2年ほどの教育をめぐる情勢はダイナミックに変化し，どの時点で執筆を始めたらよいか正直悩ましい状況であった．

　今回，本章を執筆しながら，「教育」がさまざまな教育法規により細かく規定され，影響を受けているのをあらためて感じざるを得なかった．また，教職員定数改善等などさまざまな教育条件整備には財政的裏付けが絶対条件であり，国会等で予算案が通らなければどうしようもない，つまり，教育条件整備を進めていくための必要な法律を定めたり予算を確保するためには「政治」との関わりは避けて通れない，とも言えるだろう．

　また，経済格差に起因する「教育格差」の問題もここ数年クローズアップさ

れている大きな課題である．教育費に占める公的教育支出の割合は，日本はOECD諸国の中で最下位に位置している．民主党を中心とする現政権は「社会全体で子どもの育ちを保障していく」という方向に大きく舵を切り，その理想を実現するための施策の実現に着手し，一部は「高校授業料実質無償化」などの形で現われてはいるが，財源問題や「自己責任論」的な考えが未だ強く，その理想の実現に向けての行程は不透明である．

　将来，教職を志望している学生の皆さんにとっては，大学等において，「理論」をしっかり学び身につけることはもちろん大事なことではあるが，同時に，「主権者」として，こうした世の中のさまざまな事象を直視し，自らの頭で考え判断し行動していくことも求められている．そのことが，「すべての子どもたちにゆたかな学びを保障する」という公教育を担う教員としての責務であると考える．

参考文献 ※本文中に掲げたもの以外

- 田井康雄・中戸義雄（編）『探求・教育原論―人間形成と解明の広がり―』学術図書出版社，2005 年
- 市川昭午『教育基本法改正論争史―改正で教育はどうなる』教育開発研究所，2009 年
- 嶺井正也「新学習指導要領の基本的問題点〜「学力」向上とナショナリズム教育」『教育と文化』通巻 51 号，アドバンテージサーバー，2008 年
- 苅谷剛彦『教育再生の迷走』筑摩書房，2008 年
- 安積力也『教育の力』（岩波ブックレット No.715），岩波書店，2009 年
- 尾木直樹『「新」教育基本法と私たち―新たな展望を求めて』アドバンテージサーバー，2007 年

第5章

人間形成における食育―「いのちをいただく授業」のパフォーマンス―

はじめに

　わたしたち人間は日々，生きるために他の動物のいのちをいただき食べている．昨今，こういった認識のない子ども達が増加しており，たとえばそのことは，食前に「いただきます」が言えない，あるいは学校で給食を大量に残すといった形で現れている．

　かつて，戦後しばらくの間，とくに地方では，それまで家で飼っていた鶏を殺して，食べるといった風景がごくごく当たり前に見られた．しかし，（家庭以外の施設に委託する）外注化の進んだ現在，「我々が他の動物のいのちをいただいており，またそうしなければ生きていけない」という認識は，家庭教育の場においても，もはや自明のものではなくなってしまった．であれば今後は，学校教育においてそういった認識を広めていくことが大切なのではないだろうか．だとすれば，どのような形でそれは可能となるだろうか．本章では，食育における「いのちをいただく授業」の実践の意義について考えたい．

　なおここでは，いのちのリアリティを伝える授業についてすでに考察を行った中戸にならい，「命」と漢字で表すのではなく，その躍動感がより表れるように，「いのち」とひらがなで表すこととする（中戸義雄「第10章　生命観と教育」原弘巳・井上専『これからの教育学』福村出版，1997年，pp.137-149）．

はじめに

　このテーマについては，すでに鳥山が，小学4年生を対象に鶏を殺して食べる授業や，殺されたばかりの豚を解体して調理する授業を行っている．他にも，常山による上越教育大学附属小学校の試みや，広瀬によるホールアース自然学校の実践，梶による「暮らしの学校だいだらぼっち」の事例がよく知られている．

　野田は，こういった「命を食べる授業」が，評価の分かれる難しい授業ではあるものの，食育においてこのテーマを取り上げなければ生じる問題点を指摘する．それは，「畜産と肉食」というテーマを排除して，「農業と食」というテーマのみを扱うことが不自然であるということである．より詳しく言えば，問題は両者の位置づけ，すなわち前者の「畜産と肉を食べること」と後者の「農と農業生産物を食べること」とを別々に扱うか，連続性を持たせるかという点であるという（野田恵「第3章　グローバリゼーションのもとでの食─食育（II）」朝岡幸彦・野村卓編著『食育の力　食育・農育・教育』光生館，2010年，p.64）．仮に両者を別々のものとして食育で扱わなければ，肉食を特別視することとなり，食における畜産や肉食を見落とすこととなってしまう．しかしそれは，明らかに私達の日常的現実に反しており，食育の実践可能性を制限することになるという（野田，前掲書，同頁）．

　すでに『食育』の教科書（小学校編）でも，「命を食べる…サケをさばいて食べる」という項目と，「命と食の循環」という項目が，他の農産物を扱う項目と並んで学習される仕組みとなっている．とりわけ後者では，材料となっている生き物のいのちをいただくという，「いただきます」の意味や，私達人間が「ほかの生きものの命を犠牲にしていきている」ことが学ばれる（家庭科教育研究者連盟編『子どもの生活とつながる食育　小学校編』日本標準，2007年，pp.104-105，pp.136-137）．

　よって本章でも，これらのカテゴリーを一連のものとして捉えた上で，食育における「いのちをいただく授業」の実践の意義を考えてみたい．とりわけ本章では，アメリカの社会学者，ゴッフマン（Erving Goffman, 1922-1982）の演出論（ドラマトゥルギー）の視点から，いのちをいただく授業のなかで「いのちをどう表現するか」という，演出上の問題について考えてみたい．というのも，そのパフォーマンスによって，児童生徒が受けるいのちのイメージが異なって

くるからである.

その手順としては以下のとおりである.まず第1節では,本題に入る前に,なぜここですでに優れた実践例のある豚を扱う授業ではなく,鶏を扱う授業を取り上げるのかについて述べておく.次の第2節では,鶏を用いた上述の鳥山による実践を振り返り,そのなかで行われた鶏を捌くパフォーマンスが,児童の目にショッキングなものとして(非日常として)映ったことと,その結果生じた劇的効果について考えたい.第3節では,上述の広瀬の問題意識を受け継いだ髙橋の実践を紹介するなかで,鶏を捌く彼のパフォーマンスが,鶏の「(より日常に近い)穏やかな死」を表現したものであった点に触れる.そして,その結果生じた劇的効果について考えたい.

第1節　豚ではなく,なぜ鶏なのか

本節では,鶏を捌いて食べる実践に焦点を当てるが,その前に,なぜ,すでに優れた実践例のある豚の授業ではないのか,その理由を述べておきたい.鳥山の影響を受けて,豚を用いた教育実践を行った一人に,黒田がいる.屠殺されたばかりの豚の枝肉を学校に運び込んだ鳥山(鳥山敏子『ブタまるごと一頭食べる』フレーベル社,1987年)とは異なり,彼は,担任を務める4年2組の児童とともに,一匹の豚を学校で飼育し,3年間育てた.そして彼は,卒業後どうするかについて児童全員で話し合うという実践を行った.

ここで彼が豚を選んだのは,第一に,清潔な空間のなかで育った子ども達に,あえて臭いのある動物に触れてほしいという彼の願いがあったからである.第二に,小さな動物であれば,世話をしないで楽をする児童が出てくるかもしれないが,手のかかる大きな豚であれば,児童全員が協力せざるを得ないことから,一致団結してクラスがまとまるだろうという彼の意図があった(黒田恭史『豚のPちゃんと32人の小学生』ミネルヴァ書房,2003年,p.11).

その後,彼の実践は,「ブタがいた教室」というタイトルで映画化され,大きな反響を呼んだ.にもかかわらず,黒田自身,この実践をそれ以降続けていない.そこにはどういった問題があったのだろうか.

第一に,黒田自身も認めていることであるが(黒田,前掲書,p.24),児童ら

がその豚に「Pちゃん」という名前をつけた時点で，その豚は「食肉として」ではなく，「ペットとして」児童らに認識されてしまったという点である．この「名づけ」という行為によって，「Pちゃん」は，豚一般から切り離されて，特別視され，やがてそれは愛着へとつながる．たしかに，鳥山実践においても，運ばれてきた枝肉に児童が「トンチャン」と名づける場面も見られたが，あくまでそれは豚が死んだ後の話である（鳥山，前掲書，p.71）．黒田の場合，これによって，家畜としての豚を食べること以上に，ペットであるPちゃんを食べるか食べないか考えるという，「残酷な」結果となってしまったといえよう．

　第二に，鳥山が鶏を用いた実践を行った際には，宮澤賢治の『よだかの星』のよだかが抱えた苦しみ，すなわち「他の命を食べなければ生きていけない自己存在」を児童に感じてほしいという問題意識があった（鳥山敏子『いのちに触れる　生と性と死の授業』太郎次郎社，1985年，p.18）．しかし黒田の場合，こういった「いのちが本質的に抱えるエゴイズム」を，児童が感じるためには想像力を働かせる必要がある．なぜなら，実際に児童自身がその豚を殺すことも，食べることもしない上に，その豚が第三者に殺されたり，食べられたりする場面に遭遇することもないからである．たしかに，上述の映画にもその手記にも，児童らが想像力をしっかりと働かせて，Pちゃんの将来について考える場面が見られる．とはいえ，民間で豚を屠殺することが法律で禁じられている現在，この実践を行うとすれば，豚を屠殺するプロセスを見せることなく，児童の想像に委ねざるを得ないという本質的な問題を抱えることになる．言い換えれば，たとえ動物の臭いへの気づきやクラスの一致団結という上述の目標は果たせたとしても，鳥山がもっとも児童らに見せたかったであろう瞬間をダイレクトな形で見せることができないのである．

　それに対して，今のところ法律で殺すことが禁じられていない鶏であれば，それを捌いて，食べるという行為を児童とともに行うことができる．つまり，授業者がいのちを表現するのに，鶏を用いる方がより効果的な演出を行うことができるのである．

第2節　鳥山による「台詞」のない演技

　では，本題に入ろう．以下では，上述の鳥山の行った実践のうち，とりわけ小学4年生の児童を対象に行われた「鶏を殺して食べる授業」に焦点を当てる．
　その際，以下ではゴッフマンの演出論の用語を用いる．まず，「舞台」は多摩川の川原であり，行われる時間もまた日曜日という「非日常」である．メンバーは，鳥山，自由参加の児童や兄弟や親，鳥山の友人，鳥山の息子と娘，田んぼを持つ協力者の仲村であり，総勢90名以上の大人数であることもまた「非日常的」と言えるかもしれない．「登場人物」は22羽の鶏，「小道具」は包丁やナイフ，食器といった調理器具などである．児童らは，協力者である仲村の田んぼで朝から稲刈りをして，川で遊んだ後，何も食べておらず，空腹の状態である．

1. 「パフォーマンスチーム」の一員としての仲村

　　鳥山の記述より　「仲村さんは，にわとりの首をきゅっとひねった．子どもたちも親たちも思わず顔をそむける．ぐにゃっとなったにわとりの両足をおさえ，首の毛をむしり，包丁をあてた．『いやだ！』『こわい！』．ぐっと力が入れられた．血がドクドクとふきでる．頸動脈を切断された首がプランとなったが，にわとりのからだは最後の力をふりしぼってあばれる．その生命力のすごさに身がすくむ．さかさまにつるして血を出す．ドクドクとわきでる真っ赤な血．それでもにわとりはあばれつづけた」（鳥山敏子『いのちに触れる　生と性と死の授業』太郎次郎社，1985年，pp.12-13）

　この第一段階で，協力者である仲村はこのパフォーマンスを行う「チーム」の一員として表れ，他方でこのパフォーマンスを基軸として，児童らは，パフォーマンスを観る側，つまり「オーディエンス」として現れる．まず，「オーディエンス」のジェスチャーを見てみよう．「パフォーマンスチーム」が鶏の首をひねると，「オーディエンス」は「思わず」顔を背けた．ここでは，無意識のうちに「見たくない」という嫌悪感が身体に表れてしまったことがうかがえる．
　次に「オーディエンス」の「台詞」を見てみよう．彼らは，「いやだ！」「こわい！」と述べている．ここに表れているのもまた嫌悪であり，恐怖である．
　鶏という「登場人物」が激しく暴れることは，生命力の象徴として「オーディ

エンス」に映る．鶏が，今，ここに生きているということを感じさせるものである．また血が勢いよく流れる様も，生命の持つ躍動感を象徴しているといえる．他方で血それ自体は，むしろ死を連想させるものといえる．すなわち，死を連想させる血が勢いよく流れるというのは，生であると同時に死であるという状態である．やがて血は流れなくなり，死が訪れる．

　嫌悪感，恐怖感に襲われながらも，この第一段階では，児童らはまだ「オーディエンス」として，仲村の演技をただ観るのみで許された．しかし，次の段階ではそういうわけにはいかなくなってくる．

2. 「チーム」の一員としての男子児童

　鹿島（男子児童）の記述より　「ナイフでにわとりをころすのが，いやになりました．にわとりの首を切ったら，ないぞうがでて，血が『ドクドク』でて，みんなは，きもちわるいみたいで，みていました．友だちがにわとりの首のあたりをさした．ぼくは，見た．ぼくが一回やったら，すごくあばれ，足がすごい力だった．かわいそうだけど，にわとりをたべないとおなかがすくから，ころした」（鳥山，前掲書，p.22）

　2名の女子児童をのぞいて，女子児童らが，鶏を自ら殺す「パフォーマンスチーム」としての役割を引き受けることは困難であった．そのため，男子が鶏を殺すというパフォーマンスを行わざるをえない状態へと追い込まれる．鹿島はそのうちの一人である．そしてこれによって，彼自身は，鶏の動きや足の力を肌に感じとるようになる．このパフォーマンスを基軸として，それを行う彼を「パフォーマンスチーム」の一員とするならば，彼がこの役割を担ってくれたおかげで，彼を取り巻く児童達は「きもちわるい」ため「みていた」，つまり「オーディエンス」の立場に身を置くことができたのである．

　鹿島は，第二段階で「オーディエンス」の立場から「パフォーマンスチーム」の立場に身を置くことによって，『よだかの星』のよだかの立場に立つことになる．よだかは，羽虫を自らの喉でつぶし，殺して食べる度に苦しんでいた．

　ただし，よだかとこの児童が異なるのは，一つには，彼がこの時点ではまだその鶏肉を食べていないという点である．もう一つ異なる点がある．それは，

よだかが，羽虫をはじめとする虫の犠牲の上にしか生きていくことができないことに苦しみ続けたのに対して，彼には，鶏への同情を抱くものの（「かわいそう」），自分のなかに食欲を感じるから（「おなかがすくから」）仕方がないという，諦念が感じられるという点である．

さらに，上の鹿島の言葉には表れていないが，このように，「オーディエンス」から「パフォーマンスチーム」に身を置くことで，さらなる学びに繋がる可能性が出てくる．それは，よだかが喉で羽虫をつぶしたような「不快な」行為，ここでは鶏を捌くという「恐ろしい」行為を，これまで自分の代わりに誰かがしてくれていたということに気づくことである．言い換えれば，「オーディエンス」から「パフォーマンスチーム」へと役割を転換することによって，日々，自分達の代わりに，肉を捌いてくれている人々の存在に気づけるかもしれないのである．

そしてまさにこの点こそ，鳥山がこの実践で児童に伝えたかったことの一つなのである．つまり，彼女には「『生きているものを殺すことはいけないこと』という単純な考えが，『しかし他人の殺したものは平気で食べられる』という行動と，なんの迷いもなく同居していることがおそろしくてならない」という問題意識があった（鳥山，前掲書，p.16）．ここでは，快適さを求める人間と，その快適さを生み出すために影で労苦を強いられる人間との不平等に気づくことが最大の目的となっている．よって，こういったエゴイズムに気づくためには，第一段階で，鶏が殺されるのを観ていた「オーディエンス」の役割から，自ら鶏を殺す「パフォーマンスチーム」の役割へと身を転じる必要があったのである．

3. 「パフォーマンスチーム」の一員としての鳥山

鳥山の記述より　「しかし，どうしてもそれをみたくないといって逃げ，1羽のにわとりを抱いて，泣きつづける女の子たちもいた．その女の子たちを集めて，『私がいまからにわとりを殺すから，けっして目をそらさずに見ていること！』かなりきつい口調で命令した．子どもたちの泣き声をはねのけるようにして，わたしは包丁を手にした．いまのいままで子どもたちの胸に抱かれて生きていたにわとり．そのぬくもりがわたしの心にも痛

第2節　鳥山による「台詞」のない演技

い．でも，私の手はそういう思いを断ち切った」（鳥山，前掲書，p.14）

　ここで，鳥山自身は，このパフォーマンスを行う「チーム」の一員であり，それを観る側は，鶏を抱えて逃げる（生駒をはじめとする）女子グループである．さて，この「子ども達の泣き声をはねのけるような」鳥山の演出にこめられた想いは何だったのだろうか．それを理解するためには，その前提としてこのクラスにあったいじめの問題を知っておかねばならない．

　生駒はいじめの加害者であり，被害者の女の子が不登校になるほど，そのいじめはひどいものであったという．この場面で，生駒は，足の悪い鶏を（彼女が幼い頃に亡くなった）自分の父親と重ねてかばっている．（ちなみに他の児童の発言のなかにも，「この鶏が自分の父親であると生駒さんが話していた」，というものが見られた．）ここでの鳥山のパフォーマンス，「目をしっかり開けて見なさい」と言いながら鶏を殺すという演技は，「演技過剰」にすら見えるほど誇張されたものである．

　なぜ鳥山は，ここまでしなければならなかったのだろうか．村井は，鳥山実践のなかに，次のような生駒へのメッセージを読み取っている．「ペットをかわいがるあなたが，人が殺した鶏肉は平気で食べる．家族から虐待されたあなたがクラスメートに残虐ないじめをする．ここには明らかに平行関係があるのではないか．あなたの家庭の事情は事情としてわかる．しかしあなたはそれを何としてでも引き受け，乗り越えていくしかないんじゃないか．私はあなたに，人間はほかの動物を殺していきている，それ以外に私たちに存在の道はないという現実を見せた．あなたはそこから，私たちは親を選べない．家族を選べない．私たちはそれがどんなに重い苦悩であっても背負って出発するしかないという人間存在のありようを学んでほしい」（村井淳史『「いのち」を食べる私たち　ニワトリを殺して食べる授業―「死」からの隔離を解く』教育史料出版会，2001年，pp.97-98）．

　たしかに，鳥山の「台詞」（「しっかり目をそらさずに見ていること！」）を見れば，村井のように，そこから厳しい現実を受け容れなさい，という彼女のメッセージを読み取ることもできる．それに加えて，ここではこの鳥山の「演出」が生駒にとって何を意味したのかという点について考えてみたい．すなわ

ち生駒にとって「鶏＝お父さん」であり，言い換えれば，鳥山は，ここで鶏を殺すと同時に，生駒の父親をも殺しているのである．

ここには明らかに，「お父さんとのことはもう忘れていいんだよ」という鳥山のメッセージが読み取れるのではないだろうか．上述の鳥山の言葉のなかで彼女が真に「断ち切りたかったのは」，生駒と父親なのではなかろうか．つまり，ここで演出されているのは，「父との決別」なのである．これによってはじめて，虐待という辛い出来事は完全に過去のものとなり，その過去をあるがままに受け入れる可能性が開かれるのである．

4. 鳥山のパフォーマンスを観る「オーディエンス」としての他の児童

石川（女子児童）の記述より　「生駒さんがもっていた鶏が先生に殺される．先生は『鶏から目をそらすな』と言った．だいぶみていたけど，がまんできなくなって目をそらした．首をきったけど，まだ生きていた．はねをばたばたさせ，首からは血がポタポタたれている」（鳥山，前掲書，p.19）

しかし石川をはじめとする他の「オーディエンス」にとっては，それは「生駒さんのお父さんが殺された」というよりは単に鶏が殺されたことにすぎない．というのも，観ている子どもには「その鶏＝生駒さんの父親」ではないからである．

このように考えると，ここでは，誰が観るかによって，すなわち「オーディエンス」によって，劇が異なって見えることが分かる．つまり，上の鳥山のパフォーマンスは，生駒にとっては「鶏の屠殺」であり同時に「父親との決別」でもあったが，石川をはじめとする他の子どもにとっては，単なる「鶏の屠殺」である．前者の場合，いのちの教育と同時に心のケアが行われているが，後者は純粋にいのちの教育が行われている．

ここで，この鳥山のパフォーマンスによって，一方で生駒と（生駒が鶏を父親だと思っている事実を知っている）その友人のグループが生じ，他方でそのことを知らないそれ以外の人々のグループが生じる．よってこのパフォーマンスは，オーディエンスを二つのグループに分けたといえる．しかし，これは「オーディエンスの分離」（ゴッフマン，石黒毅訳『行為と演技』誠信書房，1974

年，pp.55-56）とは異なる．というのも，同じ演技がそれぞれのオーディエンスグループによって，異なる形で解釈されるため，ここで鳥山はそれぞれのオーディエンスグループごとに，異なるパフォーマンスを行う（異なる役割演技を行う）必要がなかったからである．仮にこのパフォーマンスに先立って，鳥山が自らのパフォーマンスを何らかの形で名づけていたとしたら，生駒にとって鶏でありかつ父であるという二重性は，その名づけられた方のみが認識され，名づけられなかった方の可能性は排除されていたであろう．すなわち生駒において，「いのちの教育」か「心のケア」のいずれか一方は達成されるものの，もう一方は達成されなかったであろう．

このように考えると，上の鳥山のパフォーマンスが，児童の恐怖を呼ぶものではあるものの，児童によって異なる解釈の可能性に開かれたものであったことが分かる．そして，この解釈の多様性こそ，後に見るように，自らのパフォーマンスを「名づけない（言葉で説明しない）」ことで，生まれるものなのである．

以上のように，鳥山によるこの実践は，多摩川の川原という非日常的な「舞台」のセッティングという点でも，90名以上という非日常的な参加者数という点でも，さらに，血がドクドク出るという「残酷な」パフォーマンスという点でも，児童らに劇的効果を与えていた．ここに現れていたのは，いのちの「恐怖」であり「不快」である．それは言い換えれば，「ショッキングなもの」としてのいのちであり，「非日常性」としてのいのちであったといえよう．他方で，鳥山のこういったいのちの演出は，自らのパフォーマンスを「名づけない（言葉で説明しない）」ことで，オーディエンスグループによって，異なる形で解釈されており，そこには，「解釈の多様性」を見て取ることもできた．

第3節　髙橋による「穏やかな死」の演出

髙橋は，「はじめに」の部分で紹介した広瀬によるホールアース自然学校でプログラムを受けた，関西学院中学部の教員である．関西学院中学部の夏季キャンプには，2年生全員が参加する短期キャンプと，2・3年生のうち希望する生徒30数名が2週間行う海洋冒険キャンプがある．短期キャンプでは希望する班が，海洋冒険キャンプではすべての班が「ニワトリを殺して食べる」経験を

する．海洋冒険キャンプで取材を行った教育学者，村井は，髙橋が鶏を捌く様子を次のように描写している．

1. 髙橋の「台詞」

　　村井の記述より　「ええか，ニワトリは足くくられているし，羽も動かせへん．だから首さえしっかり持ってたら，身体どこも動かへんからな．それで，耳の後ろからナイフを入れると，骨の際に頸動脈がある．頸動脈と骨のあいだにナイフ入れて，そのままナイフを横に開けば頸動脈が切れて放血できる．気道や食道を切らんこと．気道切ったら息でけへんから鳥も苦しいし，食道切ったら胃の中のもんが出てくるからな．うまいこと頸動脈切れたらそのまま首を持ってる．しばらくすると少し痙攣が来るけど，それでも死ぬから．羽がはずれてたりするとバタバタ羽ばたくぞ」（村井淳史『「いのち」を食べる私たち　ニワトリを殺して食べる授業―「死」からの隔離を解く』教育史料出版会，2001年，p.41）．

　この場面で「パフォーマンスチーム」の成員は，生徒たちに観せるパフォーマンスを行っている髙橋である．そして逆にそのパフォーマンスを観る「オーディエンス」は，海洋冒険キャンプに自由参加した，2・3年の生徒たちであり，またこの実践の取材を行った村井である．

　まず，キャンプという場は，普段の生徒の日常生活から離れた場，「非日常的な」空間であるものの，参加者は同じ中学校の2・3年生で，より「日常的」であると言えよう．

　第2節では仲村が，鶏の首をひねってからその頸動脈を切っていたのに対して，ここで「パフォーマンスチーム」の成員である髙橋は，いきなりナイフを頸動脈に入れている．また，前者が「台詞のない演技」を行ったのに対して，後者は，鶏を殺すパフォーマンスよりも前に，上のような「台詞」を用いた説明を行っている．

　では，髙橋の「台詞」の内容を見てみよう．この「台詞」のなかで「パフォーマンスチーム」である髙橋は「台詞」を用いて「オーディエンス」に鶏の捌き方，とりわけ，そのように捌くことの利点を説明している．第一に，この捌き

方によって，鶏の動きを最小限に抑え，鶏が切りやすくなる（「ニワトリは足くくられているし，羽も動かせへん．だから首さえしっかり持ってたら，身体どこも動かへんからな」）．第二に，これによって，鶏の痛みを最小限に抑えることができる（「気道切ったら息でけへんから鳥も苦しいし」）．第三に，捌く側が必要最小限の労力で済ませられる（「食道切ったら胃の中のもんが出てくるからな．」）．

つまり「パフォーマンスチーム」はここで，後に行われる自らのパフォーマンスをあらかじめ「台詞」で説明することによって，予測される生徒のパニックを防ごうとしている．訳のわからないものほど恐ろしいものはないからである．

とりわけ，ナイフという「小道具」を用いる生徒のパフォーマンスを髙橋があらかじめ規定することによって，鶏自身の苦しみと，それが鶏の身体に現れることを抑えようとしている．さらには，第三の点にかかわることであるが，これらによって，後に行われるであろう生徒のパフォーマンスは，前節の鳥山のパフォーマンスに見られたような，恐怖やショックといったものから解放され，より無駄のない合理的なものとなる．上の髙橋の最後の行の言葉（「少し痙攣が来るけど，それでも死ぬから」）もまた，生徒自身が「パフォーマンスチーム」になった際に驚かないようにという配慮が見られる．こう考えれば，ここで行われているのは「パフォーマンスをあらかじめ名づけること」であり，さらにそれに続く生徒の「パフォーマンスのコントロール」ともいえる．

2. 髙橋の「パフォーマンス」

村井の記述より　「…髙橋先生が自分で言ったとおりに，ニワトリの首にナイフを入れ，刃を横に開くとすぐに血が出てきた．噴き出るというイメージではない．テンポの速いしずくという程度で，地面まで糸をひくほど多くはない．ものの三分くらいだろうか．小さな痙攣がきて，もう動かなくなった．ニワトリの目は下瞼が閉じていて，ちょっと目には白目をむいているようだ．頭はついたままだから，首に傷があってぐったりしているだけで，外見の姿形は変わらない．足をつるしてあるひもをはずし，調理台の横に敷いた段ボールマットの上に置く」（村井，前掲書，pp.42-43）

ここでのパフォーマンスは，上の段階ですでに「名づけられている」ため，記録者の村井にとって，残酷なものとしては映っていない．言い換えれば，ここでは「穏やかな死」という「演出」が行われているといえる．

先の鳥山の実践で命の躍動感であると同時に死を連想させた，ニワトリの血の流れ方は，ここではそれほど激しくない（「噴き出るというイメージではない」）．鶏の痙攣もまた，生徒達は上の場面で髙橋からすでに聞いている（名づけられている）ので，ここでは「小さな」ものとして映る．

また，鶏が目を閉じていることも，人間の葬儀の際に，亡くなった人の目を閉じさせる儀礼に通じるものがある．このため「オーディエンス」である生徒達に（今，鶏が死んだのだ）という実感を引き起こすものである．

さらに，死の前後で，鶏の形状にそれ程大きな変化が見られない点にも「穏やかな死」を見て取ることができる．というのも鶏は，傷がありぐったりしているだけで，外見は変わらないのである．つまり生から死への変化も，形の上では最小限に留められており，それほど劇的なものではないと言えよう．

ここにあるのは髙橋の次のような問題意識である．「…（略）…ニワトリを捌くには技術が必要で，昔の農家の人でも誰もが上手というわけではなかった．だから斧で首を叩き落としたり（ニワトリの運動中枢は脳だけではないので，首を落とされてもなお暴れる），首を絞めたり（窒息死させるにはすごく時間がかかる），不必要に残虐な殺し方をする人もけっこういた．そうした技術のない屠畜下手なアマチュアが，ニワトリ調理を実際以上にグロテスクなイメージとして流布させ定着させた」（村井，前掲書，p.42）．だからこそ，鶏の死は，その苦痛が表面化しないような形で，なるべく静かに演出されなければならないのである．

3. 「パフォーマンスチーム」の成員としての生徒たち

村井の記述より　「今度はいよいよ子どもたちがやる番だ．十五羽も並んでぶら下がっているニワトリの前に子どもたちが一人ひとりつき，ニワトリの頭を左手で軽く持ち，右手に持ったナイフを首に当てる．ナイフを持っているのは各班二名ずつ．三年生はやったことがあるからと二年生に大役を委ねる班が多いようだ．『ハイ，始めてもいいですよ！』こわごわと

ナイフを入れ始める子．突然，羽の交差がはずれて鳥がばたつき，あわてる子．ナイフを入れたものの頸動脈が見つからず『先生どれですか！』と叫ぶ子，いろいろだ．しかし思ったより大騒ぎにはならない．どの子も真剣な表情でニワトリと格闘している．しかしやはり，髙橋先生や中山さんに手伝ってもらう子もいる．手にニワトリの血が流れ始めると，子どもたちは一様に『熱ーい！』と驚く．『ニワトリの体温は三十七度以上あるから，だいぶ温かく感じるぞ』と髙橋先生．血さえ流れ始めれば，あとは頭を持っているだけだ．あっけないほど，ニワトリは動かなくなる．こうして何とか全員が放血を終え，ニワトリを段ボールマットの上に並べていった」（村井，前掲書，pp.43-46）

次は生徒自身が「パフォーマンスチーム」となる番である．何人かのパフォーマンスは，上述の髙橋による「パフォーマンスのコントロール」にもかかわらず，多様な形で髙橋の意図を見事に裏切っている．たとえば，羽の交差が外れて鶏がばたつき，慌てる生徒や，ナイフを入れたものの頸動脈が見つからず「先生どれですか！」と叫ぶ生徒など，その現れ方は多様である．

とはいえ大部分は，先ほどの「パフォーマンスコントロール」が功を奏したのか，鳥山の実践とは異なり，それほど大騒ぎにはなっていないのも事実であろう．しかしこのことは，小学4年生と中学2年生という年齢が違うためということにも起因するし，とりわけ後者は同じ班の中学3年生の多くがすでに鶏の屠殺を経験済みであることからもくるであろう．いずれにせよ，少なくとも以下の二点から，生徒がパニックに陥っているわけではないように見える．

第一に，「チーム」の「表情」である．彼らは皆，「真剣な表情」であり，ひきつった顔や怖がった顔をしているわけではない．

第二に，血に触れた時の「熱ーい！」という「チーム」（生徒達）の「台詞」である．前節の鳥山のパフォーマンスの際の児童のように，「いやだ！」や「こわい！」といったものではない．生徒たちにはそれほど残酷には映っていないのかもしれない．そして，ここで役立つのもまた「ニワトリの体温は三十七度以上あるから，だいぶ温かく感じるぞ」という髙橋の「台詞による名づけ」である．「鶏の体温は三十七度以上だから血が熱い」と説明がついてしまえば，あ

る程度，恐怖は消えるのである．

おわりに

　第3節では，髙橋がそのパフォーマンスを「台詞」で説明している場面が二カ所見られた．彼は，鳥山（仲村）と異なり，自らのパフォーマンスをその「台詞」によって「命名」し，予測される生徒のパフォーマンスをあらかじめ合理的にコントロールしようとしていた（とはいえ，パフォーマンスをコントロールされることなく，予測不可能な出来事に慌てる生徒の姿も見られたが）．その結果，髙橋のパフォーマンスは生徒にとって理解可能なものとして解釈され，恐怖やパニックをあらかじめ抑制することにつながっていた．この意味では，髙橋による「穏やかな死」の演出は，一般教員にとっても実践しやすいものであるように思われる．

　それに対して，第2節で見た鳥山や仲村のパフォーマンスは，いわば「台詞のない演技」であった．そこでは鶏の死は「恐怖」として，「不快」として現れる．言い換えれば，「ショッキングなもの」としての，「非日常」としての死の演出であった．とはいえ，鳥山が自らのパフォーマンスを名づけなかったからこそ，上述のような，オーディエンスグループによって異なるパフォーマンス解釈の可能性が生まれたとも言える．

　したがって，鳥山と髙橋のパフォーマンスのどちらが良いと評価することはできない．ただ，いのちの「他者性（容易な理解を拒む異質性）」が残っているのは鳥山実践の方であるといえる．いのちとは，本来言葉では語り尽くせないものである．いのちが理解できないものであるからこそ，いのちを敬うということもある．そして，その尊いいのちを奪うからこそ，それはショッキングなものとなる．その意味で鳥山実践には，「いのちの他者性が保たれる」という意義を認めることができるだろう．

　こう考えれば，いのちをいただく授業は，説明可能性と他者性との間にあるといえる．より詳しくいえば，こういった授業は，いのちを名づければ子どもの恐怖は取り払えるがその他者性が奪われ，いのちを名づけなければその他者性は保たれるが子どもの恐怖を呼ぶというジレンマを抱える．両者のバランス

を保つことを念頭に置きつつ，今後，いのちをいただく授業を模索していく必要があるだろう．

　もしこのバランスが崩れて，今後，髙橋のパフォーマンスに，理解可能な部分がさらに増えれば，いのちの他者性が完全に奪われ，単なる「ルーチンワーク」となってしまう危険がある．必要以上に残酷ないのちの演出は児童生徒のトラウマになりかねないし，優れた実践として根づくことも難しい．だからといって生徒が死に対して，全く恐れを抱かなくなるのは，それはそれで恐ろしいことなのだ．生徒が，鶏の死に対して全く抵抗がなくなり，彼らにとって死が完全に「日常」となってしまってはならない．いのちを犠牲にして，いのちに対する畏敬の念を教える授業が，その反復の結果，命を粗末にすることが学ばれるという悲劇を生んではならないのである．

参考文献（引用文献以外）

- 坂本廣子・梅﨑和子『子どもとはじめる「食育」セット』クレヨンハウス，2003年，2007年
- 鳥山敏子『からだといのちと食べものと』新泉社，1994年
- 新村洋史・猪瀬里美『人間形成と食育　食教育』芽ばえ社，2002年
- 沼田勇『日本人の正しい食事』農山漁村文化協会，2005年
- 服部幸應（監）『笑う食卓シリーズ　食育の本　vol.3』ローカス，2008年

第6章

就学前教育と学校教育

はじめに

　教育について語られる場合，小学校，中学校といった義務教育や，実質的に義務教育に準ずる機関となっている高等学校が話題になることが多い．しかし，現代において，幼稚園，保育所などの就学前教育も，それらの学校以上に注目されている．その理由として，少子化や不況による共働きの増加といった現代的トピックが，就学前教育に直結している点が挙げられるだろう．
　また，現代では，「幼児保育」「こども教育」といった名を冠する学部学科が増えている．こうした学部学科では，幼稚園教諭，保育士の免許を取得できるところがほとんどである．近年，私立大学は定員割れが問題になっているが，こうした学部学科は常に入学希望者が多い．その理由として，もともと女性を中心に人気の高い職業という点に加えて，不況による資格志向や，就学前教育への就職率が極めて高いことも挙げられるだろう．こうした様々な意味での時代のニーズの高まりとともに，就学前教育について学ぶ学生がたいへん多くなっているのである．
　本章では，このような就学前教育について，歴史，制度，実践など，様々な観点から論じていきたい．幼稚園教諭，保育士の資格を目指す方はもちろんのこと，小学校以降の教員免許を目指す方も，その教育の基礎となる就学前教育を学ぶことは必須であろう．また，資格取得を目指さない方も，やがて自分が親になったときに役立つだろうし，あるいは現代日本の政治や社会について考

える際にも，この分野を熟知しておくことは不可欠であろう．よって，多くの方にこの章を読んでいただきたい．

第1節　教育と保育

1. 定義することの意義

　では，まず就学前教育の中核的な概念の定義から始めることにしよう．それは，教育と保育という二つの概念である．

　教育原理などの科目で，教育の定義という章が出てくると退屈に思えるかもしれない．その理由として，教育を定義することが，教師という仕事に就く上での重要性を理解できない点が考えられる．筆者は主に幼稚園教諭や保育士の資格取得を目指す学生を教えているが，中学校や高等学校の免許取得を目指す学生を教える機会も少なくない．後者の学生は教職への意識が高い学生ほど実践的な方法論への関心が強く，こうした定義は理論的な問題として軽視される傾向がある．実際は，定義することは実践的にも不可欠であるわけだが，その重要性にリアリティを感じられないことは想像に難くない．

　他方で，就学前教育の分野では，定義することが自らの仕事と大きく関わってくるのであり，理論的な問題として忌避することは許されない．むしろ，学生はこの定義を理論的な問題として受け取ることはできず，実践的である以上に，自らの内面と向き合わざるを得ない実存的な問題として直面するのである．

　その理由は何か．幼児教育・保育系の学部に進学する学生は，幼稚園教諭と保育士の両方の免許を取得することが多い．よって，就職の際には，幼稚園教諭として幼稚園に勤めるのか，保育士として保育所に勤めるのか，どちらかを選ぶことになる．その際に学生は自分が幼稚園に向いているか，保育所に向いているかを考えることとなる．では，幼稚園と保育所の違いとは何だろうか．後に述べるように，この二つの違いは教育と保育の違いと概ね対応している．つまり，自らの進路選択の際に，無意識に「教育とは何か」「保育とは何か」という問いを立て，それらの定義を行っていることになる．

　幼児教育・保育系の学部は，幼稚園教諭や保育士の免許を取り，幼稚園や保育所に就職することを前提として様々なカリキュラムが組まれており，常に将

来を意識しながら毎日を過ごすことになる．学生生活そのものが就職に向けての活動であり，故に学生生活を通してその定義を行っていると言っても過言ではないのである．

2. 教育と保育の定義

では，教育と保育の定義について考えていこう．

まず，教育の定義については，他の章で詳述されていると思うので，本章で細かな定義を繰り返すことはやめることにしよう．ここでは，人間に何らかの意図を持って働きかけ，望ましい姿を実現することを意味するとしておく．誰かから誰かへの主体的な働きかけと，その目的としてのより望ましい方向への成長という2点が，教育の特徴と言える．

では，保育について詳述していこう．保育の定義については，様々な観点から考えることができるが，ここでは法律から論じることにしよう．例えば，保育所の根拠となる児童福祉法では，第39条において「保育所は，日日保護者の委託を受けて，保育に欠けるその乳児又は幼児を保育することを目的とする施設とする」と書かれている．ここでは保育所の定義がなされており，保育所は保育を目的とする施設であることがわかる．また，保育所の保育内容を示した保育所保育指針では，その総則において保育所の役割として「保育所は…養護及び教育を一体的に行うことを特性としている」と書かれている．これらの二つの文を並べてみると，「保育すること」と「養護及び教育を一体的に行うこと」が同じ意味をあらわしていることがわかる．すなわち，養護と教育を合わせた行為が保育と考えられる．

ということは，教育という行為に養護の要素が入り込むかどうかで，教育と保育が分かれてくると言える．この養護とは，保育所保育指針によれば「生命の保持及び情緒の安定」を図ることを意味する．すなわち，養護とは，心身の健康や安全といった人間の生存の根底に位置する行為である．すなわち，教育という成長させる行為に，養護という維持する行為が加えられたものが，保育なのである．

この養護は，0～2歳児ではとりわけ重要になる．動物学者のポルトマンが，人間の特徴として未熟な存在で生まれてくる生理的早産を指摘したように，人

間は乳幼児期においては他者の助けがなければ生命を維持することができない．また，その年齢では養護と教育の区別は判然としない．子どものおしめを替える行為は生命の保持ではあるが，同時に排泄物の快不快を教えるという意味では，働きかけて成長させる行為でもある．離乳食から幼児食に移行する行為も，同様に解釈することができる．すなわち，この年齢の子どもにとっては，純粋な教育や純粋な養護は成立しない．養護は常に教育であり，教育は常に養護である．つまり，この年齢の子どもに関わる保育者は，常に保育を行っているのである．

　他方で，幼稚園に関する法律を見ると，異なった側面も見えてくる．例えば，幼稚園の根拠となる学校教育法では，第22条において「幼稚園は，義務教育及びその後の教育の基礎を培うものとして，幼児を保育し，幼児の健やかな成長のために適当な環境を与えて，その心身の発達を助長することを目的とする」と述べられている．後述のように幼稚園は学校であり，教育機関であるが，この個所を読む限り幼稚園の目的は保育であることがわかる．よって，幼稚園は教育であり，保育所は保育であると単純に当てはめるなら，その理解は必ずしも正しくない．教育機関である幼稚園も保育を目的としているのであり，幼稚園に入園する満3歳児以上でも養護の要素は不可欠であることがわかる．とはいえ，幼稚園の場合，あくまでも教育が先にあり，それに加えて養護の視点が必要になってくると考えられる．幼稚園のように養護を勘案しながら教育を行う場合と，保育所，とりわけ0～2歳児への保育のように養護と教育が混然としている場合は異なるだろう．

　このように考えると，保育とは養護と教育が一体となった行為であり，その養護と教育の距離が年齢や機関によって異なってくると言える．こうした理解の上で，幼稚園は教育，保育所は保育と対応させるならば，それは妥当な見解であろう．すなわち，養護と教育の距離感覚が，幼稚園と保育所を分けているのであり，それが保育という行為の意味を重層的なものにするのである．

第2節 幼児教育と幼児保育の歴史

前節で述べたように，教育と保育は異なった意味を持っており，その相違は幼稚園と保育所の相違と概ね対応する．さて，この相違は現代の日本に特有のことであり，保育者を目指す学生のみに重要なのだろうか．実際は，世界的に見ても教育と保育は歴史的に大きな相違がある．本章では，幼児教育と幼児保育の歴史を，西洋と日本を併せて見ていくことにしよう．

1. 幼児教育の歴史

幼児教育の祖と言われているのは，ドイツのフレーベル（Friedrich Wilhelm August Fröbel, 1782～1852）である．フレーベルは1840年に自身が設立した幼児教育施設に，ドイツ語で「子どもの庭」を意味するキンダーガルテンという名を与えた．これが現在の幼稚園の原点である．そこでは恩物という名の教育玩具を軸として，子どもの自発的な遊びを重視する教育を行っていた．フレーベルは，子どもの遊びと教育を結びつけたという点で，その後の幼児教育の基礎を作ったと言えよう．

フレーベルの思想は世界的に広まったわけだが，日本の幼児教育も彼の思想の大きな影響を受けている．日本における最初の幼児教育施設は，1876年の東京女子師範学校附属幼稚園（現在のお茶の水大学附属幼稚園）である．ここで使われている私たちにとっての馴染みの幼稚園という言葉は，フレーベルのキンダーガルテンの日本語訳であり，フレーベルの影響の大きさがわかるだろう．そこでの保育内容は恩物が中心であり，その意味でも極めてフレーベル主義的な教育だった．また，そこに通うのは，恵まれた家庭に生まれた子どもたちに限られており，多くの子どもが享受できるものではなかった．

その後，幼稚園は次第に広まっていったが，法的基準などは曖昧なままだった．1899年になると幼稚園保育及設備規程が制定された．そこでは保育内容が「遊戯・唱歌・談話・手技」の4項目として規定され，フレーベルの恩物による教育を手技として一分野に押し込めることで，全体としてはフレーベル主義を脱するものだった．その後，1926年に幼稚園令が公布され，幼稚園の制度的位置づけが明確になっていった．そこでは保育内容に「観察」が加えられて

5項目になり，同時に幼稚園令施行規則も制定された．

その後，戦時体制になると幼稚園も軍国主義に染められていくが，終戦を機に日本に新しい民主的な教育が始まった．1947年には，教育基本法と学校教育法が制定され，戦後の学校教育が理念と制度の両面から整備された．学校教育法においては，その第1条において「この法律で，学校とは，小学校，中学校，高等学校，大学，高等専門学校，盲学校，聾学校，養護学校及び幼稚園とする」（当時）とされ，幼稚園は学校教育機関として位置づけられた．

その後，1948年には，幼稚園や保育所の保育内容などを示した「保育要領」が発表された．ここでは保育内容が，「見学」「リズム」「休息」「自由遊び」「音楽」などの12項目として再編され，子どもの自由な遊びを重視する傾向にあった．ただ，それは学校教育機関の教育内容を定めたものとしては不十分とされ，1956年には幼稚園教育要領が定められた．ここでは，保育内容として「健康」「社会」「自然」「言語」「音楽リズム」「絵画制作」の6領域が設定された．

こうして，この時期において現代の幼稚園教育の原型が整ったのである．

2. 幼児保育の歴史

保育の歴史の原点は，フランスの牧師オーベルラン（Jean-Frédéric Oberlin，1740～1826）にあると言われている．オーベルランは，1769年に幼児保育施設を開設した．当時，山間部の貧困な地域では，過酷な労働のため十分な子育てをできない家庭の子どもたちが数多く暮らしていた．こうした子どもたちを養護の視点から保護することが必要だったのである．

その後，イギリスの社会運動家オウエン（Robert Owen, 1771～1858）も，オーベルランの実践の影響を受け，1816年に性格形成学院を設立し，その中に幼児学校が作られた．当時のロンドンは過酷な工場労働のため，貧しい家庭の子どもたちが数多く暮らしていた．オウエンは，人間は環境によって育つという彼の哲学から，都市の劣悪な環境で生きる子どもたちを保護して教育を与える必要を感じたのである．

日本では，1890年に新潟で開設された，赤沢鐘美による託児所が保育所の起源と言われている．赤沢は農村部の過酷な労働のために十分な子育てが不可能な家庭の子どもたちを養護の視点から預かったのである．その後1900年には

東京で野口幽香,森島峰が貧しい人のための幼稚園として二葉幼稚園を設立した（後に二葉保育園に改称される）.

その後,都市部を中心に託児所が数多く作られていき,1928年には社会事業法が制定され,託児所が法律的に位置づけられるようになった．戦時下に入るにつれ,国家の児童福祉政策はより強化され,託児所の数は大幅に増加した．

戦争が終わると,1947年に児童福祉法が制定され,託児所は保育所として新たに位置づけ直された．翌年,児童福祉施設最低基準が定められ,子どもあたりの広さや保育士の数など,保育所の基準が明確化された．また,同年の児童福祉法施行令において,児童福祉施設において児童の保育に従事する女子を保母として規定した．

1961年には入所措置基準が制定され,保育所に入所するための「保育に欠ける」基準として,保護者が「昼間労働することを状態としていること」など6項目が明確にされた．1965年には保育所保育指針が通知され,保育所における保育内容が示された．そこでは幼稚園該当年齢の幼児の教育は幼稚園教育要領の6領域に合致するようにされ,幼稚園との近親性,並行性が明確になった．こうして,現代の保育所保育の原型が整ってきたのである．

このようにして1960年代において,日本の就学前教育は幼稚園と保育所という異なる理念と歴史を持つ二つの機関が,互いを意識し合いながら併存することになったのである．

第3節　幼稚園

前節では,幼児教育と幼児保育の歴史を見てきた．この二つを歴史的に見ると,恵まれた階級の子どもたちのための教育と,十分な子育てが不可能な貧困家庭の子どもたちのための養護といった,明確な役割分担があった．それが戦後の1960年代から,互いの役割が接近してきたことがわかる．とはいえ,それぞれの歴史に基づいた理念が現代の幼稚園と保育所に流れ込んでおり,その理念に適った実践が行われているのである．本節と次節では,現代の幼稚園と保育所について詳述していく．本節では,まず幼稚園について論じていく．

1. 幼稚園とは何か

　ここでは幼稚園について法律の観点から詳述していく．

　幼稚園とは，文部科学省管轄の学校教育機関である．現行の学校教育法第1条では，「学校とは，幼稚園，小学校，中学校，高等学校，中等教育学校，特別支援学校，大学及び高等専門学校とする」とされており，この条文から幼稚園が学校教育機関の中の一つであることがわかる．前節で引用したように，1947年の学校教育法制定時は，幼稚園は学校の一つとして位置づけられてはいたが，年齢階梯から外れて最後に記述されていた．その意味では，学校教育において周辺的な役割しか与えられていなかったとも言える．しかし，2007年の学校教育法改正で，このように年齢階梯順に位置づけられるようになったのである．こうしたことから幼稚園が，学校教育において正統な位置を占めるようになったと言えるだろう．

　また，すでに引用したように，学校教育法第22条では「幼稚園は，義務教育及びその後の教育の基礎を培うものとして，幼児を保育し，幼児の健やかな成長のために適当な環境を与えて，その心身の発達を助長することを目的とする」とされており，その後の義務教育以降の基礎としての役割が明確にされている．ちなみに，2007年の改正前は，幼稚園に関する条項は，他の教育機関の後の第77条から始まっており，周辺的な位置づけだったと言える．現行法では，年齢階梯通りに個別の教育機関についての項目では最初の第22条から論じられている．

　こうした位置づけの背景には，2006年の教育基本法の改正がある．この改正では第11条に，新たに幼児教育の条項が付け加えられた．そこでは，「幼児期の教育は，生涯にわたる人格形成の基礎を培う重要なものであることにかんがみ，国及び地方公共団体は，幼児の健やかな成長に資する良好な環境の整備その他適当な方法によって，その振興に努めなければならない」とされており，幼児教育のその後の教育への基礎的な位置づけや，国や自治体の努力義務が示されている．

　また，幼稚園の保育内容は幼稚園教育要領で定められており，そこでは「健康」「人間関係」「環境」「言葉」「表現」の5領域が設定されている．前節で述べたように，保育要領では12領域であり，1956年の幼稚園教育要領制定時に

は6領域だったが，1989年の改訂で現在の5領域となった．この領域とは，小学校以降の教科と異なり，各領域を区切って保育するものではなく，総合的な保育の中で各領域のねらいが達成されることが求められている．この5領域の内容を個別に見ていくと，健康は「健康な心と体を育て，自ら健康で安全な生活をつくり出す力」，人間関係は「他の人々と親しみ，支え合って生活するために，自立心を育て，人とかかわる力」，環境は「周囲の様々な環境に好奇心や探求心をもってかかわり，それらを生活に取り入れていこうとする力」，言葉は「経験したことや考えたことなどを自分なりの言葉で表現し，相手の話す言葉を聞こうとする意欲や態度を育て，言葉に対する感覚や言葉で表現する力」，表現は「感じたことや考えたことを自分なりに表現することを通して，豊かな感性や表現する力を養い，創造性を豊かにする力」をそれぞれ養う領域である．

また，この幼稚園教育要領は2008年に改訂され，義務教育の前の基礎的な教育の役割や，預かり保育などの子育て支援といった役割が前面に出されるようになった．学校教育機関としての役割と同時に，保育所のような児童福祉的な役割も明確になったのである．また，5領域の内容においても，健康の領域では食育について，人間関係の領域では集団生活や共同性について，言葉の領域では伝え合うことの重要性について追加されている．

また，幼稚園教育の特徴として挙げられるのは，「環境を通した」保育であることである．すでに引用した学校教育法第22条においても「適当な環境を与えて」と記されており，幼稚園教育要領においても，その総則において「環境を通して行うことを基本とする」と述べられている．すなわち，子どもに直接教え込むのではなく，保育者は環境を構成する役割が主であり，子どもの主体的，自発的な活動が中心となる点が幼稚園教育の特徴である．

その他，学校教育法，学校教育法施行規則，幼稚園設置基準などによって様々な規則が定められている．対象となる子どもは満3歳から小学校就学の始期に達するまでの幼児であり，入所の条件はなく保護者が希望するなら園との契約によって入ることができる．年間の教育週数は39週を下ってはならず，保育時間は1日4時間を標準とする．

2. 幼稚園の現在

　では，現在の幼稚園はどのような状況にあるのだろうか．ここでは，三つの傾向について論じていく．

　まず，幼稚園は義務教育やそれ以降の教育の基礎としての役割が明確になった点である．その背景の一つとして，小1プロブレムのような，幼稚園から小学校への移行がスムーズに行かないため，子どもが小学校の生活に適応できない点が挙げられる．すなわち，幼稚園の子どもの主体的な活動を中心とした教育から，小学校の教師主導の教育への変化に適応できず，学級活動が機能しないケースが多発しているのである．近年では幼小連携が活発になり，運動会などのイベントでの交流は数多く見られ，幼稚園から小学校へのスムーズな移行が図られている．

　この点に関して，近年に限ったことではないが，園によっては教育レベルが非常に高いところがある．特定の分野に秀でた能力を有する幼稚園教諭を採用するところもあるし，体育，音楽，英語など外部の専門の教師を招いて教育を行う園も数多い．また，運動会などは，私立幼稚園にとっては自らの園をアピールする格好の機会でもあり，ときには小学校高学年レベルのダンスや組み立て体操なども見られる．中には幼稚園の教育レベルの高さ故に，園児が小学校に上がると，小学校の授業が物足りなく感じるという例も少なくない．教育機関としての役割が明確になり，幼稚園間の子どもの争奪が激しくなる中で，教育レベルが上昇する傾向は今後も続く傾向であろう．

　次に，教育時間外の活動に重点を置いている点である．2008年の幼稚園教育要領の改訂で，総則に「教育課程に係る教育時間の終了後に行う教育活動など」が加えられた．この点に関して注目されるのが預かり保育である．預かり保育とは，通常の教育が終わった後も引き続き子どもを預かることであり，現代においてこうしたいわば保育所的，児童福祉的な実践が教育活動としてより重要性を増していることが分かる．この預かり保育は1997年の推進事業の後，実施園は増加し続けており，2008年においては全体の72.5％が実施しており，とりわけ私立幼稚園では9割に迫る勢いである．後に詳述する待機児童の多い都市部では行政が預かり保育を奨励している点も，この数値に表れているだろう．こうした意味で，幼稚園の機能は保育所に接近していると言える．

最後に，利用者が減少している点である．周知のように，日本は少子化の傾向にあるが，就学前教育においてその皺寄せを受けているのが幼稚園である．幼稚園は1986年のピーク時には15211園あったが2010年現在では13392園であり，年々減少し続けている．園児数も1978年のピーク時には249万8千人在園していたが，現在は160万6千人まで減少している．この幼稚園利用者数の大幅な減少が，上述の幼稚園の保育所化を推し進めているのであり，後に述べる待機児童や幼保一元化の問題とも関わってくる．

第4節　保育所

1. 保育所とは何か

次に保育所について法律の観点から詳述していく．

保育所とは，厚生労働省の管轄する児童福祉施設である．保育所の根拠となる児童福祉法においては，すでに引用した第39条において「保育所は，日日保護者の委託を受けて，保育に欠けるその乳児又は幼児を保育することを目的とする施設とする」とされている．この「保育に欠ける」要件として，児童福祉法施行令第27条に「昼間労働することを常態としていること」「妊娠中であるか又は出産後間がないこと」「疾病にかかり，若しくは負傷し，又は精神若しくは身体に障害を有していること」「同居の親族を常時介護していること」など6項目が記されている．保護者がこれらの基準のいずれかを満たしている子どものみが入所することができるのである．

保育所の施設・設備等の基準は児童福祉施設最低基準で定められている．例えば，保育士の数は0歳児3人につき1人，1，2歳児6人につき1人以上など，乳児室の面積は2歳児以下1人につき1.65平方メートル以上などといった基準が記されている．その他，調理室が必要とされる点も特徴的である．保育時間は原則として1日8時間である．

また，1998年より，保母の職名は保育士と改名された（なお，1977年より男性も「保母」になることができるようになっている）．2001年には保育士は従来の任用資格から国家資格となり，専門的な技術と知識を持つ者とされた．そして，保育士は児童福祉法の18条4において「児童の保育」と「児童の保護者

に対する保育に関する指導」を行う者として定義づけられた．そのため，保育士資格を持たないにも関わらず保育士を自称する者は罰せられるようになった．

　また，保育所の保育内容は保育所保育指針で定められている．そこでは，第2章「子どもの発達」において，子どもの発達段階の特徴が発達過程区分として詳細に記されている．この個所は，以前は年齢区分と表現されていたが，1999年の改訂で発達過程区分に変更された．その理由は，ここで記されている基準が，年齢一律ではなく子ども一人一人の発達過程として理解することが求められるようになったからである．第3章「保育の内容」では，「保育のねらい及び内容」の項目で，まずは「養護に関わるねらい及び内容」として「生命の保持」と「情緒の安定」について述べられている．続いて，「教育に関わるねらい及び内容」として，「健康」「人間関係」「環境」「言葉」「表現」といった幼稚園教育要領と同様の5領域について述べられている．すなわち，養護についての2点と教育についての5領域を合わせたものが，保育所における保育なのである．また，1990年の改訂までは6領域であったが，幼稚園教育要領の改訂に合わせて6領域から5領域に変更された．続いて，「保育の計画及び評価」「健康及び安全」「保護者に関する支援」「職員の資質向上」について述べられている．その他，直近の2008年の改訂で，局長による通知から大臣による告示となり，強制力を持つようになった．それに伴い細部まで記されていた膨大な内容は，要点を簡潔に記すのみになり，大綱化されるようになったのである．

2. 保育所の現在

　では，現在の保育所はどのよう状況にあるのだろうか．ここでは四つの傾向について論じていく．

　まず，保育所の利用者・利用希望者が増加しており，同時に保育所の数も増加している点である．まず，保育所の入所児数は1980年の1996082人をピークに減少していたが，1994年の1675877人を底に上昇に転じ，2010年4月現在で2080114人である．保育所数は，2010年4月現在23068園で，1985年の22906園をピークに減り続けていたが，2001年の22211園を底に増加に転じている．周知のように，日本は少子化社会に突入しており，多くの子ども向けの業種は縮小傾向になるが，保育所は例外であることがわかる．

こうした理由から，保育所への就職率は極めて高くなっている．前述の児童福祉施設最低基準により，保育士の数で入所させることができる子どもの数が決まってくる．よって，保育士を増やさなければ，子どもの数を増やすことはできない．とりわけ，0歳児を入所させたい場合には，保育士の数が相当必要となる．私立保育所としてはその後6年間の通所が見込める0歳児を入所させたいことは当然であり，そのため保育士の確保に奔走しているのである．

　次に，第一の傾向が原因となっていることだが，待機児童が大きな問題となっている点である．上述のように保育所の数は増加してはいるが，それ以上に増え続ける需要には追いついていない．1980年代から男女雇用機会均等法などにより，女性の社会進出が盛んになり，そのために共働きの家庭も増加した．とりわけ近年は，2008年のリーマンショック以降，不況のために共働きせざるを得ない家庭が多くなっている．そのため都市部を中心に保育所に入りたいのに入れない待機児童が問題となっている．待機児童は2003年をピークにしばらく減少傾向にあったが，ここ数年は急増しており2010年4月時点で26275人となり，ピーク時の26383人に迫る勢いである．

　次に，このように保育所の受容が高まる中，サービスの多様化が進んでいる点である．中でも代表的なものが延長保育である．延長保育は，1981年に認可外保育施設であるベビーホテルに関するトラブルが多発する中で制度化されたもので，開所時間である11時間を超えて保育を行うことである．現在では，約7割の保育所が行っている．とはいえ，幼い子どもが長時間施設で過ごすためには多くの配慮が必要であり，園の負担は相当なものである．その他，一時保育，夜間保育など様々なサービスが求められている．

　最後に，私立を中心に教育に力を入れている保育所が増えている点である．園によっては，幼稚園と見間違うかの充実した教育を行っている．幼稚園と同様に体育，音楽，英語などの教育を，外部の専門の教師を招いて行っている場合も多く，その他，格闘技，将棋などの特色のある分野のプロを招いて教育を行う園もある．こうした点では，保育所の側も幼稚園に接近しつつあると言える．

第5節　これからの就学前教育

　これまで述べてきたように，幼稚園，保育所は就学前教育において異なった歴史と制度があり，それぞれ大きな役割を果たしてきたが，両者の役割が次第に接近してきた．しかし，このような就学前教育のシステムが，ここ数年のうちに大きく変わる可能性が出てきたのである．本章では，現在議論されている「子ども・子育て新システム」を参考にしながら，今後の就学前教育について論じていく．なお，「新システム」については2010年11月現在の議論を参考にしており，今後大きく変更する可能性が高いので各自で最新情報を確認して欲しい．

1. 幼保一元化について

　幼保一元化は，就学前教育において常に話題になってきた問題である．これまで見てきたように，幼稚園と保育所はその発祥や法的な地位は大きく異なるが，表面的には同じような機能をしているという印象がある．また，資格の面でも幼稚園教諭と保育士を合わせて取得する学生が多く，前節，前々節で述べたように，幼稚園の預かり保育，保育所の教育重視など，近年は両者の機能が大きく接近していることも事実である．こうした近親性故に，幼稚園は文部科学省，保育所は厚生労働省に管轄が分かれていることが二重行政として糾弾され，待機児童問題は縦割り行政の弊害とされている．

　こうしたことから幼保一元化の議論が高まっている．しかし，この議論は近年始まったわけではない．この問題は，戦後の就学前教育の体制が整った1960年代から議論されている（前述の「幼稚園と保育所の関係について」など）．すなわち，それ以前の貧困な時代は，託児所の系譜である保育所は貧困で親が多忙な家庭の子どもを預かり，その出自から教育機関である幼稚園は裕福な家庭の子どもを教育するという明確な相違があった．しかし，近代化が成功し経済的に豊かになると，その相違が曖昧になってきたのである．その結果，この幼稚園と保育所を分ける根拠が，保護者が共働きか否かという点に焦点化されてしまった．このよう状況になると，福祉の対象にはふさわしいとは思えない家庭の子どもが児童福祉施設である保育所に通っているという，不可解な事態が

生じるのである.「保育に欠ける」基準は共働きか否かという点だけではないことはすでに述べた通りだが,この点を軸に議論が進むようになったのは事実である.

その後,1980年代以降,女性の社会進出が進み,近年では不況の影響から共働きの家庭が多くなるなど,ますます保育所の需要が増していることはすでに述べた通りである.こうした時代の流れの中で,幼稚園に入る子どもは減少しているが,保育所に入る子どもは増加しており,共働きが多い都市部を中心に,保育所に入りたいのに入れない待機児童が問題となっている.

このように待機児童が問題になる中で,2006年には認定こども園の制度が導入された.認定こども園とは,幼稚園,保育所のうち「就学前の子どもに幼児教育・保育を提供する機能」と「地域における子育て支援を行う機能」を備え,一定の基準を満たすものに都道府県知事が認定するものである.しかし,幼稚園や保育所からの移行作業の煩雑さやそれを超えるメリットが不明確のため,2010年現在で532園と広まっていない.

2. 「子ども・子育て新システム」について

このように幼保一元化の議論は行われつつも,実際の制度的な変革は進まなかった.その理由として,当然監督省庁や就学前教育の現場の抵抗もあるが,一元化の利点が明確ではない点も挙げられるだろう.すなわち,現状に多くの問題はあるが,その一元化がこの解決策として有効であるかどうか疑わしいのである.

こうした風向きが変わったのが,民主党政権の誕生である.民主党は2009年の総選挙のマニフェストにおいて,子育てに関する縦割り行政の解消や,空き教室の活用で認可保育所の増設について論じていた.政権と取った後は,新たに「子ども・子育て新システム」(以下「新システム」と記す)の構想を立ち上げるようになった.この「新システム」は,従来の就学前教育の制度や子育てのあり方を大きく変えるものである.すなわち,民主党の就学前教育の政策は,縦割り行政の解消による認可保育所の増設から,子育てのシステムを抜本的に変革する方向に舵を切ったのである.その後の政権の迷走や支持率低下もあって実現の可能性は不透明ではあるが,2010年11月時点の動きを論じておく.

まず「新システム」の中で，最も注目されるのは「こども園」の構想である．こども園とは，幼稚園・保育所・認定こども園の垣根を取り払い，新たな指針に基づき幼児教育と保育をともに提供する施設のことである．これに伴い入所の際の「保育に欠ける」要件などは撤廃され，利用料金も均一となる．これに伴って，待機児童の問題が解決するということである．

このこども園の教育内容を定めるのが「こども指針」である．こども指針とはすべての子どもに質の高い幼児教育・保育を保障するとともに，家庭における子育て・教育にも資するため，幼稚園教育要領と保育所保育指針を統合し，小学校学習指導要領との整合性・一貫性を確保した新たな指針である．

こども園で働く資格として，「こども士」が構想されている．こども士とは，こども園に対応した新資格で，これによって幼稚園教諭と保育士資格が統合される．また，こども園を運営する省庁として，「子ども家庭省」が構想されている．その他，サービスが多様化され，夜間保育や早朝保育，病後保育，それに伴うこども園への看護師の常駐などの変化が見込まれている．

こども園は2013年度から導入され，その後10年を移行期間としている．また，当初は幼稚園と保育所を廃止し，全てをこども園に移行させる計画だったが，これは現実的ではないとして，現時点では幼稚園と保育所を残存させたままでの移行を原案として法案が提出される予定である．

ただ，ねじれ国会の現状では，法案が通るかどうか不透明であり，通ったとしても大幅に変更したものになる可能性もある．また，今後の政局によっては現政権がいつまで続くか不明確であり，郵政民営化のように中途半端なものに終わるかもしれない．故に，今後も就学前教育の動きは注目していく必要があるだろう．

3. 「新システム」の問題点

このように民主党政権は「新システム」の構想を打ち出したものの，今後の展開は不透明である．とはいえ，就学前教育は大きな過渡期にあることは事実であり，どの党が政権に就こうとも何らかの改革は避けられないであろう．ここでは今後の改革のポイントを見極めるためにも，「新システム」の問題点を三点ほど記しておこう．

まず，待機児童と幼保一元化の関係である．幼保一元化が必要という論の根拠の一つとして，常に待機児童問題が挙げられる．保育所に入れない子どもがいるから，似たような施設で，しかも園児が減少している幼稚園に入れれば解決するということである．しかし，待機児童がいるから幼保一元化を進めるべきだという議論は，一見説得力があるように思えるが，実際はいささか飛躍がある．何故なら，待機児童は，問題となっている地域が限定されているからである．2010年4月現在の待機児童は26275人であることはすでに述べたが，その内訳は首都圏（埼玉・千葉・東京・神奈川）・近畿圏（京都・大阪・兵庫）の7都府県と，政令指定都市（札幌・仙台・名古屋・福岡など），中核市（旭川・盛岡・宇都宮・金沢・大津・長崎など）で84.1％を占めている．また，北陸・四国を中心に待機児童0の県が9県，政令指定都市・中核市以外は0の県を含めると13県となる．すなわち待機児童は都市部に限定された問題であって，そのために根底からルールを変えることは都市部中心の発想であろう．

次に，一元化した場合の教育と保育の質の問題である．保育所は，これまでは児童福祉施設最低基準に適う施設のみ認可されており，質の担保がなされていた．しかし，こども園は都道府県の認可を受けた指定事業者が運営することになり，一度指定を受けてしまうと，質の低い保育が放置される恐れがある．逆に幼稚園は，とりわけレベルの高い教育を行っていた園において，保育に時間を割かれることで，教育の質が劣化する恐れもある．こうしたことから，教育熱心な保護者の期待に応えられないことは想定できる．

最後に，福祉の視点の問題である．保育所の利用料金は保護者の収入によって定められていたが，こども園は一律料金となる．当然，低所得者の負担が増え，高所得者の負担が減ることになる．また，園と直接契約になるので，入園を拒否される子どもが出てくる可能性がある．例えば，支払い能力に乏しい親や，素行に問題がある（虐待の危険性がある，理不尽な要求をしてくる）保護者の子どもは拒絶される可能性も出てくる．入園の際の選抜は禁止される予定が，定員超過を理由として断ることは可能である．このような懸念への対処は明確ではなく，「新システム」は福祉の視点が弱いと言わざるを得ない．

以上三つの問題点を見てきたが，筆者は幼保一元化に賛成でもなければ反対でもない．よりよき制度になるならば，一元であろうと二元であろうと構わな

い．ただ，「新システム」は練られていない点が多くあり，現時点の構想のままで導入することは難しいだろう．待機児童問題や行政のスリム化といった点に目が行く余り，福祉の視点が希薄になっているのである．養護と教育のバランスがとれたシステムに脱皮するならば，すぐにでも導入に向けて努力すべきだろう．

おわりに―幼児教育・保育の可能性―

　以上のように，現代において就学前教育は大きく注目されている．しかし，冒頭でも述べたように，この事実は幼児教育・保育そのものが注目されているというよりも，その周辺の問題への関心から派生的に脚光を浴びていると考えられる．例えば，少子化は経済規模の縮小や社会保障の持続可能性の問題であるし，保育所の充実は女性の雇用の問題であり，幼保一元化は行政のスリム化の問題であり，幼児教育・保育学科の人気は資格志向や就職率の高さを理由としているということである．

　本章もこうした一般的な注目度から論を進めてきた．しかし，就学前教育には，それ自体として大きな可能性が隠されていると考えられる．本章を締めるにあたって，最後に幼児教育・保育に内在する可能性について二つの点から論じていこう．

　まず，遊びを軸として環境を通した教育は，人間の主体性，自発性に期待したものであり，ルソー以降の近代教育の完成型とも言える点である．フランスの思想家ルソー（Jean-Jacques Rousseau, 1712〜1778）は，自らの教育思想を論じた『エミール』において，教師の役割を子どもが育つ環境を整えることに限定し，子どもの自発的な活動において自ら成長していくことを理想とした．このルソーの考え方は，ルソーが生きた18世紀から，「生きる力」が重視される現代の日本の教育に至るまで，教育の理想的な状態と考えられてきた．確かに，ルソーは同書で「生徒がいつも自分が主人であると思っていながら，実は主人であるのはいつもあなたであるようにしなさい」とも述べており，教師による支配を気づかせない綿密なコントロールが真の目的だったかもしれない．しかし，幼児教育は，年齢が低ければ低いほどこうした教育的意図も成立しな

いのは明らかである．0歳児を綿密にコントロールすることは，どれほど周到な計画を練っても不可能であり，保育者は子どもに振り回され続ける中で保育をしなければならない．すなわち，幼児教育とは，教育的意図を超えた場所で教育関係が成立しているといった，極めて幻想的な出来事である．この出来事のもとで，子どもは自らの自発性や主体性によって成長していくのである．

次に，こうした出来事を可能にする保育者の創造性や身体性である．就学前教育は，小学校以降の教育のように，学習指導要領や教科などで内容が固定化され，分断されたものではない．教育内容は幼稚園教育要領や保育所保育指針において定められてはいるものの，比較的自由な教育が可能である．また，子どもの生活は教科などで分断されておらず，5領域による総合的な教育が行われている．よって，保育の自由度が高く，保育者自身の創造性が大きく左右するものである．しかし，すでに述べたように子どもを綿密にコントロールすることは不可能であり，保育者は子どもと身体的に響き合うことで，子どもが自発的に成長するように導くことになる．保育者の創造性はその身体性に支えられているのであり，こうした点は保育者という仕事の大きな魅力である．

ここでは二つの点を取り上げたが，幼児教育・保育にはその他多くの豊かな可能性が内在していると考えられる．こうした意味でも注目に値する分野である．また，本章で述べてきた待機児童，幼保一元化などの問題もまだ議論の途上であり，今後も注目され続ける分野であろう．

参考文献

- 厚生労働省編『保育所保育指針解説書』フレーベル館，2008年
- 内閣府ホームページ　http://www.cao.go.jp/　（2010年11月30日現在）
- 全国保育団体連絡会・保育研究所編『保育白書2010年版』ひとなる書房，2010年
- 文部科学省『幼稚園教育要領解説』フレーベル館，2008年

第7章

生涯学習と学校

はじめに

　生涯学習という言葉を聞いてあなたは何が頭に浮かぶだろう．学校を出て社会人となってからも，学習を続けている自分の姿だろうか．それとも，年輩の人たちが地域や大学などさまざまな場所で学び続けている光景だろうか．本章では，現在のように生涯学習が広く意識されるようになったことの意味と学校との関係について考察を進めていきたい．

第1節　生涯学習という概念と日本の教育政策

1. 生涯学習の原点

　今日のように生涯学習という考え方が広く知られるようになった原点は，1965年にさかのぼるとされている．この年の12月，ユネスコの成人教育部門の責任者であったラングラン（P. Lengrand, 1910～2003）が，ユネスコの成人教育推進国際委員会に提出したワーキングペーパーのタイトルが「エデュカシオン・ペルマナント」（éducation permanente）であった．このフランス語のタイトルは英語に直訳すれば permanent education となり，日本語で恒久教育といった訳語があてられていたこともあった．その後ユネスコが lifelong education という英語を使用するようになり，日本語でも生涯教育が定訳となった．ラングランの提言の主な内容は以下のとおりである．

- 児童期と青年期に限定されてきた教育を，人間の生涯を通して継続させる必要がある．
- 人間の発達段階と教育課程の調和を図り，家庭・学校・社会の各教育分野の統合性を確立する．
- 学校教育の目的は，学び方の学習や生涯教育への意欲の涵養であること．
- 労働日の調整や学習のための文化休暇制度など，生涯教育を実施するために諸政策を推進する．
- 学校は地域社会の一部であり，積極的に開放されることが必要である．

従来は成人への準備段階の青少年期を対象とするものとして考えられてきた教育を，人間の生涯全般にわたるものとしてとらえ直したことに，この提言の大きな意義があるといえる．

2. 生涯学習をめぐる日本の教育政策

私たちの社会の中で生涯学習がどのように位置づけられてきたかを理解するには，生涯学習にかかわる国の政策を知ることが一つの方法といえるだろう．以下では関係する主な法律や答申について概観していく．

1971年に社会教育審議会から「急激な社会構造の変化に対処する社会教育のあり方について」と題する答申が出された．なおこの時期には，生涯学習という用語が使われることはほとんどなく，該当する語として主に社会教育あるいは生涯教育が使われていた．この答申の要点は以下のとおりである．

- 今後の社会教育は，国民の生活の多様な機会と場所において行われる各種の学習を教育的に高める活動を総称するものとして広くとらえること．
- 家庭教育，学校教育，社会教育の三者の有機的役割分担を確立し，また，人々の生涯にわたる学習を支える多様な機会と場を提供する社会教育の役割を確認するなど，生涯教育の観点から体系化を図ること．
- 人間性の回復と生きがいを目指す学習内容を重視するとともに，社会教育に関する団体活動，地域活動，あるいはボランティア活動を促進するなど，内容・方法の多様化，高度化を図ること．

答申のタイトルからも明らかなように，変化のスピードを上げる社会に対応するための社会教育のあり方を提示した内容であるが，そこにはラングランの

提言の影響をはっきりと読み取ることができる.

　1981年には中央教育審議会が答申「生涯教育について」を提出した. 答申の第1章においては「生涯教育とは, 国民の一人一人が充実した人生を送ることを目指して生涯にわたって行う学習を助けるために, 教育制度全体がその上に打ち立てられるべき基本的な理念である」と述べられているように, この時点で生涯教育が社会教育の分野だけではなく, わが国の教育政策全体の中心的な理念となっていったのである.

　そして1987年には, 内閣総理大臣の諮問機関であった臨時教育審議会が第4次答申（最終答申）を提出した. そこには教育改革のための基本的な三つの考え方が示された. それは「個性重視の原則」「生涯学習体系への移行」「国際化, 情報化等変化への対応」であり, これらは画一主義と学校中心主義からの脱却であるとしている. 注目すべき点は, これまでの生涯教育ではなく生涯学習という語が用いられていることである. つまりこの時点で, 教育をする側から学習する側への視点への移動がはっきりと確認することができる.

　1990年には「生涯学習の振興のための施策の推進体制等の整備に関する法律」, いわゆる生涯学習振興法が制定された. その目的として, 「国民が生涯にわたって学習する機会があまねく求められている状況」という認識に基づいて, 「生涯学習の振興に寄与すること」と述べられており, これは生涯学習をそのタイトルにもつ日本で最初の法律となった.

　この後2006年に改正された教育基本法にも, 第3条に生涯学習の理念についての項目が追加された. 教育の憲法とも呼ばれる教育基本法の改正についてはその評価が分かれるところもある（教育基本法の改正の詳細および第3条の内容については第4章を参照）. しかしながら, 1947年に制定後, 約60年の期間を経て改正された教育基本法に, 生涯学習の理念が明記されたことは大きな意味をもつといえよう.

　以上のように, 国際的な動向や国内での状況の変化も受けながら, 生涯学習への取り組みが制度的に明確化されてきたのである.

第2節　生涯学習の必要性

では，なぜ近年になって生涯学習が教育の中心的なテーマとなってきたのだろうか．一つはすでに前節で概観した答申内容などからも明らかなように，社会構造の急激な変化への対応のためであり，もう一つは生涯発達という観点からみえてくるものである．

1. 社会変化に対応するための学習

農業中心の社会から工業化社会へ，そして現代は情報化社会（あるいは脱工業化社会）と呼ばれるように，社会構造は今日に至るまで大きく変化を遂げてきた．それぞれの社会における教育・学習のあり方は，当然のことながら異なっている．

農業社会において，子どもは大人たちの手伝いをしながら，仕事に必要な知識や技能をある部分では教えられ，また他の部分は自然と習得していった．日常生活と生産労働とが密接に結びつき，その環境の中で子どもは学んでいった．変化が少ない静的な社会であるため，若い時期に身につけたことは生涯を通じて有効であり，また次の世代へと伝えていくことが可能であった．

18世紀にイギリスで産業革命がおこり，工業化を迎える段階となってこの状況が大きく変化する．工場での労働には多くの人手を必要とし，農村地域から多くの労働者が都市部に移り住むようになり始める．この段階で日常生活と生産労働とが切り離される．年少の子どもたちが資本家に雇用され，そして低賃金，長時間という劣悪な条件のもとで，工場労働に従事するようになった（19世紀になってようやく制定された工場法では，9歳未満の児童の雇用を禁止し，労働時間を12時間に制限をした）．幼い子どもまでが工場労働に就いたのは，工場での機械による作業が職人の熟練や体力を必要とせず，低廉な賃金で雇用することが可能であったからである．

公教育制度（義務教育制度）成立の背景がここにある．つまり，子どもが置かれたこの状況を改善するための学校教育であり，他方では有能な労働者の育成のための学校教育であった．また，ヨーロッパの後発国であったドイツでは，公教育制度は近代国家建設という目的とも結びついていた．富国強兵，殖産興

業をスローガンとした明治期の日本においても，同様の目的で義務教育制度が整備されていった側面もある．わが国の近代教育制度は1872（明治5）年の学生の発布に始まるとされているが，小学校の就学率はすでに1905（明治38）年の段階で95％を越え，世界的に見ても極めて高い割合を示していた（文部省『学制百年史』）．

このようにして，学ぶ場は日常的な家庭生活の中から学校へと移動していった．公教育制度が確立し，さらに中高等教育段階への進学率も上昇するにつれて，教育し学習することは学校の専有物の観を呈するようになる．たとえば，大学の授業で「教育が行われる場として三つあげてください」と私が質問をすると，「学校」という答は即座に返ってくるが，「家庭」はすぐには出てこず，「社会」については出てこないことさえある．それほど私たちにとって「教育＝学校」という図式が強いものとなっているといえる．

そして今日のように情報化社会と呼ばれる時代となり，社会は加速度的に変化を続けている．たとえば，コンピュータを使いこなす能力（コンピュータ・リテラシー）をもたない人は使える人と比べると，情報収集や情報発信という点で大きなハンデを背負っているといえよう．しかしながら，学校でコンピュータを学んだ経験をもつ大人はまだ少数のはずだ．なぜなら，1998（平成10）年に告示された小学校の学習指導要領に「各教科等の指導に当たっては，児童がコンピュータや情報通信ネットワークなどの情報手段に慣れ親しみ，適切に活用する学習活動を充実する」という文面が見られるように，学校で公式にコンピュータ教育が取り上げられるようになったのは，ここ10年あまりのことだからである．つまり，今日多くの大人は，学校卒業後にさまざまな機会を通してコンピュータ・リテラシーを身につけている．私自身の経験を振り返れば，20年以上前に書いた大学の卒業論文は手書きであり，その後の修士論文執筆の段階ではワープロ専用機を使用し，それ以降の文章はこの原稿も含め，ワープロソフトが搭載されたパソコンで作成している．

他の多くの分野についてもこれと同様のことがいえるだろう．大学そして大学院と長期にわたって学習・研究を進め，たとえある分野で最先端の知識や技能を身につけたとしても，それがいつまでも有効であるとは限らない．

つまり私たちは，学校卒業後も急速に変化する社会に対応する中で，日々新

たなことを学び続ける必要に迫られているのである．

2. 生涯発達から見た学習

　従来，発達という概念は子どもから大人へと成長することを指すものであった．しかし現在では，人間は誕生から老年期に至るまでその生涯を通して変化成長を続ける存在としてとらえられ，生涯発達という考え方が一般的となってきた．そして，それぞれの発達段階において出会う課題を，アメリカの教育学者ハヴィガースト（R. J. Havighurst, 1900～1991）は発達課題（developmental task）と名づけたのである．

発達段階	発達課題
乳幼児期 （誕生～6歳）	・歩行の学習 ・固形食を食べる学習 ・話すことの学習 ・排泄の学習 ・生理的安定の獲得 ・性差と性的慎み深さの学習 ・社会的・物理的現実についての単純な概念形成 ・両親や兄弟との人間関係の学習 ・善悪の区別の学習と良心の発達
児童期 （6歳～12歳）	・日常の遊びに必要な身体的技能の学習 ・成長する生体としての自己に対する健康な態度の形成 ・同年代の友達を作って，うまく付き合う学習 ・男女の社会的な役割の学習 ・読み・書き・計算の基礎的技能を発達させる ・日常生活に必要な概念を発達させる ・良心，道徳性，価値観の適応的な発達 ・個人としての段階的な自立を達成する ・社会集団や社会制度に対する態度を発達させる
青年期 （12歳～18歳）	・同年代の男女と新しい成熟した人間関係をもつ ・自分の身体的変化を受け入れ，男性・女性としての社会的役割を習得 ・両親や他の大人からの情緒的独立の達成 ・経済的独立への自信の確立 ・職業の選択とそれへの準備

	・結婚と家庭生活への準備
	・市民として必要な知的技能と概念の発達
	・社会人としての自覚と責任，それに基づいた適切な行動
	・行動を導く価値観や倫理体系の形成
早期成人期 （18歳〜30歳）	・配偶者の選択 ・配偶者との生活の学習 ・第一子をもうける ・育児の遂行 ・家庭の心理的，経済的，社会的な管理 ・職業に就く ・市民としての責任を負う ・自分に適した社会集団の選択
中年期 （30歳〜60歳）	・市民的・社会的責任の達成 ・一定の経済力の確保と維持 ・十代の子どもの精神的な成長の援助 ・余暇を充実させること ・配偶者と人間として信頼関係で結びつくこと ・中年の生理的変化の受け入れと対応 ・年老いた両親の世話と適応
老年期 （60歳以降）	・体力，健康の衰退への適応 ・退職と収入の減少への適応 ・同年代の人と明るい親密な関係を結ぶ事 ・社会的市民的義務の引き受け ・肉体的に満足な生活を送る為の準備

　この表はハヴィガーストが示した各発達段階の課題のリストであり，幼年期から老年期にわたって多くの発達課題が示されている．ただし，このリストをよく検討すると，ある傾向を読み取ることができる．それは，幼少年期から児童期，青年期にかけて具体的な多くの課題が並んでいるが，中年期，老年期と進むにつれて課題の数が減少し，その内容も抽象的なものになること．そして新しく学習するよりも，適応し受け入れることにその比重が移っているという傾向である．ハヴィガーストがこの発達課題を構想した目的の一つとして，青少年の健全な育成という課題があった．そのためにこういった傾向があらわれているともいえるのだが，それ以外の理由は考えられないだろうか．

ところで、ここで老年期は60歳以上に該当するものと考えられているが、この発達課題が構想されたのは1953年のことであった。当時の平均寿命はアメリカで男66歳、女72歳であり、日本では男62歳、女66歳。つまり、老年期にあたる期間がアメリカの女性でかろうじて10年を越えているだけで、日本人男性に当てはめればわずか2年の期間である。ところが、現在の平均寿命はアメリカの男女でともに75歳を越え、さらに日本では男性79歳、女性86歳にまで伸びている（厚生労働省「簡易生命表」など）。

つまり、ハヴィガーストが当時みた老年期はまさに人生の晩年ともいえる短い期間であった。そのため、発達課題において質量ともに多くのことを求めるのは困難であり、そのことが内容にも表れていたのである。それに対し、今日では老年期が20年以上にも及ぶ長い期間を意味するものとなった。

ドイツの哲学者・教育学者であるボルノー（O. F. Bollnow, 1903～1991）は、早い時期から「高齢者教育学（Gerontagogik）」を提唱していた人物であるが、「肝心なのは、肉体的・精神的な点で、彼ら（＝高齢者）の障害を和らげることばかりでなく、むしろ、彼らを彼らの年齢との正しい協調へ、またそこに横たわっている可能性を有効に充実することへと導いていくことこそ重要である」（ボルノー，p.80）と述べ、高齢者に対する視点の転換を主張している。

人類史上未曽有ともいえる高齢化社会に生きる私たちは、当然のことながら長期化した老年期のモデルをもっていない。しかしながら、自分の人生の過去への視点が主であった短い老年期という時期が、生涯発達の視点のもとで学び続けていくことで将来が視野に入る豊かな期間ともなりうるのである。

第3節　学習観の転換と生涯学習

2008年に学習指導要領が改訂された。新学習指導要領においては1980年代初頭の改訂以来、約30年ぶり総授業時数が増加しているが、その中で「総合的な学習の時間」（以下「総合学習」）の授業時数は削減されている。文部科学省は「『ゆとり』か『詰め込み』かということではなく、基礎的・基本的な知識・技能の確実な定着とこれらを活用する力の育成をいわば車の両輪として伸ばしていくことが必要」と述べている。しかし今回の改訂が学力低下批判、ゆとり

表7.1 学校観・学習観の違い

工業化社会	情報化社会
目標達成型の学び	目標探求型の学び
知識所有としての学び	解釈枠の組み換えとしての学び
労働への準備としての教育	意味ある生を生きるための教育
何を学ぶか（内容の重視）	いかに学ぶか（方法の重視）
測定結果としての学力	生きたプロセスとしての学力
情報伝達の場として	コミュニケーションの場として

教育批判を受けてのものであることは内容からも明白であり，その犯人としてやり玉に挙げられたともいえるのが総合学習なのである．

総合学習は前回の2002年の改訂から小中高校で正式に実施されるようになったが，そこには従来の教科とは異なる学習観が背景にある．中央教育審議会が1996年の答申「21世紀を展望した我が国の教育の在り方について」において「生きる力」の育成を中心課題として掲げた．生きる力とは「自分で課題を見つけ，自ら学び，自ら考え，主体的に判断し，行動し，よりよく問題を解決する能力」であり「自らを律しつつ，他人と協調し，他人を思いやる心や感動する心など豊かな人間性とたくましく生きるための健康や体力」としている．この「自分で〜」の部分を具体化するための方法が総合学習であり，知識を注入することに主眼を置いていたバケツ型から，学習者の探究を主眼においたサーチライト型へ学習観の転換が図られたといえる．

ここにあげた表は，高橋勝が近代からポスト近代への学校のパラダイム転換としてあげたものを基礎としながら，本章の議論のために修正を加えたものである（高橋勝『子どもの自己形成空間』川島書店，1992年，p.161）．今回の学習指導要領の改訂は，先ほど確認したその内容（総時間数の増加，総合学習の削減）から考えると，工業化社会の学習観への後戻りになる可能性も否定できない．学力低下論で重視されているのは，目に見える形での測定結果の改善であり，学習のプロセスが問われることは少ない．

ただし，上記の表ではそれぞれの学校観，学習観が二項対立的に示されているが，現実の場面を考えればすぐに理解できるように，それぞれは決して相容れないものではない．たとえば外国語の学習の場合に，何を教材にして学ぶか

という内容面と，どういった方法で学ぶかという方法面は不可分の関係にあるといえる．学校教育を批判する場合に「学校で勉強することは役に立たない」という決まり文句が繰り返し使われるが，それはこの図式に当てはめれば工業化社会モデルでの学びの側面だけを狭くとらえたものといえる．学校での学びが卒業と同時に内容方法ともに消え去り，その後の学習の場面で「一から出直す」ことがないためにも，あれかこれかではない学習観の相互連関を目指していく必要があるだろう．

おわりに

「なぜ学ぶ必要があるの」「なんで学校なんか行かないといけないの」生徒からのこんな問いかけに言葉を失う教師も少なくはない．しかし，学ぶことは児童生徒だけの問題でもなければ，学校だけでの出来事でもない．

わが国にはかつて「学びたくても学べない」人がたくさんいた．高校・大学進学率は戦後ほぼ一貫して上昇を続け，現在では高校へは90数％，大学（短大含む）へも半数以上の人が進学するようになった．かつての状況からみれば理想的な時代となったはずだ．しかしはたしてそういえるのか．今度は「学びたくなくても学ばなければならない」人が増えたのかもしれない．

時代の変化のもと，ハヴィガーストのいう発達課題を個人の課題として検討し直していくことも面白いだろう．たとえば，長期化した高齢期（老年期）に「孫世代の発達援助」という課題を加えることは十分に考えられるはずだ．

前節でもみたように，とりわけ学校教育において時代とともに学習観のとらえ直しが起こっている．今回の学習指導要領はその端的な事例である．しかし，それは問題を抱えていたはずの時代への回帰であってはならない．学校教育は，生涯にわたって自らの力で学び続けることができる生涯学習者を形成することに資する必要があるといえるだろう．

参考・引用文献

- O. F. ボルノー，西村皓／鈴木謙三訳『危機と新しい始まり』理想社，1968年
- P. ラングラン，波多野完治訳『生涯教育入門』全日本社会教育連合会，1976年

- R. J. ハヴィガースト，児玉憲典／飯塚裕子訳『ハヴィガーストの発達課題と教育』川島書店，1997 年
- 佐々木政治編著『生涯学習社会の構築』福村出版，2007 年
- 関口礼子他『新しい時代の生涯学習（第 2 版）』有斐閣，2009 年

第8章

教育と終わりなきコミュニケーション

はじめに

　ケータイやインターネットの普及が，コミュニケーションのあり方だけでなく，子どもや若者における人間関係のあり方さえも変えてしまったという感覚は今や広く共有されている．そしてそうした感覚はしばしばコミュニケーション能力の低下や人間関係の希薄化といったネガティヴなイメージと結びついている．この結びつきは，突然キレることやいじめ・青少年犯罪などに関する言説の中で流通しながら，ある程度のリアリティを獲得してきた．その結果，学校などの教育場面では直接的・対面的コミュニケーションの重要性が声高に叫ばれ，face-to-face の関係において自己への肯定や他者への信頼・協働性や責任感などを育むことが目指されている．
　しかしその一方で，次のような事実を見過ごしてはならない．それはケータイやインターネットの普及によってコミュニケーションそれ自体が過剰なまでに行われ，これまで以上に友人関係などに思い悩む機会が増えているということである．こうした事実から，これまで以上に繊細なコミュニケーション能力が求められ，人間関係が希薄化することなく複雑化しているとイメージすることもできる．であるならば，教育における対面的コミュニケーションへの無批判な信頼とその強調は再考を迫られることになるだろう．
　ケータイやインターネットの誕生によって私たちは次から次へとコミュニケーションの場を渡り歩き，様々な関係性を切り結んでいくことが容易になっ

た．本章は，その教育的可能性や問題を論じるのではなく，ケータイやネットのコミュニケーションがどういったものかを明らかにし，そこから翻って教育的コミュニケーションの内実を探っていく．そうした作業を経ることで始めてその可能性に賭けたり問題を批判したりすることができるようになるだろう．本章はそうした議論の足場を用意するものである．

第1節　コミュニケーションとメディアへの視点

　そもそもコミュニケーションとは何だろうか．ケータイやネットによるコミュニケーションについて考察する前に，まずはコミュニケーションそのものについて概観してみたい．さらにそこからコミュニケーションとメディアを考察するための視点を取り出してもみたい．

　コミュニケーションとは何かを簡潔に述べるならば，それは「メッセージのやりとりである」と言うことができる．

　たとえば，友人と買い物に行きたいAが友人のBに「バーゲンやっているよ」というメッセージを伝える場面を考えてみよう．「バーゲンやっているよ」というメッセージには，バーゲンの開催という情報とともに，Bと一緒に買い物へ行きたいというAの意図が込められている．したがって，Bはバーゲンの開催という情報をメッセージから受け取るととともに，それを自分と一緒に買い物へ行きたいというAの意図として解釈する必要がある．つまり，送り手は何らかの意図をコード化した情報をメッセージとして発信し，受け手はメッセージから情報を受け取りさらにコード化された意図を解釈することで始めてコミュニケーションが成立するのである．

　しかし，コミュニケーションにおいて送り手の意図が受け手へと必ずしも正確に伝わるとは限らない．先ほどの例で言えば，Bは「バーゲンやっているよ」というメッセージを，一緒に買い物へ行きたいという意図としてではなく，自分への侮辱という意図（セール品の服がお似合いだ等）として解釈するかもしれない．こうした意図の誤った伝達は，古典的情報理論によれば，メッセージに入り込むノイズによって引き起こされる．したがって，コミュニケーションにおいてやりとりされるメッセージは送り手が選択した情報だけでなく伝達の

過程で入り込むノイズによっても構成されているのである．

　以上からコミュニケーションについて次のようにまとめることができるだろう．それは，情報とノイズからなるメッセージを通して，送り手から受け手へと意図が伝達されるということである．換言するならば，送り手／受け手をエンコーダー（encoder）／デコーダー（decoder）として捉え，コミュニケーションをコード化されたメッセージによる意図の伝達として捉えるということである．そこでは意図の正確な伝達／解釈がコミュニケーションを論じる上で重要な問題となる．また，メディアはメッセージの経路あるいは乗り物として位置づけられ，伝達手段という観点から考察されることになる．

　ところで，そもそもコミュニケーションの要点がメッセージを通して意図を伝達することにあるのだろうか．たとえば，何気なく咳をしたところ，その咳を聞いた人が「なに？」と聞いてきたことはないだろうか．このとき咳をした人は何の意図もなくたんに咳をしただけなのに，それを聞いた人は咳をメッセージとして受け取っている．つまり，送り手は意思の伝達を行っていないのにもかかわらず，受け手が咳という行為に送り手の意図を読み取ることでコミュニケーションが成立してしまっているのである．

　このようなメッセージを通した意図の伝達としてコミュニケーションを捉えることの限界を指摘し，コミュニケーションを新たに捉え直した一人にN・ルーマンがいる．彼は，「伝達それ自体は，さしあたりなんらかの選択の提示にすぎない．それに対する応答によってはじめてコミュニケーションが完結することになり，その応答いかんに応じて，コミュニケーションという統一体がいかなるものとして成就しているかを読み取ることができる」（N・ルーマン，佐藤勉監訳『社会システム理論（上）』恒星社厚生閣，1993年，p.242）と述べ，送り手と受け手を一つのシステムとして見ることでコミュニケーションを次のように捉え直した．彼によれば，コミュニケーションとは，送り手によるある情報の選択（①）とその情報の伝達様式の選択（②），さらに受け手による①と②の差異の観察（③）という三つが一体となったものであるという．つまり，コミュニケーションにおけるメッセージは「何が（what）」というメッセージ内容の情報と，「どのように（how）」伝えられているのかという伝達のあり方に関する情報から成るというのである．そして，送り手があらかじめメッ

セージに入れ込むものを意図とするのではなく，メッセージにおける二重の情報の差異を観察する受け手がそこから紡ぎ出す意味を意図として提示することによって始めてコミュニケーションは成立するというのである．

　以上から，ルーマンによるならば，コミュニケーションが「メッセージのやりとりである」とする考え方を次のように捉え直す必要がある．つまり，コミュニケーションとはメッセージ内容とメッセージの伝達様式という二重の情報の差異を観察し意味を紡ぎ出していく継起であるということである．このとき，メッセージの受け手はたんに送り手の意図を解釈する解釈者ではない．メッセージ内容とそれを伝える様式の差異を見て取り，そこから意味を紡ぎ出していく存在なのである．したがって，意図がメッセージにおいてどのように伝達されるのかではなく，メッセージ内容とその伝達様式からどのように意図が生み出されるのかがコミュニケーションを論じる上で重要な論点とされる．

　コミュニケーションをこのように捉え直すならば，メディアの位置づけも大きく変わる．M・マクルーハンが「メディアはメッセージである」と述べたように，メディアはメッセージのたんなる乗り物ではなく，その伝達様式を物質的に表現した一つのメッセージである．したがってメディアが変われば伝達様式も変り，同じメッセージ内容であっても，受け手がそれらの差異から紡ぎ出す意味は変化する．つまり，メディアによってコミュニケーションの質そのものが変わることになるのである．この場合，メディアはたんなるコミュニケーションの手段ではなく，コミュニケーションそのものを規定するものとなる．

　さらにメディアはコミュニケーションを規定するだけでなく，私たちの主体のあり方さえも変えてしまう．というのも，メディアが作動するにはメディア空間に私たちの身体を投げ込む必要があり，それによってメディアが身体をもつと同時に私たちの身体のあり方も変容するからである．伝達様式とメッセージ内容との間の差異の観察はそうした変容する身体性において行われるのであり，コミュニケーションを考察するためにはメディアに応じて変化する私たち自身の主体のあり方も考慮に入れる必要が出てくるのである．

　したがってコミュニケーションを考察するためには，メディアが私たちの主体のあり方とコミュニケーションのあり方をいかに形作り，メッセージ内容とメッセージの伝達様式という二重の情報の差異の観察を通してどのような意味

が意図として紡ぎ出されてくるのかを考察することが必要なのである．

第2節　メディアの視点からみた若者論の変遷―孤立と連帯の共存をめぐる系譜

　前節からメディアによる主体とコミュニケーションのあり方の変化を見ることがコミュニケーションを論じる上で重要であることが分かった．そこで本節では1970年代以降のメディアからみた若者論の変遷をおうことで，メディアを扱う主体とコミュニケーションのあり方がいかに変化してきたのかについてみていくことにする．それを通して，ケータイやネットによるコミュニケーションは，コミュニケーション能力の低下や人間関係の希薄化を引き起こしているのではなく，コミュニケーションのあり方と他者関係のあり方を根本的に変えていることが明らかになるだろう．

1. 情報を消費する「メディア人間」

　1970年前後から「青年」という言葉にかわって「若者」という言葉が使われ始めるようになった．そこには10代や20代の世代が上の世代とはどこか異質なものであるというニュアンスが込められていた．こうした異質さは若者におけるコミュニケーションのあり方においても例外ではなく，社会学者である中野収はその異質さをメディアという観点から分析している．

　中野は当時の若者の異質さを次のような光景に感じ取った．それまで学生街にある喫茶店といえば学生たちの話し声でうるさいのが常であった．ところが，60年代後半ごろから騒々しさが喫茶店から消えてしまったというのである．というのも，学生たちは友人同士で喫茶店に来店しても，各々が新聞や雑誌を手にしながらテーブルを取り囲むからである．会話といえば新聞や雑誌を読む合間になされる程度でしかなかった．集まってはいるけれど，それぞれがバラバラで好きなことをやっている．こうした光景は先行世代にあたる中野にとって異質なものでしかなかった．

　中野が喫茶店に集う学生たちに垣間見たコミュニケーションの新たなあり方

を特徴的に描き出すのが，60年代後半から流行した深夜ラジオをめぐるコミュニケーションである．60年代半ばから始まった若者をターゲットにした深夜ラジオは，「オールナイトニッポン」(1967年)「セイ！ヤング」(1969年) などの放送開始とともに，60年代後半から70年代にかけてその黄金期を迎える．当時ラジオはすでに個人が所有するメディアとして普及しており，多くの若者が個室・自室で深夜ラジオを楽しんだ．そこではラジオ局あるいはDJをハブとする日本中の数百万もの個室がネットワークを形成し，個室の住人である若者たちの間で濃密なコミュニケーションが交わされた．

ところが，深夜ラジオを媒介として形成されたコミュニケーションのネットワークは必ずしも何らかの価値観などを事前に共有する共同体的なものではなかった．むしろ，喫茶店に集まる学生が各々好きなことをしていたように，個々のリスナーがラジオを楽しみ，それが結果的に数百万人ものネットワークを形成していたといえるのである．

以上のように，60年代半ば頃から登場してきた若者におけるコミュニケーションのあり方の特徴は自分の殻や個室＝カプセルを通してコミュニケーションを行うということにある．ここから中野は当時の若者を「カプセル人間」と名付け，彼らがカプセルを通して他者とのつながりのスイッチを切り替えながら，自分の好きなことをやりつつ他者とつながる可能性を担保するという孤立と連帯を共存させるような他者関係を結んでいることを明らかにした．そしてこうしたコミュニケーションと他者関係を可能としたのがラジオなどの個人化・個室化したメディアの存在であった．

さらに，個人化・個室化したメディアの登場はコミュニケーションのあり方や他者関係だけでなく，コミュニケーションの内実をも変えてしまう．個人化・個室化したメディアを通したコミュニケーションにおいて，メッセージ内容が必ずしも他者と共有されている必要はない．それどころか，自分の好きな情報を選んでいれば結果的にそれが他者と共有されているというコミュニケーションが成り立ってしまうこともあり得る．したがって，メッセージ内容の情報はもはやその外側に包括的なコンテキストを必要とするような何かの「意味」としてではなく，たんに記号的なものとして消費することが可能になる．つまり，個室化したメディアの登場によって自分の好きなように情報を記号として消費

するようなコミュニケーションの可能性が開かれたのである．

　実際，若者のコミュニケーションにおける情報の記号化は1970年代中頃から顕著になりはじめた．たとえば，「anan」や「nonno」，「MORE」や「JJ」といったファッション雑誌が相次いで創刊され，渋谷PARCOの開店など西武系資本による大規模な演出によって渋谷が新宿に変わり流行の発信地となった．若者はそうした雑誌や都市が提供する情報を選び取り，華麗に自分を演出していった．70年代のファッションの多様化は，まさに情報がファッショナブルに記号として消費されることによって可能になったのである．

　以上のように，1970年前後からのメディアの個人化・個室化はコミュニケーションのあり方や他者関係だけでなくコミュニケーションの内実をも変えてしまった．つまり，個人化したメディアは自分の殻にこもりながら好きなときに他者と関係することを可能にするだけでなく，コミュニケーションにおけるメッセージ内容を記号的に消費することを可能にしたのである．後年，中野は「カプセル人間」を「メディア人間」と枠付け直しているが，彼がそこにみたものもコミュニケーションの変化によって情報を記号的に消費する若者の姿であった．したがって，70年代から80年代にかけて若者たちは，コミュニケーションを通して孤立と連帯の微妙なバランスをとりながら，情報を記号的に消費することで自己を演出・提示していったと考えることができるのだ．

2. モジュラー人間の終わりなきコミュニケーション

　前項では，メディアの個人化・個室化という観点から，1970年前後に生じたコミュニケーションの変化とその他者関係について確認した．ところで，メディアの個人化・個室化ということでいえば，ケータイは現時点で最も個人化・個室化したメディアであると言うことができるだろう．電話は，普及当初，主に玄関に置かれていた．それが次第に応接間，居間，各自の部屋へと場所を移し，今や肌身離さず持ち歩くケータイは身体の一部とも呼べるほど個人化したメディアとなっている．

　ケータイは時間や場所にかかわらずコミュニケーションを始めることができ，コミュニケーションを終えたければスイッチを押すだけでよい．つまり，喫茶店における新聞や雑誌あるいは個室におけるラジオ以上に，ケータイは他者と

のコミュニケーションのオンとオフを切り替えることを容易にさせるメディアなのである．

　ところで辻大介は，ケータイなどを利用した若者のコミュニケーションについて調査する中で，若者の対人関係そのものが「そのときどきの気分に応じてテレビのチャンネルを手軽に切り替える（フリッピング）ように，場面場面に合わせて気軽にスイッチを変えられる対人関係のあり方，いわば対人関係の〈フリッパー〉志向が強まっている」（辻大介「若者のコミュニケーションの変容と新しいメディア」『リーディングス日本の教育と社会　第10巻』日本図書センター，2007年，p.284）のではないかと述べている．つまり辻は，コミュニケーションだけでなく，他者関係そのものにも容易な切り替えが求められているというのである．こうした対人関係のフリッパー志向は部分的な対人関係が好まれるような現在の風潮にも読み取ることができるだろう．

　しかし，辻がもっとも強調するのは，対人関係の部分化（フリッパー化）が決して表層的な希薄化した対人関係を意味するものではないということである．というのも，対人関係のフリッパー志向とともに自我の構造つまり主体のあり方も変化することで他者関係そのものが再編されるからである．辻は自我の構造を，一つの中心をもった同心円の重なりとして捉えるのではなく，「複数の中心を持ち複数の円が緩やかに束ねられた」ものとして捉える．つまり，多様な自己をもち，場面に応じて自己を切り替えることができるような主体のあり方を想定するのである．したがって，複数の円の中から一つの円で他者とつながることは部分的であるが，円の中心と中心が結びつくのでその関係性は希薄化した表層的関係ではないというのである．

　複数の中心をもつ自我という辻のイメージは，ジグムント・バウマンによる後期近代の自我に関する議論とも重なり合う．バウマンは後期近代の自我の特徴を「モジュラー性」にみる．つまり，自我は多様なモジュール（モジュールの一つ一つはさらに様々な要素から成り立っている）によって構成されており，場面に応じたモジュールを「自分」として提示するというのである．そしてそのモジュラー性はケータイやネットなどのマルチタスク（並列処理）が可能なメディア環境によって支えられているというのである．

　以上のような辻とバウマンの議論を参照することで，ケータイやネットとい

うメディアの登場によるコミュニケーションや主体のあり方そして他者関係の変化について次のようにまとめることができるだろう．ケータイやネットはコミュニケーションの切り替えを容易にし，さらに切り替えが容易であるような軽やかな他者関係を結ぶことも可能にした．しかし同時に，ケータイやネットは多様な自己をもつモジュラー人間として主体のあり方をも変えることで，軽やかな他者関係が部分的でありながらも表層的ではない（希薄ではない）他者関係であることを可能にしたのである．

ところで，ケータイやネットにおけるコミュニケーションではそこでやりとりされるメッセージ内容が重要視されることは少ない．ケータイメールの多くが取るに足らないものであることはしばしば指摘されている通りである．またネット上でのブログの炎上や「祭り」などではそこで何が話題となっているのかはほとんど考慮されていない．つまり，ケータイやネットにおいてはしばしば誰かと繋がっているということ自体が重要になっているのである．

このことからケータイやネットにおけるコミュニケーションはコミュニケーションと呼べないと言われることもある．しかし，ルーマンのコミュニケーション論を踏まえれば，ケータイやネットのコミュニケーションはメッセージ内容としての情報を付随的なものとし，伝達様式のみに重点を置いたコミュニケーションとして捉えることもできる．つまり，メッセージを送っているということ自体をメッセージとしたコミュニケーションとして考えることもできるのである．たとえば，「即レス」と言われるようなメールを返信するまでの時間そのものが相手への親密度を示すことができるのは，メッセージを送っているということ自体がメッセージとなることによって初めて可能となるのである．

そうであるならば，ケータイやネットというメディアの登場によってコミュニケーションそのものが以下のように変化したと考えることができるだろう．深夜ラジオなど個人化したメディアの登場はメッセージ内容としての情報を意味的なものから記号的なものへと変えることで，それを軽やかに消費する可能性を開いた．深夜ラジオ以上に個人化したケータイというメディアは，誰かと繋がっているということそれ自体をメッセージ内容としての情報として位置づけることで，メッセージ内容そのものの必要性を奪い取ってしまう．そこでは誰かと意味や記号を共有することによって他者と繋がるのではなく，繋がりそ

れ自体によって繋がることになる．こうしたコミュニケーション行為それ自体の自己目的化を北田暁大は「繋がりの社会性」と呼んでいる．ところがコミュニケーションの自己目的化において他者との繋がりは実際に誰かと繋がることによってしか確認することができない．したがって，夜遅くまでケータイによるコミュニケーションを行うように，繋がりを求めて終わりなきコミュニケーションが繰り返されることになるのである．

　他者との部分的な関係を結びながらその繋がりを求めて終わりなきコミュニケーションに耽溺するモジュラー人間という姿はきわめて孤独な存在のように思える．したがって，ケータイの過剰な利用の背景には他者への不信が横たわっていると指摘されることが多い．つまり，他者とのつながりを信じることができないためにケータイを利用することによってそのつながりを確かめる．しかし，そのやりとりが切れたらつながりが消えるかもしれない．そこでさらにケータイを利用するという具合である．

　ところで，繋がりそれ自体において繋がるような「繋がりの社会性」の背後に孤独や他者への不信を見る議論は実情と合致しているだろうか．たとえば中村功は携帯電話のメールを利用する人ほど孤独を恐れる傾向は強い一方で孤独感そのものは低いことを示している（中村功「携帯メールと孤独」『松山大学論集』14巻5号，2002年，pp.85-99）．また辻は，ケータイを利用する人ほど孤独であることに不安を覚える一方で，孤独に対する不安が強いものほど他者への一般的な信頼が高いことを示す調査結果を示している（辻大介「つながりの不安と携帯メール」『社会学部紀要』37巻2号，関西大学，2006年，pp.43-52）．こうした調査結果を踏まえるならば，「繋がりの社会性」の背後にあるのは，孤独や他者への不信といった単純なものではなく，孤立と連帯が微妙なバランスをとりながらそれらが共存しているという状況なのではないだろうか．

　70年代以降，メディアが個人化することにおいて孤立と連帯がバランスをとりながらそれらが共存してきた．そのバランスがますます微妙になる様を「繋がりの社会性」において見ることができるのではないだろうか．それではケータイやネットにおけるコミュニケーションにおいて孤立と連帯はいかに共存しているのか．次節ではこのことを明らかにすることによって，ケータイやネットにおけるコミュニケーションをより包括的に捉え直してみたい．

第3節　繋がりの社会性を越えて──動物たちのコミュニケーションの可能性

　前節ではメディアという視点から若者論の変遷を追うことで，ケータイやネットを介したコミュニケーションにおける主体のあり方や他者関係について確認することができた．またそこで課題として残されたのは，そのコミュニケーションにおいて「繋がりの社会性」と言われるような形で孤立と連帯がどのように共存しているのかということであった．本節では前節で明らかになったメディア人間からモジュラー人間へと至るコミュニケーションの変遷を文化消費という視点から読み直していくことで，「繋がりの社会性」がどういったものであるのかを明らかにしてみたい．また，今起こりつつあるコミュニケーションの新たな展開について言及することで，「繋がりの社会性」をそれらがどのように越えていくのかについて明らかにしてみたい．

1. 物語消費とデータベース消費

　中野が提示した「カプセル人間」という若者像は80年代に登場する「オタク」像の原型とされている．ところで大塚英志は，89年の『物語消費論』において，オタクたちによるマンガ・アニメなどへの関わりを分析することで「物語消費」という文化消費のあり方を提示した．したがって，「カプセル人間」が「オタク」像の原型であるならば，大塚が提示した「物語消費」という枠組みはオタクに限らず70年代～80年代のメディア人間的な消費行動を説明することができるのではないだろうか．そこでまずは大塚の物語消費論を参照することで，70年代以降の情報を記号的に消費するコミュニケーションから説明してみよう．

　大塚は「物語消費」について次のように述べている．

　　コミックにしろ玩具にしろ，それ自体が消費されるのではなく，これらの商品をその部分として持つ〈大きな物語〉あるいは秩序が商品の背後に存在することで，個別の商品は初めて価値を持ち始めて消費されるのである．そしてこのような消費行動を反復することによって自分たちは〈大きな物語〉

の全体像に近づけるのだ，と消費者に信じ込ませることで，同種の無数の商品（「ビックリマン」のシールなら七七二枚）がセールス可能になる．「機動戦士ガンダム」「聖闘士星矢」「シルバニアファミリー」「おニャン子クラブ」といった商品はすべて，このメカニズムに従って，背後に〈大きな物語〉もしくは秩序をあらかじめ仕掛けておき，これを消費者に察知させることで具体的な〈モノ〉を売ることに結びつけている．…《中略》…ここに今日の消費社会が迎えつつある新たな局面が見てとれる．消費されているのは，一つ一つの〈ドラマ〉や〈モノ〉ではなく，その背後に隠されていたはずのシステムそのものなのである．しかしシステム（＝大きな物語）そのものを売るわけにはいかないので，その一つの断面である一話分のドラマや一つの断片としての〈モノ〉を見せかけに消費してもらう．このような事態をぼくは「物語消費」と名付けたい．（大塚英志『物語消費論―「ビックリマン」の神話学』新曜社，1989 年，pp.13-18）

　大塚が物語消費論において指摘するのは，物語が二重に消費されている状況である．つまり一方で一話分のドラマや断片としてのモノといった「小さな物語」が消費され，他方で「小さな物語」の背後にありながらそれらを支える設定や世界観といった「大きな物語」が消費されるというのである．たとえば，ビックリマンシール一枚一枚が小さな物語であり，その背後にある天使 vs.悪魔という世界観が大きな物語となる．ビックリマンシールを集めるのは一枚一枚のシールが欲しいからではない．その背後にある世界観を欲望し，それを消費するためにその断片としてのシールを集めるのである．こうした物語消費のあり方が顕著に表れたのが「ガンダム」であった．オタクたちは TV で放映される一話一話の物語を楽しみつつ，その背景としての宇宙世紀に関する年表やロボットのデータを作成した．つまり，物語消費とは小さな物語を消費することを通して大きな物語を欲望・消費するというあり方なのである．

　大塚が指摘する物語消費というあり方は，目を転じてみれば，オタクに限られたものではないことが分かる．先述したように，「nonno」などのファッション雑誌に掲載された情報は記号的に消費されていた．しかしそうした記号的な消費と同時に，「nonno」がもつイメージであるカジュアルなガーリーという世

界観が消費されていたのである．つまり，雑誌に掲載される一つの小さな物語としてのファッションを買うこと（消費すること）は，大きな物語としての雑誌イメージに対する欲望と消費に支えられているのである．同様に，80年代のファッションの特徴であるコム・デ・ギャルソンのようなDC（デザイナー＆キャラクター）ブランドの流行も物語消費として押さえることができるだろう．つまり，一つ一つの服を消費しながらデザイナーやキャラクターなどのイメージという大きな物語を欲望・消費していたということである．

以上のように情報を記号的に消費することを物語消費という枠組みから理解するならば，メディア人間が孤立と連帯のバランスを次のようにとっていたと考えることができる．それは小さな物語としての情報を自分の好きなように消費しながらその背後の大きな物語を他者と共有するということである．

ところが90年代頃から大きな物語を他者と共有することに対する欲望が薄れ始め（例えば，大澤真幸『不可能性の時代』岩波新書，2008年），物語消費という文脈では理解できない事態が登場することになる．その一つが95年にテレビ放映された『新世紀エヴァンゲリオン』の受容／消費である．しばしば『ガンダム』と『エヴァンゲリオン』は並べて語られてきたが，その受容／消費態度は全く異なるものであった．先述したように『ガンダム』はアニメストーリーの背後にあるガンダムの世界観（宇宙世紀の歴史やロボットデータ）に欲望が向けられ消費されていたが，『エヴァンゲリオン』ではエヴァンゲリオンの世界観に欲望が向けられることはほとんどなかった．もっぱら綾波レイやアスカといったキャラ自体に欲望が向けられ（「キャラ萌え」），エヴァンゲリオンの世界観とは全く相容れないような二次創作が次々と生み出されていった．つまり，小さな物語を介して大きな物語が欲望・消費されるのではなく，キャラなどの情報が欲望・消費され，そこから翻って，自分たちの好む小さな物語が生み出され消費されていったのである．

東浩紀はこうした事態を分析しながら，キャラなどの情報それ自体が萌え要素（ネコ耳やメガネ等）といったさらに細分化したデータから構成されていることを指摘し，大塚の物語消費に代えてデータベース消費というあり方を提案する．それは，文化という大きな物語ではなく文化を構成する要素のデータベース（東はこれを「大きな非物語」とも呼ぶ）を直接的に欲望・消費しながら，な

おかつそのデータベースから生み出される小さな物語を消費するという文化消費のあり方である．その特徴はもはや小さな物語においてオリジナルとコピーの区別がなくなるということである．それらはともに同じデータベースから生み出すことができるものであり，小さな物語はすべてが同価値のシミュラークル（オリジナルのないコピー）でしかなくなる．したがって，データベース消費とは大きな非物語としてのデータベースと小さな物語としてのシミュラークルの双方を同時かつ別々に消費するあり方なのである．

　物語消費が小さな物語を消費することを通して大きな物語を消費していたのに対して，データベース消費はデータベースとシュミラークルをそれぞれ別々に消費する．東はこうしたデータベース消費における二重の消費を担う主体のあり方を，シミュラークルの水準で生じる小さな物語への〈欲求〉とデータベースの水準で生じる大きな非物語への〈欲望〉をばらばらに併存させる主体として描き出す．つまり，一方で自分の欲求を満たすためにそれに見合う小さな物語をいそいそと作り，他方で小さな物語を作るための有益な情報が得られる限りにおいてチャットを交わしオフ会を開くなどして他者とコミュニケートする姿がデータベース消費を担う主体のあり方とされるのである．こうした主体のあり方をもった人間は，一方で動物的に自らの欲求を満足させ，他方で擬似的で形骸化した人間性を維持することになる．東の言葉を借りるならば，「シミュラークルの水準での動物性とデータベースの水準での人間性の解離的な共存」（東浩紀『動物化するポストモダン』講談社現代新書，2001年，p.140）こそがデータベース消費における主体の内実なのである．

　データベース消費という文化消費のあり方において，無数の小さな物語は自己充足的に提示されながら加速度的に増えていく．それと同時にデータベースを豊かにすべく他者とのコミュニケーションが行われる．ところが，そこでくり返されるコミュニケーションは動物的な欲求−満足の回路に回収される限りにおいて行われる自発性のみに基づく動物的コミュニケーションなのである．こうした小さな物語に居直りながらきわめて微妙な孤立と連帯のバランスを取ることが繋がりの社会性の内実なのではないだろうか．つまり，動物性と人間性の解離的な共存という形で孤立と連帯が共存しながら，繋がりの社会性において動物的コミュニケーションが繰り返されていくという具合である．

2. 動物たちの終わりなきコミュニケーションのゆくえ

前項では，東によるデータベース消費論を参照することで，モジュラー人間における孤立と連帯の共存のあり方を動物性と人間性の解離的な共存として捉えなおすことができた．そこでは繋がりの社会性という形で小さな物語に居直りながら動物的コミュニケーションを繰り返し，自己充足的に小さな物語を消費していく動物的な存在として私たちの姿が描き出された．

東はこうした状況において，自分の目の前にある小さな物語が自分の作り出した一つの物語にすぎないことを知りつつ，そして「ほかの物語の展開があることを知りつつ，しかしその物語の〈一瞬〉を現実として肯定」（東浩紀『ゲーム的リアリズムの誕生』講談社現代新書，2007 年，p.287）することによって動物性と人間性が解離する状況を克服することができるという．つまり，データベースの情報を様々に組み合わせながら自分たちが一つの物語をすでに選択しており，その責任を自覚することで動物的であることと人間的であることを接続しながら繋がりの社会性を越えていこうとするのである．

ところで，動物性と人間性が解離的に共存する動物的コミュニケーションはネットのコミュニケーションときわめて親和的である．なぜならば，ネットにおいて人は自分の好きな情報だけを自分のタイミングで手に入れ消費することができるからである．しかし，近年，「ニコニコ動画」（のべ会員登録数が 1500 万人を越える動画投稿サイトで，その特徴は投稿された動画上のタイムラインに沿ってユーザーのコメントが表示されることにある）をはじめ様々なネットコンテンツの中で動物性と人間性が解離することなく共存する状態が生まれつつある．つまり，動物的コミュニケーションの中で動物性と人間性が新たに接続し始めようとしているのである．ここに，小さな物語に居直りながら繋がりの社会性において動物的コミュニケーションを繰り返すのでも，物語の選択に自覚的であることによって動物性と人間性を接続するのでもない，もう一つの繋がりの社会性を越えていこうとするコミュニケーションの姿を見いだすことができるのではないだろうか．そこで以下では，主にニコニコ動画を考察することから，ネットのコミュニケーションが繋がりの社会性をいかにのり越えようとしているのかについて概観してみたい．

コミュニケーションを自己目的化する繋がりの社会性において，繋がりは繋

がることでしか確認することができない．ところが，ネットでは他者が自分と同じものをみていると実感することは難しく，それ故に本当に他者と繋がっているのかどうかが疑わしくなる．そこで繋がりを可視化するような仕組みがコンテンツの中に求められるようになる．そして現在のネットコミュニケーションの中で，繋がりを可視化する仕組みを「いま・ここ」にいる体験の共有としてコンテンツの中に組み込んでいるものが「ツイッター」や「ニコニコ動画」などの人気サイトなのである．

　濱野智史はメディアが生み出す時間性に着目し，同期／非同期という観点からこのことを以下のように説明している．同期的コミュニケーションとは，電話やチャットなどのように，その利用者が同じ時間を共有しているコミュニケーションのことである．それに対してネットは自分のタイミングで情報を発信し受信することができるので非同期的なコミュニケーションとして捉えることができる．したがって，ネットを利用したツイッターやニコニコ動画などは非同期的なコミュニケーションでありながら，それを同期的なコミュニケーションに置き換えているというわけである．

　しかし，ツイッターとニコニコ動画とでは非同期的コミュニケーションを同期的コミュニケーションに置き換える方法つまり「いま・ここ性」を共有させる仕掛けが異なっている．ツイッターは「基本的には「非同期的」に行われている発話行為（「独り言」）を，各ユーザーの自発的な「選択」（の連鎖）に応じて，「同期的」なコミュニケーションへと一時的／局所的に変換する」（濱野智史『アーキテクチャの生態系』NTT出版，2008年，p.206）のに対して，ニコニコ動画は「実際には「非同期的」になされている動画に対するコメントを，アーキテクチャ的に「同期」させることで，「視聴体験の共有」を擬似的に実現する」（同書，p.213）のである．つまり，前者において繋がりはユーザーの選択によって可視化されることになるが，後者において繋がりは意識することなく半ば自動的にコメントの流れによって可視化されるのである．濱野はこれらの違いから，ツイッターの時間的特徴を「選択同期」とよび，ニコニコ動画の時間的特徴を「疑似同期」と呼んでいる．

　選択同期と疑似同期という繋がりを可視化する仕掛けは，ネット上において繋がりを確認するための仕組みである．ところが逆説的にも，繋がりをより

「自然に」可視化する疑似同期は繋がりを確認するための強度を弱めてしまう．なぜならば，ツイッターはツイートという形で選択的に同期を行えるからこそその選択行為において繋がりを確認することができるが，ニコニコ動画はコメントが動画上を流れることで繋がりがあまりにも自然に前景化するために投稿・視聴行為において繋がりを確認する意味合いが弱まってしまう．

しかしニコニコ動画は，繋がりを可視化するための仕組みがあまりにも繋がりを前景化するために繋がりを確認する強度を弱めてしまう一方で，「タグ」というシステムを用意することで繋がりを確認するためのもう一つの回路を準備する．

タグは動画に最大10個まで付けることができ，動画投稿者だけでなくユーザー全員が自由にそれを編集することができる．したがって，動画とそこに流れるコメントを楽しむユーザーは動画に対する自分の視点をタグとして編集する．すると，今度は他のユーザーがそのタグを見ながら動画とコメントを楽しみ，そこからさらにタグを編集する．また時には，タグそれ自体からタグが編集されることもある．このようにタグというシステムはタグと動画の結びつきから浮かび上がる意味を共有することで繋がりを確認させる装置なのである．

こうしたタグのシステムは非常に入り組んだ構造をもっている．タグは投稿動画を意味づけるときはメタ的にふるまう．ところがタグが編集されるときは投稿動画がメタ的にふるまう．つまりタグと投稿動画はメタ−ベタ関係を入れ換えながら多様な意味を浮かび上がらせるのである．また，タグからタグが編集される時には当該動画以外のものがメタ的にふるまう．したがって，タグのシステムは自らを含めた様々なものを流動的に関係づけながら多様な意味連関を生み出していくのである．

基本的にニコニコ動画は動画を投稿しコメントを楽しむという小さな物語を消費する動物的なコミュニケーションである．しかし動物的に消費される情報がそのつど様々に結びあいながらネットワークを形成し，一つの全体性を形作る．そしてそうして作られた全体性は，翻って，それぞれの動物的コミュニケーションを自らの中に位置づけながらその意味を変えていくのである．そして部分が全体を規定し全体が部分を規定するという循環運動をする動物的コミュニケーションにおいて，動物たちは連帯しあっていくのである．

したがって，ニコニコ動画にみられるような近年のネットコミュニケーションにおいて繋がりの社会性という繋がっていること自体が目指されるような連帯はもはやない．部分でもあり全体でもある情報をコミュニケーションにおいて流通させていくことで社会的なものの新たな可能性が生まれ始めているのである．それが結果的に動物的なコミュニケーションを加速させることになるのか，それとも動物性と人間性を接続することになるのかはもうしばらく見守る必要がある．しかし，ひとまず，私たちはここにネットのコミュニケーションが変化している方向性だけでも確認することができるのである．

第4節　終わりなきコミュニケーションと教育的コミュニケーション

これまでケータイやネットにおけるコミュニケーションの特徴を見てきた．最後に，こうしたコミュニケーションが教育的コミュニケーションに対していかなる意味をもつことになるのかについて述べてみたい．

コミュニケーションとはメッセージ内容と伝達様式という二重の情報の差異から意味を紡ぎ出す継起として捉えることができた．したがって，コミュニケーションの送り手と受け手との間で両者が紡ぎ出す意図としての意味が一致するとは限らない．しかし，通常のコミュニケーションにおいてはそうした齟齬がそれほど問題となるわけではない．ゆるやかに一致していれば通常のコミュニケーションは円滑に行われる．ところが，そうした齟齬が意識的に問題とされ，伝達の不確かさを克服すべきものとしてみせることでコミュニケーションは教育的コミュニケーションとなるのである（今井康雄「教育において「伝達」とは何か」『教育哲学研究』第97号，2008年，pp.124-148）．

教育的コミュニケーションの構造が不確かさを克服すべきものとして見せることにあるならば，教育においてしばしば「ふれあい」という身体的接触が強調される理由を次のように考えることができる．それは子どもとのふれあいが不確かさの克服を意識させる原光景として働いているのではないかということである．それは言い換えるならば，対面的コミュニケーションが有する同期性

（いま・ここの共有体験）において確かさを担保するということでもある．

ところが，今やケータイやネットのコミュニケーションはそうした身体が呼び起こす同期性を選択同期や疑似同期という形で提供しつつある．たとえば，ファミレスなどで向かい合った二人が直接会話するのではなく，ケータイを通して会話しているという場面をとりあげてみよう．一般的にはそれが直接的な接触を苦手としていたり，コミュニケーション能力が低下したりしている証左として考えられている．しかし，対面的コミュニケーションが担保してきた同期性をケータイがより手軽に提供することができるのであるならば，そうした光景はむしろ対面的コミュニケーションを先鋭化させたものとして捉えられるべきではないだろうか．つまり，今やケータイやネットというメディアが身体以上に確かさを容易にかつ手軽に担保することができるようになったということである．

今や確かさを担保するべく身体的ふれあいを原光景とする教育イメージは岐路に立たされている．というのも，ケータイやネットなどのメディアが身体というメディア以上に確かさを担保し，教育を支える現実が一変してしまったからである．であるならば，動物たちの終わりなきコミュニケーションを原光景としながら教育のイメージを組み立てていくことが必要なのではないだろうか．そのイメージがいかなるものになるのかは，本書の第9章を参考にしてもらいたい．

おわりに

ケータイやインターネットが人間関係の希薄化やコミュニケーション能力を低下させるというイメージは，ケータイやネットにおけるコミュニケーションの複雑さを見落としてしまっている．少なくとも70年代以降はメディアを手に孤立と連帯のバランスを取りながらコミュニケーションが行われてきたのであり，そのバランスの取り方こそ若者や子どものコミュニケーションを論じる上で欠かすことのできない観点ではないだろうか．そしてそうしたコミュニケーションから教育的コミュニケーションを眺めると，教育のイメージそのものをもう一度考え直す必要に迫られるのである．

第 4 節　終わりなきコミュニケーションと教育的コミュニケーション　　*167*

　本章を通してケータイやインターネットのコミュニケーションという観点から教育を見渡すならば，そこに見えてくるものは何だろうか．希望か，絶望か，それとも別のなにかか．それは読者であるみなさんの今後の思考にかかっている．

参考文献

- 東浩紀『ゲーム的リアリズムの誕生』講談社現代新書，2007 年
- 北田暁大『嗤う日本の「ナショナリズム」』NHK ブックス，2005 年
- 北田暁大・大多和直樹編著『リーディングス日本の教育と社会　第 10 巻　子どもとニューメディア』日本図書センター，2007 年
- 平野秀秋・中野収『コピー体験の文化―孤独な群衆の後裔』時事通信社，1975 年
- ルーマン, N., 佐藤勉監訳『社会システム理論（上）（下）』恒星社厚生閣，1993・1995 年

第三部

不確実性の時代に向けての探究

第9章

情報技術時代の教育と教育学へ向けて

　ここ数十年の間に携帯電話やインターネットなど情報技術と総称される技術が急速に進展・普及し，そこにおいて情報と人間の新たな関係が姿を現しつつある．こうしたなかで教育および教育学もまた大きな転換点を迎えているように思われる．そこで本章ではインターネットを中心的な題材とし，思想史・人間学的な観点から情報技術における情報と人間との関係を検討する．これによって従来の教育および教育学を支えてきた諸前提がどのように変質しつつあるのかを明らかにし，情報技術時代の教育と教育学が直面している課題とは何かを示していく．

第1節　情報技術時代の到来―「学習の高速道路」と「環境」

　今日，多くの人間がインターネットを中心とした情報技術を介して様々な知識や情報を簡単に獲得でき，それどころか専門的な知識や同じ関心を持った人たちと議論をしたり，知識や情報を交換したりすることができる．『ウェブ進化論』の著者梅田望夫はこのような状況を「学習の高速道路」という言葉で表現している．「これでもかと膨大な情報が日々ネット上に追加され，Googleをはじめとする恐ろしいほどに洗練された新しい道具が，片っ端からその情報を整理していく．（中略）よって後から来る世代がある分野を極めたいという意志

さえ持てば，あたかも高速道路を疾走するかのように過去の叡知を吸収することができるようになった．これが〈高速道路の整備〉の意味である」（梅田望夫『ウェブ進化論—本当の大変化はこれから始まる』筑摩書房，2006 年，p.214）．

　こうした状況のなか，どれだけの知識や情報を保有しているかだけでなく，目的に合わせて適切な知識や情報を獲得する能力，有意義な知識や情報を発信する能力，そして自らの保有する知識や情報を管理する能力などが問われるようになってきている．それにともなって，公正で中立的な視点から社会的に共有されるべき知識や情報を伝達することに重点をおいてきた従来の教育にも変化が求められていると言える．

　むろん日本の学校教育も状況の変化をただ静観していたというわけではなく，「教育の情報化」というスローガンのもとで学校におけるコンピューターの設置やインターネット環境の整備などが進められてきた．平成 21 年に公開された「教育の情報化に関する手引き」では「情報活用能力」と「情報モラル」に重点をおいた教育方針が打ち出されている．

　このように見てくるならば情報技術の浸透とともに教育の中心的な課題が，「公正で中立的な視点から知識や情報を伝達する」というものから，「個々人が自らの視点と欲望に合わせて知識や情報を獲得する能力を育成する」というものへ移行しつつあると言える．そこにおいて情報技術は「個別的な視点と欲望に基づいた学習」を促進する「道具＝高速道路」としてのみ把握されているように思われる．とはいえインターネットを中心とした情報の行き交う空間は，信号のないほとんど一本道の「高速道路」ではなく，むしろ思いもかけない障害物や多様な脇道を備えており，そこを通り抜けることは雑多で猥雑な経験である，そうした側面を有しているのではないだろうか．

　ドイツの思想家 W・ベンヤミンは 19 世紀末における都市とそこでの経験を記述する際に，都市を迷宮とみなし，都市のなかで道に迷う技術を身につけるべきだと述べたことがある．「森のなかで道に迷うように都市のなかで道に迷うには，習練を要する」（ベンヤミン，浅井健次郎（編訳）・久保哲司（訳）『ベンヤミンコレクション（3）—記憶への旅』筑摩書房，1997 年，pp.492-493）．ベンヤミンは 19 世紀後半以降の西洋各地で生じた大都市化・近代化を進歩や発展という観点からのみ捉えるだけでは不十分であるとし，都市のなかで道に

迷う技術によって，大都市化・近代化のうちに忘却された太古的なものがよみがえり，事物がざわめきはじめる様相を描きだそうとした．ベンヤミンの描く都市はムンメレーレンなる奇妙な精霊や動物的に蠢く群衆などの異形の形象に満ちている．これによってベンヤミンは都市に固有の経験を明るみに出そうとしたのである．

こうしたベンヤミンの試みを範例とするなら，インターネットにおける情報空間を様々な異形の形象が住み着く迷宮のようなものとして，そのうちを迷うように探索することができるように思われる．それでは情報技術における「個別的な視点と欲望に基づいた学習」を促進する「高速道路」という側面の裏側に立ち合おうとする私たちにとって，今日の情報技術はどのようなものとして現れてくるのだろうか．

私たちが物を使い，言葉を発し，人と関係を結ぶとき，多様な仕方で情報技術が介入してくる．とはいえ多くの場合そのことに格別の意識や注意が払われることはない．こうした点を考慮に入れるなら，今日の情報技術は人間にとって一種の自然な「環境」であると言えるのではないか．田舎で育った人にとって川や野山が自然な「環境」であり，都市部で育った人にとってはコンクリートジャングルが自然な「環境」であるように，情報技術によって作り出される情報のアマゾンはいまやひとつの自然な「環境」になりつつあるように思われる．

情報技術と人間との関係を問題とするこれまでの議論においてしばしば，情報技術は人間が自由に使用できる「道具」としてか，あるいは逆に人間と人間関係のあり方を規定する冷徹な「システム」として把握されてきた．とはいえ近年，東浩紀や濱野智史といった論者らが情報技術を「アーキテクチャー」，「環境」，「生態系」といった観点から把握することを試みている（東浩紀『情報環境論集―東浩紀コレクションS』講談社, 2007年. 濱野智史『アーキテクチャーの生態系―情報環境はいかに設計されてきたか』NTT出版, 2008年. など）．それらの試みは人間と技術，技術と自然とを対立させるのではなく，両者の混じり合いを捉えようとするものである．とりわけ濱野はインターネットが人工物であるにもかかわらずそこで生じていることは自然のように見えると指摘しながら，今日のインターネットが「疑似的な〈自然環境〉として成立しつつある」と述べている（東浩紀・北田暁大（編）『思想地図 vol.3』NHK出版, 2009

年，p.27)．本章ではそうした試みを踏まえて，今日の情報技術を「環境」という観点から把握していきたい．

　「環境」とは，「道具」でも「システム」でもなく，生体が活動する場であり，様々な動きのなかで変化していくものと考えることができる．それは一方でそこに生きる「生体」をその一部として含みこみ，他方で「生体」の働きかけによって変形される．そこでは「環境」と「生体」の境界は流動的であり，これを明確に規定することは不可能である．

　情報技術を「道具」あるいは「システム」として把握する場合には，たとえば情報技術という「道具」をどのように使用するのが適切なのかという問いや，情報技術という「システム」の暴走をどのように統御するのかという問いが立てられる．だが情報技術を「環境」という観点から把握するならば，そこで問題となるのは多種多様な「生体」が「環境」としての情報技術へと働きかけこれを変形する様々な仕方であり，同時にそれらの「生体」が「環境」としての情報技術に取り込まれ，これによって変形される様々な仕方である．すなわち濱野の言葉を借りるならば，情報をめぐる「生態系」の分布図を描くことが重要なのである．このように「環境」という観点から把握することで，情報技術と人間とが複雑な作用連関のなかで相互に巻き込みあい変質していく様相を捉えることができる．

　以上のような認識のもと，本論では情報をめぐる技術や制度に着目し，情報と人間の関係を思想史的・人間学的なアプローチによって検討していく．情報をめぐる様々な技術や制度は情報を収集し，保存し，秩序化し，伝達するだけでなく，情報をめぐる人間の諸実践のための磁場を形成し，情報と人間の関係を編成していくと考えることができる．たとえば17世紀の書物においてと21世紀のコンピューターやインターネットにおいてとでは，情報と人間との関係は異なったものとなる．

　そこで以下ではまず近代社会が形成されていく過程において情報技術がどのような役割を果たしてきたのか，そこにおいて情報と人間の関係がどのように編成されていったのかを検討する．その上でとりわけ日本のインターネットを中心的な題材として情報技術が「環境」として現れてくる過程を示し，そのうちを迷うように探索する．これによってインターネットという情報空間におけ

るダイナミズムを「環境」と「生体」の絡み合いとして描き出し，そこで生み出される経験を記述していくことを目指す．

第2節　近代社会と情報をめぐる諸技術――『世界図絵』からマスメディアまで

1. 『世界図絵』と世界の観察者

　近代社会の形成過程において情報技術は大きな役割を果たしてきた．それではこの過程をどのように描き出すことができるだろうか．

　松宮秀治は『ミュージアムの歴史』のなかで，14-16世紀において王が武力によってではなく文化的・知的な力によって支配するようになり，これにともなってそれまで主として私的な形で行われていた古写本や古代遺物の収集・保存が，王の文化的・知的な力を示す公的な営みとして行われるようになったと指摘している（松宮秀治『ミュージアムの歴史』2003年，白水社）．そこにおいて王は，様々な時代や地域から知識ないし情報を収集・保存することで遠く離れた時間と空間を支配し，世界をいわば「神の視点」から観察する存在として自らを提示していたのだと言える．

　ところで世界中の知識ないし情報を収集・保存するこうした営みは，それらをどのように秩序化し，伝達するのかという問いとともに教育的営みのうちにも持ちこまれている．象徴的なのは1658年に出版されたJ・A・コメニウスの『世界図絵』である（コメニウス，井ノ口淳三訳『世界図絵』ミネルヴァ書房，1988年）．西洋世界で最初期の教育絵本の一つとされるこの書物では，様々な事物の視覚的な図絵がその名前とともに提示されており，図絵を通して事物の名を覚えることができる．とはいえ『世界図絵』は感覚を介して事物と言語の教育を促進する技術であるというだけではない．

　それでは『世界図絵』はどのような特性を有しているのだろうか．『世界図絵』は第一にあらゆる知識を提示する試みであり，世界の様々な事象を一冊の本の内に集約する．『世界図絵』の冒頭でコメニウスはそれが「世界全体と言語のすべての概要」（同上，p.2）についての書物だと述べている．むろん『世界図

絵』は実質的に世界全体を提示しているわけではないが，世界のうちから重要な諸要素を選択し，理念的な形で世界全体を提示する試みなのである．『世界図絵』は第二に世界の様々な事物を体系的に整理し，秩序化して提示している．それは世界の複雑で混沌に満ちた様相を縮減し，秩序だった世界のあるべき姿を示すための試みである（この点に関してはK・モレンハウアー，今井康雄訳『忘れられた連関―〈教える－学ぶ〉とは何か』みすず書房，1987年，pp.57-67も参照．）．『世界図絵』は第三にあるべき秩序化された世界に万人がより簡単にアクセスできるようにする．これによって世界に関する知識の共有が目指されるのである．

　これらの特性はあらゆる知識を収集し，保存し，秩序化して提示するという17・18世紀的な「汎知」の試みに特有のものであり，部分的にはディドロやダランベールらの『百科全書』のうちにも確認できる（この点に関しては大黒岳彦「グーグルによる汎知の企図と"哲学"の終焉」『現代思想』1月号，青土社，2011年，pp.101-117も参照）．これを情報と人間の関係という観点から捉え返すならば，『世界図絵』において問題となっているのは，第一に世界の様々な情報を一か所に集中し，第二にそれらの情報を固定された枠組みによって秩序化し，第三に秩序化された情報へのアクセス可能性を万人に確保することだと言える．

　このように『世界図絵』において，世界のあるべき姿を観察した「神の視点」から情報が秩序化されており，「神の視点」を共有する諸個人の育成が目指される．そこでは情報と人間の関係は「神の視点」を中心として編成されていると考えることができる．このような関係は部分的にはコメニウス以後も教育の近代的な理念として機能していったと言える．学校という装置は複雑さと混沌に満ちた現実世界から子どもを切り離し，広汎な知識や情報を一極に集中し，整理された形で伝達することを目指してきたという点において，コメニウスの『世界図絵』の延長線上にあるのである（この点に関してはモレンハウアー，前掲書，pp.76-91も参照）．

2. 近代的な市民と国民

　コメニウスの『世界図絵』は，世界のあるべき姿に関する知識や情報を提示し，その共有を目指すものであった．とはいえコメニウス研究者の北詰裕子によれば，コメニウスはあらゆる知識を収集するという「汎知」を目指しただけでなく，その読書論では個人がみずからの仕方で知識や情報を選択し，「自分用の百科事典ないしは要覧」を作ることを薦めている（松浦良充他「歴史のなかの「読むこと」—ラーニングの比較思想・社会史の観点から」『近代教育フォーラム』vol.18，2009 年，pp.203-206）．そこには全てを把握する「神の視点」と個人の「個別的な視点と欲望」の間の緊張関係を読み取ることができる．同様の緊張関係は同時代の情報と人間の関係を特徴づけていたように思われる．

　17・18 世紀において書物が急速に普及し，さらには新聞や雑誌，大衆的な文芸史などが徐々に一般化されていくとともに，これまで限定された人々の間にのみ流通していた知識や情報が，個人の経験から切り離され，公開されるようになった．こうした知識や情報にアクセスすることで一定の教養を有する人々が形成され，彼らの議論の場が読書クラブ，サロン，新聞の紙面などにおいて開かれていった．ドイツの社会学者・哲学者 J・ハーバーマスは，こうした議論の場を基礎としながら，「財産と教養」を備えた個人が身分に関わりなく，政治的な問題に関して情報を交換し，意見を表明し，議論する圏域が「市民的公共圏」として形成されていったと主張している（ハーバーマス，細谷貞雄・山田正行訳『公共性の構造転換—市民社会の一カテゴリーについての探求』未来社，1973 年，とりわけ pp.50-64）．

　ハーバーマスによれば「市民的公共圏」は基本的には私人，すなわち個別的な利害関心を基準として振る舞う個人の圏域であり，諸個人が自らの利害関心を基礎としながら各々の対立を調整し社会の在り方を決定していく場として機能する．そこでは情報の脱経験化と公開性という条件のもとで，一方で知識や情報の共有が目指され，他方でそのような共有を前提として個人の利害関心を表明することが期待されており，このような二重性のうちに議論を挿入することで「個別的な視点と欲望」と社会全体の利害という二つの極をつなぐ試みがなされていたと言える．

　ハーバーマスはこうした「市民的公共圏」が，私人の領域に介入する福祉国

家の成立とマスメディアの大衆化・商業主義化のなかで衰退していくと指摘している．情報をめぐる技術という観点からとりわけ興味深いのは，19世紀後半にマスメディアとして成長していった新聞である．ハーバーマスによれば，新聞は大衆化・商業主義化の過程において議論のための場を開く媒体ではなくなり，情報を享受し消費する人々を生み出すようになった（ハーバーマス，同上，pp.215-230）．他方で新聞は多くの読者を獲得するなかで新たな機能を獲得し，情報と人間の関係を再編成していったように思われる．

　B・アンダーソンは，新聞では全く異質な種々の出来事に関する情報が同じ日に起きたという共通性のみによって無造作に同じ紙面のうちに集められるという特性に着目し，これを「匿名的な共同体」としての国民の成立という観点から説明している．アンダーソンによれば，新聞は「一日だけのベストセラー」であり，そこで重要なのは内容というよりも多くの人が朝夕というほぼ同じ時間に同じ情報に接しているという事実である．これによって新聞の読者は同じような新聞を読んでいるであろう見ず知らずの人々の集団を想像することができ，情報を共有しているという想像によって支えられた「匿名の共同体」が生み出される．そしてこのような「匿名の共同体」はナショナリズムと密接に関わっていくのである（アンダーソン，白石隆・白石さや訳『想像の共同体—ナショナリズムの起源と流行』NTT出版，1997年，pp.59-63）．

　学校教育が固定された知識や情報を伝達することによって個人が共同体へと参加するのを補助するのだとすれば，新聞においては新聞を読むという日々の実践のなかで共同性が絶えず確認され，構成される．そこでは情報と人間の関係は，「個別的な視点と欲望」と社会全体の利害関心との調整において編成されるのではなくむしろ日々増大する知識や情報をその都度共有する「匿名の共同体」という形象を中心として編成されていくのである．

　このように見るならば，ハーバーマスがマスメディアの大衆化・商業主義化として批判し，「文化を論議する公衆から文化を消費する公衆へ」という言葉で表現するのは，「匿名の共同体」が形成されるプロセスであったと考えることができる．そこでは個人の「個別的な視点と欲望」が社会一般へとつながっていく回路が断ち切られ，かわりに名もなき人々の集団である「匿名の共同体（＝国民）」が立ち現れる．換言するならばマスメディアは，一方で情報を消費

する大衆を生み出し，他方ではあらゆる情報を包含し，誰のものでもなく同時に誰のものでもある「公正で中立的な視点」から情報を収集し，秩序化していくのである．こうした傾向は19世紀末以降に映画，ラジオといった新しいメディア技術の登場によって一層加速し，学校教育のうちにも浸透していったと考えられる．

　これまで近代社会における情報と人間の関係を概略的に検討してきた．このような関係はデジタル・コンピューターが登場し，インターネットが浸透していくのにともなって，新たに書き直されていく．以下では，とりわけ90年以後の日本におけるインターネットを中心的に取りあげ，情報と人間の関係が再編成されていくプロセスを検討していこう．

第3節　デジタルネットワーキング─日本におけるインターネットの展開

　1930・40年代以後のコンピューター技術の進展のなかで，情報を記号の連鎖の機械的な処理へと還元するデジタル・コンピューターが開発されていった．さらに60年代に米国で中心の存在しない分散型のネットワークが構築され，80年代には様々なネットワーク間のネットワークとしてのインターネットが形成されていく．このような技術的条件おいて情報と人間の関係は新たに編成されていくことになる．以下では，90年代以後の日本のインターネットをとりあげ，そこにおいて情報と人間の関係が編成されていくプロセスを見ていきたい．

　日本においては80年代から90年代の初めにかけて，パソコン通信やインターネットに個人が自らの関心をもとに双方向的に情報を交換する場としての期待が寄せられ様々な試みがなされていった．そこでは情報を一方向的に伝達するマスメディア，あるいは血のつながりによる「血縁」や仕事などの関係を基礎とした「社縁」に代わって，「興味や関心の共有によって形成される〈情報縁〉」が「世論形成の核となりうる中間手段として機能する可能性」（柴内康文「私論と輿論の変換装置」北田暁大・大多和直樹（編）『子どもとニューメディア　リーディングス　日本の教育と社会』日本図書センター，2007年，p.348）

が論じられていた．とはいえこの時代にはパソコン通信を日常的に利用していたのは一部の人にすぎず，またインターネットの利用は大学などの研究機関や企業に限られていた．

　90年代の後半になってからインターネットが急速に一般へと普及し，個人が管理する掲示板，個人の日記をウェブ上に公開するウェブ日記，単なる日記ではなく読みものを提示するテキストサイト，様々な情報をコメントとともに紹介する個人ニュースサイトなどが生み出されていった．そこでは一般的に有意義とされるものから眉をひそめたくなるようなものに至るまで様々な話題が取り上げられ，コミュニケーションと情報の交換がなされていた（この点に関しては，ばるぼら『教科書には載らないニッポンのインターネットの歴史教科書』翔泳社，2005年．に詳しい）．個人が自らの視点と欲望に基づいて不特定多数に向けて情報を発信し，不特定多数の人々とやりとりをするというこうした状況において，情報に対する新しい感性がリアリティを獲得していったように思われる．ここでは1999年から2000年代初めにかけて人気を集めた「ムーノーローカル」を例にとって考えてみよう．

　「ムーノーローカル」は管理人のrhymeが多様なニュースをコメントを添えて紹介する「どーでもいいトピックス」を中心とした個人ニュースサイトである．インターネットウォッチャーであるばるぼらは「ムーノーローカル」の特徴が「コメントから一般的な倫理観を排除して」おり，三面記事的な話題が「無意味で間違っていてズレている反対の視点」から取りあげられている点にあったとしている（同上，p.242）．管理人のrhymeはサイトの閉鎖時に書かれた「解題・ムーノーローカルの作り方」で自らのサイトを作る上で指針となった「事項」として，意見を述べるのではなく「〈オルタナティブな視点〉」を提示すること，報道が客観性に基づいているという信念に対するアンチテーゼを提出すること，などを掲げている．

　これらの「事項」から読み取ることができるのは，情報を発信し受信するのに「公正で中立的な視点」が存在するのではなく，様々な視点が存在するだけだという感覚であり，常に視点をずらしていくことを重視する感覚であろう．rhymeはこのような感覚のもとで，ニュースに対する個人の意見を表明するのではなく，むしろマスメディアが取りあげるニュースのみが重要なニュースで

あるという考えに疑義をはさみ，ニュースそれ自体が多様でありうることを示そうとしたのではないだろうか．

長い間，学校教育やマスメディアにおいて「公正で中立的な視点」から知識や情報が発信されている，あるいはされるべきだと考えられてきた．とはいえ90年代以後，学校教育やマスメディアであっても特定の利害関心に基づいており特定の視点からのみ情報を発信しているということ，さらには学校教育やマスメディアの提示する視点を受け入れるのが必ずしも自明ではないということが認識され，それにともなって情報を提示する際に視点をずらしていくrhymeのような戦略がリアリティを獲得していったように思われる．

以上みてきたように，90年代後半にインターネットの世界が急速に拡大していくなか，そこにおいて情報と人間の関係は日々更新される情報を共有することによって担保される「匿名の共同体」と「公正で中立的な視点」ではなく，世界を特定の位置から移動しつつ眺める「個別的な視点と欲望」を中心としたものに再編成されつつあったと言える．こうした観点からみるならば，コンピューターとインターネットを媒介としてハーバーマスの言う「市民的公共圏」を再興する可能性が「電子公共圏論」という形で盛んに論じられたのも理解できる．だが2000年以後，コンピューターとインターネットの世界はこうした期待を裏切る展開を見せていくことになる．

第4節　世界中の情報を整理する──「環境」としてのGoogle

「ウェブ2.0」という言葉に示されているように2000年代半ば頃からインターネットの様相は変化していったとされる．梅田望夫を始めとした多くの論者はその変化の一つの契機をGoogleの登場にみている．実際Googleは情報と人間の関係を再編成することで，情報技術が自然な「環境」として現れる動因になったと考えることができる．以下ではGoogleについて検討していこう．

1. 検索エンジンの革命

インターネットが普及し始めた当初，インターネット上における情報の秩序化は主としてリンクによってなされていた．しかしウェブ上の情報が増えるにともなってリンクのみで情報を整理することは困難になっていく．そこでyahoo!などの検索エンジンが登場したが，これらの検索エンジンにおいて情報の整理は人力で行われており，そのため網羅している情報量は限られ，また情報の秩序化はしばしば柔軟性を欠いたもとなった．こうした状況に決定的な転換をもたらしたのが，ラリー・ペイジとサーゲイ・ブリンが開発したGoogleの検索エンジンであった．

Googleはよく知られているようにHP上に「世界中の情報を整理し，世界中の人々がアクセスできて使えるようにすること」（グーグル，http://www.Google.com/intl/ja/corporate/tenthings.html，2011年1月31日現在）という使命を掲げている．情報化社会について積極的に論じる哲学者の大黒岳彦は，こうしたGoogleの使命が世界中の情報を集め保存し秩序化するというコメニウスにも見られる17・18世紀的な「汎知」の試みを引き継ぐものであると指摘している（大黒岳彦，前掲論文）．確かにGoogleは「神の視点」を実現しようとしているようにも見える．とはいえ詳細に検討するならばGoogleが目指しているものは17・18世紀的な試みと異なるものである．ここでは数あるGoogleのサービスのなかでもとりわけ最初に提供されたサービスである検索エンジンを取り上げ，Googleの作り出す情報空間において情報と人間の関係がどのように編成されているのかをみていきたい．

まずはGoogleの検索ページの画面から考えてみよう．Googleの検索ページを開いてまず初めに感じることは，そのデザインがYahoo!等のそれと比べると非常にシンプルだということである．そのためユーザーは自分がどのような情報を求めているのかということに関して予め把握しておかなければならない．他方で自らの「個別的な視点と欲望」がある程度まで明確ならば，Googleは無関係な広告などを表示することもなしに重要とされる情報を選び出し提示する，快適なツールとなる．さらに近年では検索履歴やアクセスしている地域などを考慮に入れたパーソナライズド検索などが実装され，ユーザーはますます自らの興味と関心に合わせて情報の探索を行うことができる．このようにGoogle

は「公正で中立的な視点」から知識や情報を伝達するのではなく,「個別的な視点や欲望」に合わせて有意義とされる知識と情報を提供するのであり,まさに梅田の言う「学習の高速道路」の主要な構成要素として現れるのである.

とはいえ Google の検索エンジンの仕組みまでを考慮するならば,それが「学習の高速道路」にとどまらない側面を有しているということが明らかになる.

2. 情報を分類する「群れ」

まず Google の検索エンジンの仕組みを,情報社会論者の濱野の整理に従って確認しておきたい.Google の検索エンジンでは,① ボットと呼ばれるプログラムが膨大なウェブ上のサイトを巡回し,②「最も多くのページからリンクがなされているページは重要とみなす」などのアルゴリズムに従って,ページのランク付けを行い,③ そしてランク順にしたがって検索結果を示すという方法が取られる(濱野,前掲書,pp.39-40).

このような Google の検索エンジンをそれまでの人力の検索エンジンと比較すると,そこには際立った特徴が存在している.第一に Google の検索エンジンにおいて何が「重要であるか」は,権限を持った特定の人間が内容を考慮して判断するのではなく,リンク数などの形式的で計算可能な諸要素によって規定される.第二に Google の検索エンジンは人力のそれよりもはるかに多くの情報を網羅しており,インターネット上の情報のかなりの部分を取り扱うことが可能である.

Google の検索エンジンのこうした特徴は情報の秩序化という観点から考えるなら従来の方法を覆す決定的なものである.多くの場合,情報の秩序化はアルファベット順(あいうえお順),作者順,カテゴリー順など,情報の外部に固定的な形で設定された枠組にもとづいて行われるか,あるいは特定の人間が自らの枠組みで「重要性」を判断するという形で行われていた.これに対して Google の検索エンジンではインターネット上の情報を秩序化する基準が,当のインターネット上での情報に対する人々の振る舞いとして設定されている.

すなわち Google の検索エンジンは,① これまで情報とはみなされていなかった人々の振る舞いを「リンクする」などの諸要素を通して計算可能な情報へと変換し,② この変換によって人々の振る舞いを集積し,情報の秩序化に反

映させる．③ その結果，秩序化された情報のリストは，その都度の人々の振る舞いによって絶えず新たに書き直される流動的なものとなり，Google によるリスト化それ自身が次の秩序化に影響を与えるという再帰的なプロセスを含むものとなる．このようにして Google の検索エンジンは情報空間の外部に体系的かつ固定的な枠組を設定することなく，その内部の流動的な規準にしたがって情報を秩序化するのである．

　こうした秩序化のプロセスにおいて個人や集団のあり方は再規定されていく．第一に Google の検索エンジンは「民意」を反映させると言われるように，インターネット上での個人の振る舞いを一種の「個人の意見」として扱うという側面を持っている．ただし個人を意図と意志によって特徴づける近代的なモデルにおいて「意見」とは個人が意図を持って意識的に表明したものである．だが Google の検索エンジンでは，リンクするなどの振る舞いがどのような意図のもとで行われたのか，またその振る舞いが「意見」の表明として意識されているかどうかなどは考慮されない．すなわち Google において「個人の意見」ないし個人という形象は，意図と意識という前提から切り離され，単なる振る舞いとして再規定される．

　第二に Google の検索エンジンは「意見」としての個人の振る舞いを集積し結びつけることで，雑多な人々の振る舞いを一種の「集合的な知」として捉え直す．すなわち Google の検索エンジンにおいて人々は自分では知らないうちに，さらに議論することもなく，Google のサービスのために協働しており，集合的な意志決定をなしているのである．そこでは集団という形象は，意識と意図を有した個人の集団ではなく，相互に関係しあいながら多様に蠢く集合的で異種混交的な「群れ」として再規定されていると言える．

　これらの特徴は Google の他のサービスにも見られる．たとえば Google では広告の表示法やボタンの形状などの画面のデザインが，どのデザインにおいてリンクのクリックが最も多いかといった人々の振る舞いを計算処理することによって決定される．さらにこのデザインは一回決まればそれで終わりというのではなく，人々の日々の振る舞いに従って絶えず調整されていく（大向一輝「Google の奇妙さ，ウェブの奇妙さ」『現代思想』1 月号，青土社，2011 年，pp.65-66）．こうして人々は「群れ」として知らない内に意見を表明し，意志決

定をなし，デザインをするのである．このように見てくるならば，Google は
ある意味でハーバーマスのいう「公共圏」を実現するものと言える．とはいえ
それは意図を持って意識的に意見を表明する個人が反省と議論を介して社会的
な意志決定をなす「市民的公共圏」なのではなく，多様に振る舞いをなす「群
れ」が無意識的で集合的な意志決定をなすという「公共圏」であり，「群れ的公
共圏」であると言えるかもしれない．

　『世界図絵』において知識や情報はあるべき世界の姿を観察した「神の視点」
から秩序化されており，個人は『世界図絵』を介してこの視点を共有し，世界
を秩序化された知識と情報の集積として外部から観察することができるように
なる．そこにおいては伝達されるべき知識と情報は確定されており，それを獲
得するよう促すことが教育の役割となる．これに対して Google において情報
は「群れ」の振る舞いによってその都度秩序化され，そうした秩序化の帰結が
「群れ」の振る舞いに影響を及ぼすという再帰的なプロセスを含んでいる．そ
こでは『世界図絵』において世界を外側から観察していた観察者が，意図や意
識から切り離された「群れ」として世界の内側へと挿入されている．このよう
に Google は 17・18 世紀的な「汎知」の試みとは異なるものとして把握できる
のである．

　こうした事態において Google はまさに「環境」として現れていると言える．
すなわち個人は Google を使っているだけでなく，意識や意図と切り離された
ところで Google に使われているのであり，より正確に言うならば，変化して
いく Google とともに様々な振る舞いをなしている．

　それゆえ Google は一方でシンプルなインターフェイスやパーソナライゼー
ションによって，個人が「個別的な視点と欲望」にあわせて振る舞うことを補
助し，個人に対して「学習の高速道路」として機能しながら，他方で個人を意
識や意図から切り離し「異種混交的な〈群れ〉」の一部として組み込むことで無
意識的かつ潜在的なレベルで「環境」として現れる．Google という装置はこ
のような二重性のうちに機能していると言える．そこにおいて私たちは，イン
ターネットに接続する端末を手にし情報を探索する個人の「個別的な視点と欲
望」という極と，技術との接合によって産出される多様に蠢く「異種混交的な
〈群れ〉」という極，これら互いに切り離された二つの極を同時に生きることに

なるのではないだろうか．

　これまで検討してきた特性を備えたサービス群を「Google 的なもの」と呼ぶことが許されるならば，「Google 的なもの」は今日ますます浸透しつつあり，私たちの生きている世界の見え方を変えつつある．以下で 2000 年半ば頃のインターネットにおける動きを「Google 的なもの」の二重性，すなわち「個別的な視点と欲望」と「異種混交的な〈群れ〉」の二重性の展開という観点から読み解いていきたい．

第 5 節　「〈群れ〉的な想像力」へ向けて

　「Google 的なもの」が世界中に様々な形で浸透していくなか，日本では 2000 年代の半ばまでにこれまでより簡単にサイトを作成できるブログ（ウェブログ）作成ツールや mixi などの SNS（ソーシャルネットワーキングサービス）が普及していった．ブログや SNS は情報の発信や受信のあり方を多様化し，コミュニケーションを活性化させる契機を含んでおり，そこにおいて「個別的な視点と欲望」と「異種混交的な〈群れ〉」とが関係づけられ，それによって情報と人間の関係が再編成されていったように思われる．本節では「はてなダイアリー」などのブログや「炎上」などの現象をとりあげ，こうしたプロセスを辿っていきたい．

1.　コミュニケートする「群れ」――ブログの展開

　すでにみたように日本には以前からブログに類する様々な個人サイトが存在していた．だが 2000 年前後の欧米においてブログが浸透し，これにともなって日本でも 2003 年頃から自分で HTML を作成することなく簡単にサイトを作れるブログ作成ツールが普及していった．その結果それまで以上に多くのサイトが作られ，ブログの乱立が生じるようになる．

　それではブログはどのような特性を有しているのだろうか．ブログ作成ツールの多くはコメントやトラックバックなどコミュニケーションを活性化させる様々な仕組みを備えている．たとえば，記事を書く際に別のブログの記事を参照し，参照元のページにトラックバックを残したりコメントしたりすることで

参照元のブログの作者や読者を自らのページへ引き寄せることができる．あるいはまた読者がどのようなプロセスを経て自分のページに辿りついたのかを確認することで読者のニーズを把握することもきる．すなわちブログは，人々の繋がり（ネットワーク）の細部それ自体を可視化し，これによって情報やメッセージの発信ないし受信をコミュニケーションやゆるやかなコミュニティの形成に結びつけ，活性化させていくという性質を有している．そこでは情報はコミュニケーションやコミュニティの多種多様な経路を通じて網の目状に伝搬されていくのであり，情報の発信や伝達とコミュニケーションのプロセスが結びついていくことになる．

　こうした「ブログ的な性質」を最も自覚的に追求してきた企業の一つが，2001年に近藤淳也を中心として創設された「はてな」であろう．「はてな」は，ブログサービスの「はてなダイアリー」だけでなく，様々なサービスにおいて，情報を収集・保存・秩序化・伝達する際にコミュニケーションが介在する度合いを高めるための仕組みを生み出してきたと言える．たとえば「はてな」が最初に提供したサービスである「人力検索サイトはてな」（現在は「人力検索はてな」）は，当初は「検索エンジンを使っても探し出せない，どう探してよいか分からない，たくさんの人に答えてもらわないと分からない」（人力検索はてなって何？，http://hatenaquestion.g.hatena.ne.jp/keyword/人力検索はてなって何？，2011年1月31日現在）という情報検索の苦手なユーザーの質問に対して，情報検索が得意な別のユーザーが必要な情報の場所を教えるというサービスであった．

　このようなサービスの意義はGoogleを背景に考えると理解しやすい．Googleの検索エンジンにおいてユーザーは必要な情報を手に入れるために自らの「個別的な視点と欲望」を整理し，それに相応しい検索ワードを見つけ，多数の情報から適切な情報を選び出さなければならない．したがって曖昧な視点と欲望のもとで振る舞うユーザーはGoogleの検索エンジンから取りこぼされる．「人力検索サイトはてな」はこうしたGoogleの欠点をユーザー同士のコミュニケーションを介在させることで解決しようとするものと考えることができる．

　また「はてな」のブログサービスである「はてなダイアリー」のキーワードリンクという仕組みにも類似の発想を見ることができる．「はてなダイアリー」

では記事を書くとそこからキーワードが自動的に抽出され,「キーワードページ」へとリンクされる.「キーワードページ」には該当のキーワードの説明とそのキーワードに関連するサイトやブログの一覧が表示される.東浩紀はこの仕組みに関して次のように述べている.「自分の書きたいことだけ書いていると,いつのまにかキーワードによって他人の日記と結び付けられていき,はてなというコミュニティに引き入れられている」(東浩紀・濱野智史(編)『ised―情報社会の倫理と設計 設計編』河出書房新社,2010年,p.310).そこでは個人の「個別的な視点と欲望」のもとでの振る舞いが自動的に繋がりを作り出し,コミュニケーションを生み出していくことになるのである.

すでに見たように「Google 的なもの」において諸個人は一方で自らの「個別的な視点と欲望」のもとで振る舞い,他方で意図や意識から切り離され「群れ」として「集合的な知」のなかに組み込まれる.そこでは諸個人の振る舞いによって形成される繋がりの細部が捨象され,ランキングとしてのみ表示される.これに対して「はてな」を始めとしたブログでは,そうした繋がりの細部が様々な形で可視化される.ユーザーは繋がりの網の目を通じて,いわば「群れ」の通った痕跡を辿ることができるのである.そこでは「個別的な視点と欲望」と「異種混交的な〈群れ〉」という,Google において切り離されていた二つの極が関係づけられていく.

90 年代において,マスメディアや学校教育の「公正で中立的な視点」に対するアンチテーゼとして個別的な視点に立脚し,視点をずらしていくという戦略がリアリティを獲得したのだとすれば,2000 年代半ば頃のブログ隆盛においては,「公正で中立的な視点」に対するアンチテーゼが無効化し,「個別的な視点や欲望」と「異種混交的な〈群れ〉」とを関係づけることにリアリティが見出されていったと考えることができる.とはいえ「Google 的なもの」においては切り離されていた二つの極がブログを中心とした情報と人間の関係において混じり合っていったのであれば,そこでは情報や意見の交換の活性化にとどまらない余剰的な現象が生じていったのではないだろうか.次節ではこうした現象としてインターネット上の「炎上」や「祭り」について検討していきたい.

2. 「炎上」するネットワークと繁殖する「ネットイナゴ」

ブログが急速に浸透し一般化するとともに,おそらく当初は想定されていなかったと思われる様々な現象が生じていった.

たとえば一つは,コメントやブログランキングなどを気にして思い通りに情報を発信することができなくなったり,あるいは情報を獲得するつもりがインターネット上の他愛のないコミュニケーションに気を取られ結局大した情報が得られなかったりというように,コミュニケーションおよびコミュニティ的な要素が情報の発信や受信にとって妨害的に働くというものである.またもう一つは,限定された文脈において発せられた情報やメッセージが,発信者の意図から離れて頻繁に引用されたり,あるいは発信者には処理できないほど数多くコメントが寄せられたりといった,いわゆる「晒し」,「炎上」,「祭り」などである.

これらの現象はともに「個別的な視点と欲望」と「異種混交的な〈群れ〉」という二つの極が関係づけられた帰結として把握できる.前者においては「群れ」の動きの痕跡を辿ることが可能になったことで「個別的な視点と欲望」が「群れ」の動きのうちへと解体され,これを維持することが困難となっている.後者の「晒し」,「炎上」,「祭り」においては,「群れ」の動きが部分的に切り出され可視化されており,とりわけ「炎上」や「祭り」ではそこに参加し,自己を投入することで,「個別的な視点と欲望」が「群れ」の動きに巻き込まれている.ここでは「炎上」や「祭り」についてより詳しく検討しよう.

「炎上」や「祭り」といった現象はブログ以前から認識されていたようだが,ブログを介して問題化されていった.この現象の一側面を上手く言い当てていると思われる言葉に「ネットイナゴ」というものがある.これは特定のサイトに押し寄せ,サーバーをダウンさせたり,誹謗中傷を含む多数のコメントを行ったりする不特定多数の集合を指すためのネットスラング(インターネット上で用いられる俗語)である.これを取り上げた産経新聞では「イナゴには悪意も善意もない.あるのはただ食欲のみだ」(産経新聞,2007年2月22日,夕刊)と書かれている.この言葉は「炎上」や「祭り」において次々とサイトを食い荒していく集合が意図や意志を持たず非人間的に見えるその様相を捉えるものであり,自然な「環境」としての情報技術のなかで部分的に切り出され可

視化された「群れ」の様態を捉えるものと言えるだろう.

　それでは「ネットイナゴ」の出現をどのように説明できるのだろうか. ウィキペディアの記事にもあるように「ネットイナゴ」が出現するのは,「ネットイナゴ」を構成する個々人の性質の問題などではなく, インターネットの構造上の問題と言える (ウィキペディア, http://ja.wikipedia.org/wiki/ネットイナゴ, 2011年1月31日現在). インターネット上では, ランキングシステム, 横の繋がりを有したブログ,「2ちゃんねる」などの巨大掲示板, アクセス数の多いプラットフォーム的なまとめサイト, また近年では「ツイッター」などによって, いったん関心を集めた情報が高速で広範囲に伝搬されるネットワークが出来上がっている. その結果, 瞬間的かつ一極集中的に集合が集まることになると考えられる.

　他方で濱野智史は「ネットイナゴ」を社会学者北田暁大の「《繋がり》の社会性」という概念と関連付け, 近年の情報技術を介したコミュニケーションの特殊な様態と結びつけている.「《繋がり》の社会性」とは, 情報やメッセージの「内容」ではなく, コミュニケーションがなされているという「事実」の確認それ自体に重点がおかれたコミュニケーション様態である. たとえば頻繁に交わされる他愛のないメールのやりとり, またmixiでの足跡を確認し合う行為などは, 繋がっているという「事実」の確認を目的としたコミュニケーションであり,「繋がりの社会性」の一形態であると言える. 濱野は「ネットイナゴ」においても, そこでの発言内容が問題なのではなく,「炎上」や「祭り」に参加しているという「事実」, すなわち《繋がり》の確認が求められているのだと指摘している (濱野, 前掲書, pp.96-97).

　このように「ネットイナゴ」は, 一方で多形的な繋がりを作り出すネットワークの特性によって, 他方で情報技術を介したコミュニケーションの様態によって生じてくるのだと言える. こうした「ネットイナゴ」の存在は, 大抵の場合は否定的に語られ, 貶められる. とはいえ「ネットイナゴ」それ自身は「悪意」も「善意」もなく, それゆえにその行為は「悪」にも「善」にもなる. たとえば荻上チキは「ネットイナゴ」という言葉こそ用いていないが,「炎上」に見られるようなインターネット上の集団行動が, 一方で一方向的な誹謗中傷や「デマ」の流布といった形で現れ, 他方で励ましやボランティアのための情報の流

通といった形でも現れるという二重性を描き出している（荻上チキ『ウェブ炎上』講談社，2007年）．

　そこで重要なのはある情報やメッセージが更なる情報やメッセージを誘発し，そのプロセスによって情報が高速で雪だるまのように巨大化し，拡散していくということであり，このような情報の巨大化・拡散が時として誹謗中傷や無意味に思われる論争などの方向へ，時として有意義とされる方向や創造的な方向へも向かうということである．このことは様々な文脈が絡みあうインターネットの情報空間において，「内容」に重点を置いたコミュニケーションと「《繋がり》」という「事実」の確認に重点をおいたコミュニケーションを予め区別すること自体が不可能であり，後者が特定の文脈のなかでは「内容」に重点を置いたものとして現れてくるということ，さらにそこでは情報の重要性の尺度が変化し，多様な繋がりを作り出し，多様な情報を誘発可能な情報こそが重要となりつつあることを示しているように思われる．

　すなわち情報の発信および受信とコミュニケーションとが結びつけられ，「個別的な視点と欲望」と「異種混交的な〈群れ〉」とが関係づけられるなかで，情報の意味合いそれ自体が変化し，「ネットイナゴ」のように「群れ」を部分的に切り出し可視化した現れのうちに参入し自己を投入することにおいて初めて意味をなすような情報が重要になりつつあると言える．そこにおいて誰もが「ネットイナゴ」となる可能性が生じてくる．とはいえそのなかで単に「群れ」の現れのなかに没入するのではなく，「群れ」の現れのうちにいながら「群れ」から距離を取るという経験の地平が出現しつつあるのではないだろうか．最後にこのような経験の地平をインターネット上に見られる想像力の形式のうちに探ってみたい．

3. 「〈群れ〉的な想像力」へ向けて

　「ネットイナゴ」に関わる事象において「〈群れ〉的な想像力」と呼びうる二つの想像力が機能しているように思われる．

　第一に「炎上」や「祭り」に集まる集合を「ネットイナゴ」と呼ぶように，インターネットのなかで蠢く「群れ」を言葉あるいはイメージによって形象化していく想像力である．そこでは「群れ」を形象化することで，「群れ」を対象化

し,これによって「群れ」から距離をとることが可能となる.

　第二に「群れ」の現れを観察しながら,自らもまたその一部であるかもしれないということを想起する想像力である.「炎上」しているサイトを訪れるとき,人は増え続ける多数のコメント,サイトの閲覧数の上昇,サーバーのダウンという形で,「ネットイナゴ＝群れ」の動きを観察できる.とはいえ「炎上」しているサイトを眺めているという時点で,「ネットイナゴ」を観察している人もまた「ネットイナゴ」の一部であり,時としてそのことにはたと思い至るのである.

　たとえばユーザーがネタを交えて作る百科事典の「ニコニコ大百科」の「ネットイナゴ」の項目のコメント欄などをみると,自分もまた他の人から見たら「イナゴ」かもしれないというコメントなどを確認できる.そこには「ネットイナゴ」を外側から観察しながら,その一部としてその内側で振る舞い,さらに内側にいることを他者の視線を媒介として想像していくというねじれた経験が読み取れる.

　今日のインターネットにおいてはこのような二つの「〈群れ〉的な想像力」によって様々な形象が生み出されており,さらには「群れ」の現れを観察しながら,その一部であることに気がつくという経験の地平が成立している.たとえばGoogleの検索エンジンは,どんなことに関してもある程度まで調べることができるという理由から擬人化され,「グーグル先生」と呼ばれることがある.また歌声を作成できるソフト「初音ミク」の場合,個々のユーザーが「初音ミク」を用いて作成した多様な作品を「ニコニコ動画」などの動画投稿サイトで公開し,それらの作品群やその作品に関わる様々な動きが「初音ミク」のキャラクターイメージを形成していく.こうした事例において知識や情報を分類したり,作品を作り出したりする「群れ」がキャラクターのうちに具体化・形象化されている.そしてそこで私たちは「グーグル先生」を利用したり「初音ミク」の作品を鑑賞したりしながら,同時に私たち一人一人が「グーグル先生」や「初音ミク」の一部でもあるということを想像することができるのである.

　このような想像力は「群れ」のうちにいながら「群れ」から距離を取るために必要なものであり,「個別的な視点と欲望」と「異種混交的な〈群れ〉」が関係づけられていくなかで生み出されつつあるものと言えるのかもしれない.

おわりに──情報技術時代の教育と教育学

　これまで情報をめぐる技術と制度に着目し，情報と人間の関係の変遷を描き出してきた．冒頭で確認したように，新たな情報技術の浸透にともなって現在の学校教育はその重点を「公正で中立的な視点から知識や情報を伝える」という課題から「自らの視点と欲望に合わせて知識や情報を獲得できる能力を育成する」という課題へ移行させつつあるように見える．そこでは情報技術を「道具」としてどのように活用するのかということが問題となる．とはいえ本論において示してきたのは，今日のインターネットが「道具」という範疇を超えて「環境」として現れ，そこにおいて「個別的な視点や欲望」に還元不可能な「群れ」が前景化してくる過程であった．

　このような「群れ」をこれまでの教育と教育学は考慮に入れないか，あるいは部分的にのみ考慮に入れてきたように思われる．だがGoogleを始めとしたインターネット上のサービスにおいて「群れ」は情報の秩序化のために動員されており，さらにまた「群れ」の現れのうちに自己投入することによってのみ意味を成す情報が重要となりつつある．それゆえ今日においてインターネットを利用する際に「群れ」との関わりを避けることは不可能であると言える．だとすれば情報技術時代の教育と教育学の課題とは，こうした「群れ」とどのように向き合うかという点に求められることになるだろう．

　近年，「群れ」を可視化するサービスがますます浸透しつつある．その一例として「ニコニコ動画」と「ツイッター」を挙げることができる．これらいずれのサービスにおいても，無数のコメントが次々と現れ流れていくのを観察可能であり，このようなコメントにおいて「群れ」の動きが部分的に切り出され可視化されていると言える（これらのサービスの特徴は，そのような可視化のプロセスがある程度まで操作可能であるという点にある）．

　そこでユーザーは一方で非人間的に振る舞う「群れ」の現れのなかに巻き込まれ，ベンヤミンが群衆を遊歩する人に関して述べたように，注意を分散させコメントの細部を把握することなく大まかな流れを捉え，反射的に反応することを求められる．このように振る舞うことでユーザーは流れのなかで情報を処理することができる．とはいえ他方で完全にその流れのうちに没入するのでは

なく，そこから距離を取ることもまた求められているのではないだろうか．それこそが時として「群れ」から離脱し，また「群れ」が可視化され切り出された特定の現れと別の現れを横断する際に必要となる能力のように思われる．

だとすれば情報技術時代の教育と教育学にとっての課題とは，一方で「群れ」の現れのうちへと自己投入しそのうちに没入する術を，他方でこうした「群れ」の現れのうちにいながら「群れ」から距離を取る術を身につけさせることとなるはずである．それは言いかえるなら，本論で「〈群れ〉的な想像力」と呼んだものへの感性を養っていくこととなるだろう．情報技術時代の教育と教育学のための模索はまだ始まったばかりである．

参考文献

- 東浩紀・濱野智史（編）『ised—情報社会の倫理と設計　倫理編・設計編』河出書房新社，2010 年
- 今井康雄『メディアの教育学—教育の再定義のために』東京大学出版，2004 年
- 遠藤薫『間メディア社会と"世論"形成—TV・ネット・劇場社会』東京電機大学出版局，2007 年
- 濱野智史『アーキテクチャーの生態系—情報環境はいかに設計されてきたか』NTT 出版，2008 年
- W・ベンヤミン，浅井健二郎編訳・久保哲司訳『ベンヤミンコレクション（1）—近代の意味』筑摩書房，1995 年

第10章

「教えること」と「育てること」

はじめに

　「教育」という熟語には，見ての通り「教」と「育」という漢字が含まれている．「教育」の一義的な定義も「教え育てること」（広辞苑 第6版）．まさに字義どおりである．

　「教育」とは「教え育てること」．何の気なしに説明されれば，そうしたものかとも思うのだが，よくよく考えてみると，「教える」と「育てる」を併せたこの定義には，違和感を感じなくもない．

　ここでは「教える」と「育てる」という二つの言葉が並置され，二つの語の意味をそのまま付与するかたちで，「教育」という概念が定義されている．

　しかしながら，私たちは「教える」と「育てる」を，（当然ながら）同じ意味では用いていない．たとえば，「子どもを（に）教える」という時と「子どもを育てる」という時．そこには，明確なニュアンス（意味）の違いが存在しているだろう．

　「教えること」と「育てること」は，ひとまず，別の意味を有する異なる事象である．にもかかわらず，私たちはとりたててその違いに留意することなく，両方を含意する「教育」という言葉を使用している．というよりも，「教育」という言葉は，もっぱら「教える」という意味にバランスを傾けながら用いられているように思われるのである．

　そこで本章では「教えること」と「育てること」について考えてみたい．

「教育」に含まれる二つの意味,「教えること」と「育てること」. それぞれの言葉の背後にある「教育」観, 子ども観とはどのようなものか. この二つの概念の差異によって, どのような問題が生じるのか. こうしたことを考察することにより, 今一度, 私たちの「教育」観, 子ども観について考え直してみよう.

第1節　「教えること」と「育てること」──〈教育〉と〈福祉〉という観点

私たちは「教育」という言葉を, 何か（知識や技能など）を誰か（生徒や子どもなど）に「教える」というイメージを持って, しばしば用いている. たとえば, 教師が生徒を「教育」する. 親が子どもを「教育」する. 上司が部下を「教育」する. こうした「教育」という言葉の用いられ方によって想起されるのは, 知識や技能を伝達するための, あるいは既存の組織や社会体制を維持するための, 教育者-被教育者という上下関係である.

上記のような場合,「教育」という言葉は, 人間形成をあるべき方向に向かって目的意識的に組織する営みとして用いられている. いうなれば, ドイツ語の"Bildung"のイメージ. 像（Bild＝イメージ）に基づいて働きかけ, 人間を形成していく営み.

このような, ある特定の目的や, 目指すべき（望ましい）人間像をもって教育対象に働きかけを行い, 人間の形成に大きな影響を与える営みのことを, 以下では〈教育〉と記述したい. すなわち,「教えること」と「育てること」という二つの意味を内包する「教育」概念のうち,「教えること」に意味を限定した場合は, ヤマ括弧を用いて〈教育〉と表記する.

では,「教育」に含まれるもう一つの意味,「育てる」という言葉については, どのような印象を持つだろうか.

たとえば, 日常的に用いられる「子育て」という言葉. この言葉からは, 子どもが内発的に「育って」いくことを援助するような営みをイメージすることが出来るだろう.

子どもが自ら成長しようとする力を信じ, 子どもの成長の力を読み取りなが

ら育て上げること．たとえば，子どもを植物のような存在に見立てて，安全な環境を整え，適切な栄養を与えること．子どもたちが将来にわたって健康で文化的な生活を営むために，必要な社会的条件や基盤を整備すること．

ラテン語の "educatio" を語源とする，「養育」や「保育」とも言い換えることが可能な，「育てること」に力点を置いた「教育」的（educational な）営み．こうした営みについては，ここでは〈福祉〉と表すことにする．

外からの働きかけによって，教育者の思いにかなった人間を作り出そうとする〈教育〉という視点と，子どもの内発的な力を信じ，そうした力を育て守ろうとする〈福祉〉という視点．「教え育てる」という「教育」の定義からは，さしあたり，こうした二つの視点を取り出すことが出来る．

社会体制の維持や伝統的な知識・技術・技能の伝達を目的とした〈教育〉の視点と，個人の発達・適応に即して環境を整え，内発的な可能性を開花させることを目的とした〈福祉〉の視点．この二つの視点の相違は，「指導か放任か」「管理か自由か」「詰め込みかゆとりか」といった，私たちに馴染みの教育論争を生み出してきた．現代の教育的課題を巡る論争には，この二つの視点が深く関わっている．

したがって，〈教育〉の視点をとるのか，もしくは〈福祉〉の視点を重視するのかによって，「教育」という事象を巡る種々の問題は，全く違って見えてくる．そして，いずれの立場をとるにしても，その背景には，個々人が，その時々に持つ，「教育」観や子ども観が存在している．この二つの視点を巡る議論は，私たちの教育思想を考えるときの基本的な構図であるといえよう．

むろん，そのどちらかが正しいとか，どちらかが優位であるとか，「教育」はどちらかの視点を重視すべきだ，ということではない．おそらく，どちらの視点も「教育」のある側面を言い当てており，また同時に，どちらかの視点だけでは「教育」のすべてを説明するには不十分である．ここではさしあたり，「教え育てる」営みとしての「教育」という事象には，二つの異なる視点が含まれているということを確認しておこう．

とはいえ，一見対極にあるように思われる〈教育〉の視点と〈福祉〉の視点は，現実には容易に切り分けることが出来ない．〈教育〉と〈福祉〉は，相互に重なり合いつつも，どちらか一方の視点に解消されることなく，私たちの教育

現実の中に入り込み,「教育」という複雑な事象を作り出している.

身近な例を挙げれば,学校給食活動や特別支援学校での教育実践,養護教諭と子どもとの関わりなどは,〈教育〉であるとも〈福祉〉であるとも考えられる.また,学校建築や施設設備を整備する場合にも,〈教育〉的効果と〈福祉〉的効果を併せて重視しなければならないだろう.他にも,不登校児に対する〈教育〉をどのように保障するのか,障害児教育をどのように組織していくのか,といった問題は,〈教育〉と〈福祉〉の双方の視点から考えていくべき(考えざるを得ない)問題である.

上記のような場合に問題となるのは,〈教育〉実践の場としての学校における〈福祉〉的課題である.

学校は,まずは,教師の意図的な働きかけによって,子どもたちの人間形成を行う場所=〈教育〉を目的とした場所であるといえる.しかしながら,家庭や地域社会が担っていた〈福祉〉的機能の低下により,〈教育〉機関である学校においても〈福祉〉的機能・役割が求められている.学校が本来的に〈教育〉機能を担うものであったとしても,子どもたちの生活の土台そのものが脆弱化していたのでは,〈教育〉活動を十全と行うことは出来ないだろう.

また同様に,〈福祉〉の観点を重視した場合でも,〈教育〉の観点から完全に切り離されることはない.たとえば,児童養護施設や障害児施設といった,〈福祉〉を重点的な課題とした組織においても,そこで学習指導を行う際には,子どもに対して〈教育〉的に働きかけることになる.また,学習指導に限らず,いわゆる「しつけ」といった生活習慣に対する指導を行う場合にも,そこには〈教育〉の視点が不可避に入り込んでくる.

〈福祉〉=「育てること」の一義的な目的は,まずは働きかけの対象(子ども)の生存権を保障することにある.そのため,〈福祉〉の視点から行われる「教育」は,まずは,経済的・物質的・物理的な生活条件を保障することを目指す.こうした視点は,とりわけ幼児や障害児に対する場合に顕著であるだろう.

しかし,子どもに〈福祉〉の観点から働きかける場合,それが経済的・物質的・物理的な保障だけを行えばよい,ということではない.なぜなら,すべての人間が「健康的で文化的な生活」を営むためには,住む場所と着るものと栄養を与えるだけでは不十分だからである.こうした条件が十分に保障され,そ

の上で，個々人が「より良く生きる」ことを志向するためには，〈教育〉の観点からの働きかけが必要なのである．

　むろん，「より良く生きる」という言葉が意味する内容は，個々人によって異なるだろう．しかし，各々が「より良く生きる」ことを目指していくためには，その前提として，自らの生活をより良く改善していくための力量を蓄えなければならない．自分にとっての「より良く生きる」とは，どのような状況であるのか．そのために，自分には何が必要（不要）で，何が出来るのか．こうした問いを持つためにも，〈教育〉を受けることが必要なのである．

　このように，〈教育〉から議論を始めたとしても〈福祉〉的な問題に直面せざるを得ず，〈福祉〉の観点を重視したとしても，〈教育〉の必要性に直面せざるを得ない．〈教育〉と〈福祉〉は互いに合わせ鏡として，すなわち，〈福祉〉によって〈教育〉が問い直され，〈教育〉によって〈福祉〉が問い直されながら，「教育」という複雑な事象を構成しているのである．

　これを本章の主題に即して言い換えれば，「育てること」の持つ人間形成的な役割を考察することを通じて「教えること」の意味内容を問い直し，「教えること」の役割や課題を考察することを通じて，「育てること」の意義や目的を問い直す，ということになるだろう．

第2節　幼保一元化（保育一元化）という問題

　「教えること」と「育てること」の相違により顕在化している現代的な課題の一つとして，「幼保一元化」問題が挙げられる（詳細については，本書第6章を参照）．以下では，この問題を〈教育〉と〈福祉〉の視点を対比することにより，整理してみたい．

　「幼保一元化」とは，〈教育〉機関としての幼稚園と，〈福祉〉機関としての保育所を，行政機構，保育制度，保育内容等において一本化しようとする改革運動である．こうした運動の背景には，就学前の幼児を対象とした教育施設が二分された現状では就学前教育の機会に不均等が生じる，という問題がある．日本国憲法や教育基本法に「教育機会の均等」が謳われている以上，家庭の経済的状況などによって教育が均等に与えられないのは問題であろう．

第 2 節　幼保一元化（保育一元化）という問題　　199

　では，両者を一つの組織として統合すれば良いのではないか，と思われるかもしれないが，現状ではそのような解決に至っていない．それはなぜか．
　そこには，位相の異なる問題が複合的に重ね合わされている．
　まずは代表的（象徴的）な問題として，所管の省庁の違いが挙げられる．周知のように，〈教育〉機関である幼稚園は文部科学省，〈福祉〉機関である保育園は，厚生労働省の管轄である．そこには「それぞれの既得権を保持している」といった（マスコミが煽動するような）問題の他にも，具体的で実務的な問題がある．
　まず，幼稚園と保育所（託児所）では，対象とする子どもの年齢が異なっている．〈教育〉施設としての幼稚園は 3 歳以上の幼児を対象としているのに対し，〈福祉〉施設としての保育所には，0 歳から 2 歳までの乳幼児も入所している．乳児を扱うためには，専用のトイレや沐浴設備，離乳食やアレルギーに対応した調理室などが必要となり，現状ではそうした設備が整っていない幼稚園が，早急に幼保一元化に対応することは困難である．
　また，幼稚園教諭免許と保育士資格は，養成課程や大学でのカリキュラム（必要履修単位）などが異なっている．採用試験の方法なども異なっているため，仮に幼稚園と保育所を統合したとしても，両方の資格を有していない現職の教職員をどのように処遇するのか，という問題が生じる可能性がある．
　こうした設備や制度の相違といった側面は，幼保一元化を具体的に実現する際に大きな足枷となっている．とはいえ，カリキュラムや制度を工夫し，経費の負担や分配などを詰めて議論していけば，これらについては解決できない問題ではない．
　ここで加えて問題としたいのは，「教えること」と「育てること」をめぐる視点の相違についてである．なぜなら，この視点の相違を起点として制度的な問題が生じている，と考えることも出来るからである．
　幼保一元化をめぐる問題は，最近に浮上してきた問題ではない．歴史的に遡れば，1926 年（大正 15 年）の第 14 回全国児童保護大会において，すでに幼稚園と保育所（戦前の呼称では託児所）を一元化する要望が出されている．
　当時，幼稚園は中産以上の階級の幼児が教育を受ける施設であり，託児所は，低所得家庭の母親が就労するために幼児を預ける施設であった．これが先述の，

家庭の経済的状況（親の地位）の違いによる幼稚園と託児所（保育所）の区分である．

日本の幼稚園は，1876 年，3 歳以上の幼児に〈教育〉を行う施設として発足した．その際，保育料を徴収することから，ある程度裕福な家庭の子どもが通う施設となる．対して保育所は，1890 年，低所得で貧困であることが理由で就労せざるを得ない母親のために，乳幼児を保護する施設（〈福祉〉施設）として，託児所という名称で始まった．制度的な整備が行われる以前には，婦人労働力の確保のため，各地に工場付設の託児所が設けられていたという．

ここでとりわけ重要なのは，制度が発足する初発の段階から，幼稚園は「教える」場所，保育所は「育てる」場所，という区分がなされていたことであり，この区別は現在も解消することなく引き継がれていることである．

一方では，たとえば有名私立大学の附属幼稚園に入園するために，超早期教育ともいえる「お受験」に奔走する所得の高い家庭があり，他方では，母親が就労するために（必ずしも経済的事由には限らないが），保育所を必要とする家庭がある．そして，公立保育所の絶対数が不足していることにより，希望通りに入所できない多くの待機児童が存在することになり，働く母親たちが中心となって開設・運営を行う無認可保育所が多数生み出された．

こうした現状に鑑みると，幼保一元化の問題は，子どもを「教える」対象と見る幼稚園（に通園させる保護者）と，「育てる」対象と見る保育所（に預ける保護者）の間に存在する子ども観の相違に起因するように思われる．

言うまでもなく，幼稚園に通う子どもと保育所に預けられる子どもの間には，質的に大きな差異は存在しない．〈教育〉の対象として見られるのか〈福祉〉の対象として見られるのか，という眼差しの違いによって，所属している場所が異なっているだけである．そして，幼稚園と保育所の双方において，「教育」活動（「教えること」と「育てること」）が行われている．

子どもに対して，出来るだけ高い技能や知識を身につけ，知性的に生きてほしいのか，それとも，安全な環境の下で健やかに育ってほしいのか．この二者択一の問いは，ナンセンスである．教育者や保護者であれば，その両方を望むのは当然であろう．だとすれば，種々の問題があるにせよ，「教えること」と「育てること」をどちらも重視できるような教育環境を整える必要がある．し

たがって，監督官庁や個別の利害調整などに伴う制度的問題は，「幼保一元化」の本質的な問題ではない．「幼保一元化」問題を通じて問われているのは，私たちの「教育」観と子ども観である．

〈教育〉の視点と〈福祉〉の視点は，明確に切り分けることが出来ない．にもかかわらず，私たちはいずれかの視点を採用した（どちらかの視点に傾斜した）二つの制度を有しており，両者の間で議論をし続けている．

まずは「教えること」と「育てること」が不可分であることを踏まえた上で，各自の「教育」観や子ども観を持ち寄り，すり合わせ，新しい制度設計を模索する．個別具体的な議論を始める前に，原理的な問いをめぐる十分な議論を行う必要があるだろう．

第3節　「ケアリング」という視点

本章の目的は，「教えること」と「育てること」について考察することを通じて，私たちの「教育」観と子ども観を再考することにあった．そのために，〈教育〉と〈福祉〉という二つの視点を取り出し，「幼保一元化」問題について考察を行ってきた．ここで浮上してきた理論的課題は，「教えること」と「育てること」を相即不離の関係として捉え直すことである．

そこで，以下では，「教えること」と「育てること」を理論的に架橋する可能性を秘めた「ケアリング」という概念について，考察していきたい．

ケアリングの語源は，古英語とゴート語の"carian"，"kara"で，嘆き悲しむなどの意として派生したといわれている．

ケアリングは当初，人間の弱さや儚さ，脆さ，孤独などに対する嘆きの意味で用いられていたが，その後，他者への配慮や保護などの意味へと変容した．すなわち，自らの関心に対する責任という意味から，他者に対する心配や気遣いといった意味へと変容していったのである．

人間古来の日常的な営みでもあるケアは，親が子どもの世話をする，周囲の人を癒すといった療育という意味も含んでいる．ケアリングの意味は時代とともに変化し，現在は気遣い，いたわり，世話など人が生まれたときから経験す

る根源的な現象の広がりを示すことが多い．

　ケアリングは，主として看護学の領域で主題化されてきた概念である．それは，臨床の現場において他者への配慮が薄らぎ，医学的「生存」を至上命題とするような医療や看護のあり方に対する危機感を背景として登場してきた．

　仮に「生存」のみを目的として医療・看護行為がなされるのであれば，患者の生き方や希望に対する配慮は不要となり，医療者や看護者はひたすらに延命に向けた措置のみを考えればよいことになる．また，「生存」の可能性が低い重篤な患者に対しては，その存在に対する配慮すら不要なものとなってしまうだろう．こうした，他者の個別性を排除した一方通行の「暴力」的関係に対する臨床的な知として，ケアリングは，ホスピスや緩和ケアの現場から生まれてきたのである．

　ケアリングという概念が教育学において用いられるようになったのは，1980年代以降，とりわけアメリカの教育哲学者，N・ノディングス（Nel Noddings, 1929- ）の『ケアリング』が出版されてからのことである．彼女は，主として看護学の領域で用いられていたケアリング概念を，教育（道徳教育）の基礎に据えようと試みた．

　ノディングスの論は，ケアリングを関係論的に捉えた点に特徴がある．

　たとえば，誕生したばかりの赤ん坊と親（母親）との関係において，赤ん坊が激しく泣き出した時，親は「何かをしなければ」という思いに駆られる．その際，ケアする人（親）はケアされる人（赤ん坊）に全面的に注意を傾け，「専心没頭 engrossment」し，それまでの自己の準拠枠を超えて，自己の中に相手を受け入れる．つまり，これまでの自己内基準や個人的状況に基づいて，有益であると判断した場合にのみ行為するのではなく，そうしたケアする人の基準を超えて相手を受け入れてしまうような関係性のうちに，ケアリングは見いだされるのである．

　したがって，そうした関係においては，ケアする人は自分の関心事から離れ，相手の身になって，相手の問題と関わっている．このとき，ケアの動機はケアする側ではなく，ケアされる側にある．つまり，ケアという行為は，ケアする側の「ケアしたい」という動機によるのではなく，ケアされる側の「ケアされた

い (私にはケアが必要である)」という動機によって行われるのである．対象の動機に専心することによって行為が行われる，という関係性の状況を，ノディングスは「動機の転移 motivational displacement」という言葉で説明している．

ケアされる人に「専心没頭」し，ケアされる人との「動機の転移」によって行為する．こうした説明からは，自己を滅した，利他主義・愛他主義的な印象を受けるかもしれない．

たしかに，ケアリングは，他者に対する配慮と援助，他者に対する献身，他者の尊厳の遵守，といった意味を含んだ，非常に倫理的な概念である．まずはケアを必要とする人が存在し，その人の苦しみや脆さを基礎として，それに応答する実践として，その人との関係の倫理として，ケアリングがある．

しかしながら，それはケアする側の利益の拡大や自己実現を妨げるようなものではない．ケアリングは，他者の成長を援助すると同時に，援助する人自身の成長と自己実現を促す．

と，このように表現してしまうと，やはりケアする側の都合による，利益拡大のための行為として誤解を与えかねないが，ケアリング概念の要諦は，他者との関係においてケアされる対象に没頭し，ケアされる側の動機によって，ケアする人となることにある．

繰り返して強調すれば，ケアリングとは，弱く，儚く，脆い存在としてのケアされる側との関係のうちに生じる．その関係の中で，ケアする人は他者への応答として，他者の成長を気遣い，心を砕き，他者に没頭する．自己が，他者を，(自らの裁量によって) ケアする，のではなく，弱者との関係のうちで，ケアする人になる，のである．こうした状況を自身の成長，あるいは自己実現とするところに，ケアリングの理論的特徴がある．

では，このケアリング概念を，「教育」関係，「教えること」と「育てること」に当てはめると，どのように考えることができるだろうか．

まずは，ケアリングは「育てること」に接近した概念であるといえる．弱者としての子どもに配慮し，成長を促す行為としてのケア．こうした理解によれば，ロゴス (論理) 中心のリベラルアーツ，有用性に基づく教科教育を中心とした学校教育といった「教えること」を批判することが可能である．

しかしながら，教育者側が，あらかじめ子どもを保護の対象として措定するような「育てること」も，ケアリングの倫理からは批判的に問い直されることになる．

　フィリップ・アリエスは『〈子供〉の誕生』において，近代学校と近代家族の成立が〈子ども〉を大人の社会から引き離し，道徳的に配慮された教育環境へと隔離することになった，と論じている．すなわち，大人の（社会の）眼差しによって，保護すべき対象（「育てる」対象）としての〈子ども〉が誕生したというのである．この，大人の側からの眼差しの恣意性という議論は，新教育や近代教育に対する批判的文脈に位置づけることが可能であり，教育学に自己省察を促す契機となっている．

　ケアリングの観点に従えば，保護者や教師が子どもを「育てる」対象として捉えたうえで養育や保護を行うのではない．すでに弱者としてある子どもとの関係のうちで，子どもに応答するかたちで「育てる」のである．

　このように，ケアリング概念は「教えること」とも「育てること」とも異なる，関係の倫理を提示することになる．

　ケアリングは，あらゆる対人的な援助関係の基底をなしている．ケアリングを基盤とした「教育」において，保護者や教師は，その役割以前にケアする人として子どもと出会う．その関係においては，「教えること」も「育てること」も，あらかじめ存在するのではない．子どもとの関係の中において，子どもの成長を気遣い，心を砕くことによって，「ケアする人としての保護者・教師」として成長し，自己実現を果たすのである．

おわりに

　ここまで，「教育」を「教えること」〈教育〉と「育てること」〈福祉〉という二つの視点から捉え，考察を行ってきた．ここで明らかとなったのは，その二つの視点は明確に切り分けることができないこと，にもかかわらず，各々がいずれかの視点を採用することによって，幼保一元化をはじめとする種々の教育問題を生み出していることであった．

　そこで，ケアリング概念を考察することによって，教師や保護者といった教

育者側の意図,「教育」観や子ども観などに先立つ,関係性の倫理について確認した.

　それにしても,なぜ私たちは「教育」を行うのだろうか.
　少なくとも,「育てること」は「教えること」よりも古い営みである.社会秩序の維持や,知識や技能の伝達を目的とした「教えること」は,維持すべき社会や,伝達すべき知識や技能が存在する以前には存在していない.それと比して,「育てること」は,人類史と同じだけ古い.
　ただし,子どもは育てられなければならない,保護されるべき対象である,という観念は,それほど長い歴史を持っていない.
　私たちは,「教えること」と「育てること」という二者択一より以前に,すでに／常に「教育」を行ってきた.理由や目的以前に,弱者としての子どもとの関係の中で,「教え育てる」営みを連綿と続けてきたのである.
　そうした視座からみれば,たとえば学校という場において,PISA型学力はどうすれば向上するのか,「生きる力」や「国際競争力」はどのように養えるのか,教科の内容をどのように効率よく「教える」のか,といった問題は,いかにも些末な問題である.
　また同様に,福祉制度の拡充に向けた教育財の配分に関する議論なども(そうした議論が必要であるには違いないが),「教育」の最優先課題にはなり得ない.
　私たちは,あらかじめ教育者としてあるわけではなく,また,自らの意志によって教育者になるのでもない.まずは,弱者(としての子ども)との関係があり,その中で,応答的に,ケアする人としての教育者となるのである.
　とはいえ,ケアリング論に依拠してここで述べられたような「教育」観は,スケールの大きな,ロマンティックなフィクションに過ぎないのかもしれない.ただ,こうした視座を導入することによって(フィクションを語ってみることによって),翻って,今の自分が持っている「教育」観を意識的に反省することはできる.そのために,本章ではケアリング論を取り上げたのである.
　今,まさに子どもとの関係のうちにあるとき,自分は「教える」対象として子どもを眼差しているのか,「育てる」対象として眼差しているのか.「教育」関

係における意図や行為は，どこまでが内発的で，どこからが応答的であるのか．

一般的で一方的な関係ではなく，個別的で応答的な関係を取り結ぶために，教師たち（教師を目指す学生たち）には，こうした問いを大切にしてもらいたい．

表層的な教育問題に対する偏狭な視野にとらわれることなく，「教育」＝「教え育てること」を原理的に考察した上で，教育制度やカリキュラムなどを具体的に設計する．種々の教育問題に対して求められるのは，こうした姿勢であるように思われるのである．

参考文献

- 小川利夫・高橋正教編著『教育福祉論入門』光生館，2002 年
- フィリップ・アリエス，杉山光信・杉山恵美子訳『〈子供〉の誕生』みすず書房，1981 年
- ネル・ノディングス，立山善康他訳『ケアリング―倫理と道徳の教育 女性の観点から』晃洋書房，1997 年
- ミルトン・メイヤロフ，田村真・向野宣之訳『ケアの本質―生きることの意味』ゆみる出版，1998 年
- 中野啓明・伊藤博美・立山善康編著『ケアリングの現在―倫理・教育・看護・福祉の境界を越えて』晃洋書房，2006 年

第 11 章

大人と子どもの境界線

はじめに

　大人と子どもの境界線はどこにあるのだろう？　私たちはいつ大人になるのだろう？

　現代に生きる私たちにとって，子どもとは何か，あるいは大人とは何かというこの問いに答えることは，簡単なようでいて意外と難しい．「20歳を過ぎれば大人だ」，「親に依存しているうちはまだ大人とは言えない」，「義務教育を終えるまでは子どもだ」，「結婚できる年齢になれば大人だ」などなど．このテーマについて少し話をしてみるだけで，あまりに多様な論点があふれ出てくることにみなさんは気付くことになるだろう．

　加えて，この問いに答えるための判断基準は，その人がどんなコンテクスト（文脈）を想定しているかによっても大きく異なってくると思われる．私たちにとって周知のことである「20歳になったら大人」という考え方も，実は法律という一つのコンテクストにおいて言えることに他ならない．

　ただし，この法律というコンテクストに限ってみても，「大人であること」は決して一枚岩であるわけではない．たしかに少年法においては，保護者は20歳に満たない者（少年）を監護する義務を持つとされ，その保護年限を過ぎた者として20歳以上の者を「成人」と規定している．加えて，未成年者喫煙禁止法と未成年者飲酒禁止法においても，20歳になった者は，飲酒と喫煙が権利上認められる．また，公職選挙法では，満20歳で選挙権を有するようになる

とされ，ここでも20歳という境界線は有効性を持っていると言える．しかしながら，例えば労働基準法では15歳に満たない者を労働者として使用することを禁じてはいるが，それは裏を返せば15歳になれば（正確には満15歳に達した日以降の最初の3月31日が過ぎれば）労働者となり得るということを示している．また結婚についても，民法上は，男性は18歳，女性は16歳になれば婚姻ができるようになる．もちろん当事者が未成年である場合には父母の同意が求められはするが，少なくとも「家庭を持つ」ということに関して言えば，18歳と16歳という年齢が大人と子どもの境界線を引いていると言えるだろう．このように，法律というコンテクストの内部においても，「大人であること」の規定はさまざまなのである．

　さらに，それに加えて扶養や家計という観点から見た経済的なコンテクストや，身体や性的成熟という観点から見た生物学的なコンテクストなど，大人と子どもの境界線を測るコンテクストを私たちは数多く上げることができる．しかも，そうしたコンテクストは相互に浸透し合い，グチャグチャになりながら私たちを取り巻いている．この意味で，こうした複数のコンテクストが混ざり合いながら同時に存在しているところに，現代という時代の難しさがあると言える．すなわち，さまざまな大人の可能性が曖昧に共存している時代である現代に，私たちは生きているのである．

　ところで，大人であることのこうした曖昧さは実は，大学や短期大学に通う学生である皆さんがまさに感じている曖昧さでもあるのかもしれない．すなわち，大人であると言い切ることもできないが，子どもだと言われるのも何か違う気がするという，曖昧で微妙な皆さんの立ち位置である．あるコンテクストにおいては確かに大人であり，別のコンテクストにおいては未だ大人ではない．このように，さまざまに引かれた大人と子どもの境界線上にいるということが言えてしまうような状況こそが，現代という時代に学生として生きる皆さんが置かれている曖昧さを示しているのである．しかしながら，こうした境界線上にいる者だからこそ，リアリティを持って取り組めるのがこの問いであるに違いない．果たして，自分は大人なのだろうか，それとも子どもなのだろうか？

　このように本章は，大人と子どもの境界線はどこにあるのかという素朴な問いを出発点にしながら，日常的に使用されている「大人」や「子ども」という

言葉を，まさに境界線上にいる皆さんと問い直すということを目的としている．その際に，歴史的な視点からこの境界線を見ていくことは，有意義な比較を可能にすると考えられる．そこでは大人と子どもの境界線が明確に引かれていた時代が確認されるはずである．

　ただし，結論部において現代へと視線を戻すとき，そこで確認される答えは，おそらく非常に単純なところに落ち着いていくことに皆さんは気付くことになるだろう．「大人と子どもの境界線は曖昧になってしまった」というのが予想される結論である．それが現代に生きる皆さんにとっては当たり前のことであるとしても，そうした状況を受けてなお，どのように振る舞うかには差異があるように思われる．少なくとも，この境界線がどのように，あるいはどうして曖昧になっていったのかを問うことは，教育者という名の大人になって子どもを導くことになる皆さんには，依然として意味のあることに違いない．なぜなら，大人と子どもの境界線が曖昧になったにもかかわらず，少なくとも皆さんは教育職に就く中で，大人として振る舞わなければならない場面に多数出くわすことになるからである．それはおそらく，現代という時代には一部でそぐわない行為であるにもかかわらず，教育者として要求される資質であり続けている．かつての大人の「つくられ方」が，教育者となるための何らかの参照項となることを本章は目指している．

　こうした関心のもと，以下では人生段階における社会集団との関係性を三つの時期に区分しながら考察していくこととする．年齢的には「誕生から6歳くらいまで」，「7歳〜14, 5歳」，「15歳から」という便宜的な区分が可能であるが，それぞれにおける社会集団への参入は，かつての人々の信仰や儀礼，祭や神との関係性において，異なった意味を帯びてくると考えられる．こうした意味の変容と移行の過程を追うなかで，かつての大人と子どものあり方が浮き彫りになっていくはずである．

第1節　かつての子どもたち―「七つ前は神のうち」

　そもそも，近世までの日本において子どもが置かれていた状況は，私たちが経験したり知っていたりするものとは異なっていたと考えられる．それはまず

何よりも，誕生直後から彼らを取り巻いていた「死」の可能性によって導かれた差異として考えることが可能である．

医療技術が十分ではなかった時代にあっては，病気や事故などの不幸な出来事が子どもたちの命を唐突に，そして簡単に奪っていった．乳児死亡率は非常に高く，運良く誕生時の危機を回避したとしても，10歳まで生きることが出来る子どもは3割程度だったという（田嶋一「民衆社会の子育ての文化とカリキュラム―七ツ前は神のうち―」『叢書　産育と教育の社会史2　民衆のカリキュラム　学校のカリキュラム』新評論，1983年，pp.47-82）．

加えて，避妊というかたちでの産児調整のないこの時代には，「間引き」という嬰児殺しもまた，子どもをその誕生の直後から死の可能性に晒すものだった．それが貧しい民衆の取り得る苦肉の選択肢だったとしても，親（あるいはその周りの大人）が子どもを殺すということが現実に起こりえた時代だったのである．宣教師として渡来したルイス・フロイスが当時の子どもが置かれた位置を驚きをもって伝えている．「ヨーロッパでは嬰児が生まれてから殺されるということは滅多に，というよりほとんど全くない．日本の女性は（嬰児を），育てていくことが出来ないと思うと，みんな喉の上に足をのせて殺してしまう」（ルイス・フロイス，岡田章雄訳『ヨーロッパ文化と日本文化』岩波書店，1991年，p.51．括弧内は藤田が補足）．その絶対数は不幸な事故による死と相まって，明確にすることが困難であると考えられるが，こうした嬰児殺しが家の成員数の調整機能としてあったということは否定し得ないだろう．母体の被る死の危険性が堕胎よりもはるかに低いという点において，この嬰児殺しが選択される可能性は常に存在していたのである．このように，病気や事故による死亡や間引きによって育てる子どもの数が制限されることで，残されたり選択されたりした子どもを丁寧に育てるという状況が，近世の日本の子育てを特徴付けていった．

ところでこうした状況は，フロイスの言葉に反して，同じ頃のヨーロッパにおいても同様であったと考えられる．歴史家であるアリエスによれば，キリスト教の影響力の強かった中世のヨーロッパにおいては，嬰児殺しは厳しく罰せられる犯罪であったにもかかわらず，比較的普通に行われていたという（アリエス，杉山光信・杉山恵美子訳『〈子供〉の誕生』みすず書房，1980年，

pp.1-16)．ただし，それは両親とともに寝ている最中に子どもが窒息して死んでしまうという事故のかたちを取っていた．それゆえ 16 世紀半ばのトレント公会議以降，司教たちは説教書の中で，子どもを両親の寝台で眠らせることを禁止していくのであるが，こうした嬰児殺しは 17 世紀末葉に至るまで黙認されていった．この意味では，今日のヨーロッパでも強力な禁忌として機能している両親による子どもとの添い寝への嫌悪感は，こうした嬰児殺しの偽装という歴史的状況をひとつの端緒として持っていると言えよう．

　ところで，病気や事故さらには間引きなど，近世の日本において子どもたちは「死」に非常に近い位置に置かれていたと考えられるが，こうした状況は日本の広い地域に流布する「七つ前は神のうち」という言葉によく示されている（宮田登「日本の伝統的子ども観」岩田慶治編『子ども文化の原像—文化人類学的視点から—』日本放送出版協会，1985 年，p.399)．すなわち，子どもは数えで 7 歳（満年齢で 6 歳）になるまでは人間の側ではなく神の側に属していると考えられていたのであり，それゆえ彼らは容易にこの世から離れ，神の世界に行ってしまうのである．子どもが死んでしまうということはこの意味で，人の世を離れてしまうということであり，あきらめの対象だったと言えよう．

　ところで，こうした神の側に属すという子どものあり方は，祭礼や神事においては，特に重要な意義を担うことになる．

　例えば，福島県いわき市の熊野神社の祭礼では，4, 5 歳の子どもが「稚児＝神の使い」として選ばれ，千年前に神の到来によって生じたという村落の創設を祭礼のなかで再現している．稚児となる子どもは，祭りの前の晩を神のそばに座って徹夜で過ごし，祭り当日は衣冠束帯の装束をまとって馬に乗り村の中を横切っていくが，彼らもまた，神との仲立ちをする使いとして，祭りの中で中心的な位置を占めている．徹夜で過ごした影響で馬上の子どもはだんだんと眠りだすことになるが，ウトウトと眠りに落ちるその様がまさに神が舞い降りたことを示すことになるのであり，これら一連の祭事の全体を通して，神が到来しムラの社会秩序が維持されていることが可視化され確認されていくのである．こうして彼らはこの世と異界とを媒介する（山口昌男『笑いと逸脱』筑摩書房，1984 年，p.180-181．なお，山口昌男はこの祭礼を「福島県岩代市の熊野神社」のものとして報告しているが，正確には福島県いわき市錦町にある御

宝殿熊野神社の例大祭「稚児田楽・風流」のことであると思われる）．

　また，子どもを中心とした同様の祭事は，現代においても日本中のさまざまな地域で見ることができる．京都の祇園祭において山鉾巡行の先頭を切る長刀鉾に乗る稚児や，各地に見られる稚児舞はその典型と言える．すなわち，これらの美しく着飾った稚児を中心として執り行われる祭事に共通するのは，神の領域に属している子どもが神の依り代となり，神と人とを媒介するという重要な役割を祭りにおいて担っているということなのである．民俗学者の柳田國男は，子どもの死を巡る信仰とこうした稚児を中心とする祭礼を，子どもを神と見る伝承へと結びつけて次のように語っている．

　　七歳になるまではこどもは神様だといっている地方があります．これは必ずしも俗界の塵に汚れぬからという詩人風の賛嘆からではなかったのです．亡霊に対する畏怖最も強く，あらゆる方法をもって死人の再現を防ごうとするような未開人でも，こどもの霊だけには何らの戒慎をも必要とせず，むしろ再びすみやかに生まれ直してくることを願いました．これとよく似た考えが精神生活の他の部面にもあったとみえまして，日本でも神祭りに伴なう古来の儀式にも，童児でなければ勤められぬいろいろの任務がありました．前に申した道祖神（さえのかみ）の祭りの他にも，村の祭礼に必ずこどもを馬に乗せて，行列に加わらせる例が多く，しかもこれを祭の中心としていたようであります．…これから推して考えますと，小正月の晩にホトホトと戸を叩いて，神の詞（ことば）を述べ神の恵みを伝えにくる役も，はやくからこどもにさせた地方はあったので，必ずしも青年がもとはしていたのを，後に幼い者が真似たのではないかもしれません．

　　　　　　　（柳田國男『小さき者の声』角川書店，1960 年，p.32-33）

　このように，祭りにおいて神と人間の世界を行き来し媒介する子どもは，その魂もまた神と人間の世界を行き来する存在だった．それは，先の引用にある「生まれ直してくる」ということを願うという人々の祖霊信仰と結びついている．すなわち，「7 歳までは子供が人間界に完全には属しておらず，神とくに産神の管轄下にある」がゆえに，例え彼らが死んでしまったとしても，再びすみやかにこの世に生まれ直して舞い戻ってくると考えられていたのである（飯島

第1節　かつての子どもたち―「七つ前は神のうち」

吉晴『子供の民俗学―子供はどこから来たのか―』新曜社，1991年，p.64）．

　こうした信仰は，死んでしまった子どもの墓を大人たちの墓とは分けたり，葬法も別の形態あるいは簡略に行っていたりしたということからも伺われる．沖縄諸島では6歳以下で死んだ子どもは童墓と呼ばれる，成人とは別に区画された埋葬地に葬られていたという（柳田國男「先祖の話」『柳田國男全集』第13巻，筑摩書店，1990年，p.7-209）．また，関東や東北や四国の一部などでは，名付けまでに死んでしまった子どもは水子と称し，墓に埋葬せずに家の床下や縁の下，あるいは家の周囲に埋めるということが行われていた（『日本産育習俗資料集成』日本図書センター，2008年，p.555）．それはまさに，すみやかに生まれ直してくるために，村落の周縁部にある墓ではなく，自分たちの生活する空間の近くに子どもの魂を留め置くという意図を持っている．さらに，青森県の東部一帯では小さな子どもの埋葬には魚を持たせたり，口にごまめをくわえさせたりしたと伝えられている．これらは，いわゆる「生ぐさもの」を葬送の際に介在させることによって，子どもの魂を仏道にゆだねないような方策だったと言える．

　これらはどれも，子どもが死んだ際にとられた，大人とは異なった葬法や埋葬のあり方と言え，彼らが神のうちにあるという信仰と結びついていたと言えよう．すなわち，大人とは異なって，神のうちにある子どもの魂は容易に身体を抜け出てしまうのであり，そうした子どもを看取った大人たちは，死んでしまった子どもの魂をなるべく近いところに留め置き，すみやかに生まれ直して戻って来ることを願ったのである．

　こうした信仰のもとでは，間引きという嬰児殺しもまた，現代の私たちがイメージする殺人とは異なった意味合いを帯びていたと考えられる．飯島吉晴が述べるように，「産児を間引くことは，オカエシするとかモドスなどといわれるように，殺人の意識よりも，子供のやってきたもとの国，異界へ返してやるとか，再び此の世へ生まれてくるようにとかの意識のほうが強かった」のである限り，間引きという行為は子どもの魂を神の世界に一旦送り返すこととして実践されていたと言えるだろう（飯島吉晴『子供の民俗学―子供はどこから来たのか―』新曜社，1991年，p.44）．このように，間引きという嬰児殺しもまた，民衆に共有されていた世界観や人間観とあわせて考えていかなければなら

ないのである．

　以上のような観点から見てくると，近世までの日本においては，病死・事故死と間引きとが同じ信仰のもとに置かれていたことが明らかになる．つまり，子どもが死んでしまいやすいという現実と間引きという親たちの行為とが，「七つ前は神のうち」という同じ語りによって支えられていたのであり，いずれも子どもが「神のうち」にあるからこそ，神の世界へと舞い戻ったり，送り返したりすることとして認識されていたのである．「不慮の死」と「嬰児の殺害」という一見対立する子どもの死の可能性が，「七つ前は神のうち」という一つの信仰を底流としているという構図がここにはあったと言える．

　それはまた，子どもを神の使いとする祭礼においても同様である．この世に生きていながら「神のうち」にあるからこそ，彼らは神の依り代として祭礼において中心的な役割を担う「稚児＝神の使い」となりうる．この意味で，近世までの日本にあっては，「不慮の死」と「嬰児の殺害」と「稚児＝神の使い」とが，「七つ前は神のうち」という一つの信仰のもとで結び合わされて理解され，実践されていたのである．

　では，このような「神のうち」にある子どもは，どのように「人間」へと変化していったのだろうか？　次節では，それを可能にする儀礼装置を見ていくことにしよう．おそらくこの同心円上に，かつての「大人」たちが存在していたと思われる．

第2節　通過儀礼と子供神―「子供組」

　前節で見てきたように，近世までの子どもたちは常に死の可能性に接していた．彼らは存在自体が「神のうち」にあるがゆえに，その魂は大人のものに比べて身体を離れて行ってしまう危険に満ちていると考えられていた．こうした認識は間引きという行為を説明する原理となっていたとともに，神の降り立ちやすい依り代としての子どもの身体という祭礼の条件を形成していたとも考えられる．

　こうした中で，間引きが産児調整としての機能を果たしていたという不幸な事実は，産育をめぐるその表側の事実として，選択された子どもを丁寧に育て

るという近世日本の子育てのあり方を浮き彫りにしていると考えられる．そしてここでは，間引きや不慮の死を致し方ないものとしていた説明原理とは反対に，魂が身体を離れて行ってしまうことを抑止するための方策が子どもを育てる上で重要なものとして捉えられていく．その方策とは，私たちもよく知っている「通過儀礼」の数々である．

宮田登は通過儀礼の意義について，「七歳までの小児の生身玉は，身体を離脱し易いので，魂を身体に鎮めて，離れさせまいとする呪法が，七歳までの通過儀礼には一貫している」と述べ，子どもの成長を祈願する儀礼が同時に，常に死に接している子どもを生存させていくという重要な意味を持っていたことを示している（宮田登「日本の伝統的子ども観」岩田慶治編『子ども文化の原像―文化人類学的視点から―』日本放送出版協会，1985年，pp.399-403）．特に，出産と誕生の前後に張り巡らされた産育習俗行事における通過儀礼の数々は，「いまだ「神のうち」にいるとされた小児をなんとか人間の社会に押し出し引きあげて迎えいれるための，社会の側からの働きかけの手つづきにほかならなかった」と言える（田嶋一，前掲論文，p.51）．このように，子どもの成長の過程に「通過儀礼」と呼ばれる儀礼を配置することで，「神のうち」にあって容易に身体から離脱してしまう子どもの魂をどうにかこの世に繋ぎ止めていくことが目指されていたのである．

こうした儀礼は子どもが生まれてくる以前から，すなわち母の胎内にいる時点からすでに始められる．妊娠5ヶ月目の戌の日に行われる「帯祝い」がそれである．このお祝いに際しては，安産を祈願して腹帯が締められる風習が日本全国に広がっている．現在ではこの腹帯によって胎児が下がりすぎないように支えるという発想が主流となっているが，かつては，腹帯を締めることでまさに周囲の人々に妊娠を告げ，それ以降の堕胎や間引きを行わないことを示す意味が含まれていた．また誕生後も，7日目に親戚縁者や近隣の人々を招いて「七夜」のお祝いをし，「名付け」を行う．この命名式によって，誕生した子どもは晴れて共同体の成員によって承認されるのである．同様に，生後30日目くらいに行われる「お宮参り」では，着飾った産着で氏神に参拝するが，そこで行われる儀式によってようやくその子どもは氏神の氏子となり，祖霊の系譜の中に入ることになるのである．

またそれ以外にも,生後100日目くらいに行われる「お食い初め」においては,それまで口にしてきた母乳やお粥状の流動食ではなく,ご飯や魚などの固形食を食べることになるお祝いがなされる.生後3,4ヶ月ではもちろん固形物を食べることは難しいが,このお祝い以降,子どもはお膳や箸などをはじめて与えられることによって食卓の上に場を得ていくと言える.

このように,さまざまな儀礼が子どもの成長に合わせて張り巡らされ,それぞれに人間の世界への接続点を構成していく.言い換えれば,それらは「神のうち」にある子どもをこの世に生きる「人間」へと変容させていく儀礼装置とも呼ぶべきものなのである.

こうした点から考えるなら,これらの儀礼の持つ意味を子ども個人の成長を願うということに限定することはできないだろう.成長と個人をイコールで結びつけるような発想に現代に生きる私たちはすぐに陥ってしまうが,むしろ近世までの日本におけるこうした儀礼の重要性は,子ども個人だけでなく,親と家,さらには共同体にとってのものであることを見逃してはならない.つまり,子どもをこの世に繋ぎ止めていくとともに,固有名を与え,氏子や家族の成員という位置を与えることで,共同体のうちに彼らを帰属させていくことにその意義があると言える.この意味で,子どもの生存を祈願するとともに承認していくのは,親だけではなく,子どもと彼らを取り巻く大人たちを含み込んだネットワークの全体だと言わなければならない.それゆえこうした儀礼は子どもだけでなく,彼らを取り巻く大人たちにとっても,それ以降の間引きを禁じ,育てていくことを促す規範として機能していくことになるのである.

ところで,「七つ前は神のうち」という言葉にある7歳という年齢は,社会集団の編成においても重要な節目をなす.この歳になると子どもは,親の労働に参加しはじめるとともに,「子供組」というムラの組織に加入することになるからである.これら労働への参加と子供組への加入によって,子どもはムラの成員として承認されていくことになる.

この子供組とは,いわゆるガキ大将によって統制された遊び仲間とは異なり,ムラの内部集団として一定の地位を与えられた子どもの集団を指している.地域によってその呼び名は異なり,「子供仲間」・「子供連中」・「わらし仲間」・「サイノカミ仲間」などと呼ばれている.7歳から14,5歳くらいの子どもからな

り，その加入に際しては，子供組の現メンバーが新加入者の家を回って加入を誘って歩いたり，新加入者である子どもが現メンバーのもとを訪れたりするが，加入の制限などはなく，7歳などの一定の年齢になると全員が加入した．

　この子供組の特徴として特に重要だと思われるのは，多くの地域で，この子ども集団が特定の行事を中心として組織されていたという点である．つまり，子供組は恒常的な拘束力や規制を持たず，祭礼や年中行事のような非日常に際して結成される集団だと言える．その活動は，祭礼のなかで子供御輿を担いだり，山車を引いたりという付随的な役割だけでなく，小正月（こしょうがつ）や盆や節句などでは行事そのもののなかで中心的な役割を果たしている．そうした行事としては地蔵盆や雛流しなどが現代にも続くものとして有名であるが，それ以外にも小正月に行われる火祭りは，子どもとムラの関係性という点において極めて重要な行事として位置づけられている．

　この小正月の火祭りは日本中に広く分布し，地域ごとに「サギッチョウ（左義長）」や「ドンドヤキ」，「三九郎」「サイトバライ」，「鬼火」などの異なった名で呼ばれる行事であるが，子供組が中心となって正月の門松やお飾りを集めて燃やすという点に共通項を見出すことができる（小野重朗「ドンドと鬼火の接触」『神々と信仰』第一書房，1992年，pp.251-263）．例えば三九郎においては，活動拠点となる小屋を作り，正月14，5，6日の三日間にわたって子どもたちが寝泊まりをしながら行事に取り組む．彼らはその間，ムラの家々をまわって正月飾りを集めるとともに，木や松で作られた「三九郎」と呼ばれるやぐらを作って，それをムラの境界や河原などで人々とともに焼くのである．子どもが非日常的な空間のなかで自治的な集団として活動するこうした行事が，かつての日本には広く分布していた．

　ところで小正月には，こうした火祭りの他にも，「ナマハゲ」や「トシドン」・「ホトホト」・「コトコト」・「ハラメツキ」・「嫁叩き」・「テコテンドン」などの名前で呼ばれる訪問者行事が各地で行われている．それらは一部で小正月の火祭りの行事に重なるものであるが，仮面や墨で異形の相を装った訪問者が，異様な声を上げたりしながらムラの中の家々を訪問していくというところにその特徴がある．それぞれの行事の中で訪問者は，そうした荒ぶる振る舞いによって日常的な秩序の中に暴力的に参入するとともに，道徳的教化を与えたり，めで

たい言葉で祝福をしたりと，行事ごとにさまざまな様相を持っている．この意味で，訪問者行事においてやってくる者たちは，日常的な世界に属する人間ではなく，非日常的な世界からムラへと到来する「神」として位置づけられていると言える．この到来する神（すなわち「来訪神」）となるのは，主に子どもや青年や老人たちである．

なかでも，子供組との関連で重要だと思われるのは，「ホトホト」（因幡）や「タビタビ」（千葉）などの，子供組が中心となって行う訪問者行事である．ここでは，子どもたちは楽器を打ち鳴らして騒音を発したり，リズム化された言葉を唱えたりしながら，ムラのなかの家々を訪問し，お餅やお金を集めていく．そうした一連の振る舞いは，まさに来訪する神の様相を呈していると言えるだろう．また，南九州で見られる「ハラメツキ」においては，祝棒やハラメ棒と呼ばれる松の木を削って作った棒を持った子どもたちが，家々の庭にある木を「ナレ，ナレ」と言って棒で叩いたり，新しく嫁を迎えた家を訪れて「ハラメ，ハラメ」と言いながら庭を突いたりする（小野重朗，前掲書，pp.187-188）．これらの唱え言はいずれも命令形の形を持つものであり，この意味でここには，木や自然の摂理に対して命令しうる者，すなわち神が来訪している．また大隅半島において見られる「テコテンドン」においては，正月二日に子どもたちが険しい山道を登って山頂の神社に詣で，「テコテンドン・オ・ソウライ・ホーホ」と声を上げながらムラまで下りてくる．それは，山上において神となった子どもたちがムラへと来訪する神事に他ならない．ムラの人々は灯りも付けず，物音も立てずに待ち，山から下りてきた神を迎える．こうして，静的な秩序の中にいたムラの人々のもとに，非－秩序が到来するのである．

このように，訪問者行事に登場するのは，山や海によって象徴される異界から過剰な生命力をもって来訪する神々であり，それが子どもによって担われるとき，彼らは「子供神」として人々の前に現れる．

こうして見てくると小正月の訪問者行事もまた，稚児と同様に「神のうち」にある子どものあり方が来訪神となって現れ出る祭礼として位置づけることが可能だと言えよう．すでに第1節で確認したように柳田國男は，子どもを「神のうち」にある存在として見る信仰を起点として，この小正月の訪問者行事と神の依り代となる稚児とを同一線上で結びつけていた．

ただし，そうした柳田の分析から一歩引いて離れて見ると，両者の関係性は異なった様相を持って現れてくる．すなわち稚児と来訪する子供神とは，ムラの社会的な秩序に対するその機能という点において，決定的な違いを有していると考えられるのである．こうした稚児と子供神の差異について，中沢新一は端的に次のように述べている．

　　子供神は一般に，社会化されないエコロジーを表象する植物や仮面で身体を覆い異装し，リズムづけられた身体や騒音楽器とともに，社会コードに亀裂を入れるために登場する．ところが稚児の方は，優美な衣装に化粧をほどこし，静寂が支配する厳格な物忌みに服し，しかも象徴的秩序を表象し維持する神と社会とを媒介するような役目を持っているように思われるのだ．
（中沢新一「子供神の変形」『日本宗教の複合的構造』弘文堂，1978 年，p.206）

　神の依り代となる稚児がムラの創設を行った神をその身体に迎え入れることで，神がそこにいて秩序が維持されることを可視化するものであるのに対して，来訪する子供神はその荒ぶる振る舞いによって秩序そのものに直接にヒビを入れていく．そこでは象徴的秩序の世界に組み込まれなかった欲望や身体のざわめきが，非社会的な振る舞いとして湧出してきていると考えられる．それは子どもが規範を習得する過程において抑圧してきたものであり，それゆえにそうした欲望を爆発させる振る舞い自体が社会的な秩序を破壊する可能性を常に帯びていく．このように，稚児が神と社会とを媒介しながら秩序を維持するのに対して，子供神はまさに神として社会の秩序を揺り動かし，その場を後にすることで秩序を組み替えていくのである．

　ここで再度，第 1 節で見てきた「七つ前は神のうち」という伝承に立ち返って，子供組とこの伝承との関係性について確認しておこう．子どもは誕生前後から始まるさまざまな儀礼によって人間の世界に位置づけられてくるのであるが，7 歳になって子供組というムラ社会の内部集団に参入してもなお，彼らは時に神の領域へと越境していく者として認識されていたと言える．この意味で，子供組への加入は，「七つ前は神のうち」という伝承と 7 歳までの儀礼の延長上にあって，子どもを人間の世界へと帰属させていくものに他ならないのであり，依然として「大人と子どもの境界線」を確定するものではなかったと言えよう．

では，この境界線はどこにあるのか？　それはおそらく，子供組に続く形で編成される社会集団が鍵を握るだろう．しかも，人生の各節目に配置された通過儀礼の中でも，ある社会集団へと参入する際に行われるイニシエーション（加入儀礼）が，子どもから大人への劇的な変容を可能にすると考えられる．そしてこのイニシエーションによって，イニシエートされた者とイニシエートされていない者との境界線が引かれる．それは，社会性と非社会性の境界線，モラルと非-モラルの境界線，言葉や規範によって支えられた象徴的で社会的な秩序と無媒介的で剝き出しの欲望との境界線と重なることになるだろう．

　私たちはどうやらようやく，本章の主題である「大人と子どもの境界線」の核心に近づいたようである．この境界線はイニシエートされた者とイニシエートされていない者との境界線に重なっている．そしておそらくは，このイニシエートされた者の側に「大人」が位置づけられるはずである．こうした関心から次節では，この境界線を引き，社会集団を組織する機能を有する「若者組」に注目していくこととする．

第3節　大人をつくる儀礼装置—「若者組」

　『日本民俗大辞典』によれば「若者組」とは，近世から明治後期くらいまでの，本州から九州に至る広い地域に見られた，ムラの青年によって組織された集団のことを指している（『日本民俗大辞典』吉川弘文堂，2000年，項目「わかものぐみ」，pp.825-826）．若者組の活動としては，祭礼やムラの行事の執行や夜警などの警備活動や道や河川の整備などに加え，結婚を統制したり性教育を行ったりと，ムラの生活の全般にわたる活動があげられる．

　また，若者組は地域ごとに「若い衆」や「若連中」，「若勢（わかぜ）」，「二歳中（にせじゅう）」などの多様な呼び名を持っているが，その組織の内容においても呼び名と同様，地域による差が大きかったと考えられる．特に，年齢構成や資格については，西南日本では25歳あるいは結婚したら脱退するような未婚者の集団として組織される傾向があったのに対して，東北日本では42歳までの未婚者と既婚者の双方を含む集団であったということから明らかなように，地域による差異が組織の成員の構成にまで及んでいる．

第3節　大人をつくる儀礼装置—「若者組」

　ところで，こうした組織の多様性にも関わらず，若者組への加入年齢については，全国的にほぼ15歳であったという点は，「大人と子どもの境界線」について検討してきている本章の関心からすれば重要だと考えられる．往事の習わしとしては，若者組への加入である「若い衆入り」は成年式としての意義を有しており，これを通過したすべての男子は「一人前」としての地位をムラのなかでひとまず得ることができたからである．この意味で，若者組への加入によって，それまで子どもとして生きて来た者たちは，大人へと変換されることになる．

　ところで，加入に際しては，仮親との間で擬制的な親子関係を結び，その仮親に伴われる形で年頭の初集会に酒を持って出席するということが一般的だった．また，地域によっては，首を絞めて気絶させたり，薪で打ったりというように，新規の参入者を劇的に死の段階に導くような苦行の風習を持つ地域もあったという（藤川信夫『教育学における神話学的方法の研究—教育の神話学のための基礎理論とわが国の「一人前」観念の神話学的探求—』風間書房，1998年，pp.194-207）．これらは一見，若者組への加入の様態には一貫性が欠如していることを示しているように見えなくもない．

　しかし，エリアーデが未開社会の「イニシエーション」に与えた定義と照らし合わせるなら，若者組への加入に伴う儀礼的な側面は，そうした「イニシエーション」と形式的な連続性を有していると言える．すなわち，

　　あらゆるイニシエーションの中心的モメントは，修練者の死と，その聖者の仲間への復帰を象徴する儀式によってあらわされる．しかし，修練者は新しい人間として生まれ変わる．つまり別の存在様式を身につける．イニシエーションでの「死」は同時に幼年時代の終焉，無知と俗的状態の終止を意味する．

　　　　　　　　（エリアーデ『死と再生—イニシエーションの宗教的意義—』
　　　　　　　　　　　　　　　　　　　　　東京大学出版会，1971年，p.8）

　この意味では，仮親との間で擬制的な親子関係を結ぶということも，実は形式的に生まれ変わるということを演出していると考えられる．それは苦行による劇的な死を経た上で，若者組へと統合される事例においても同様であろう．

いずれも，象徴的な死を経由して再びこの世に生まれ直す場を作り出すことで，人間を子どもから大人へと変容させるのである．

ただし，こうした変容ももちろん，そこに実質的な能力が伴ってはじめて機能するものであったはずである．例えば津軽地方では，男であれば一日に三本スキで田を一反歩（約 1000 平方メートル）掘り起こすこと，女であれば一反歩の田植えをすることなど，農作業ごとに「一人前」の基準が細かく定められていたという（平山和彦『合本　青年集団史研究序説』新泉社，1988 年，pp.20-40）．それ以外にも，婚姻に関わるものとしての性的知識や能力の獲得や，ムラの成員としての協調性やコミュニケーション能力もまた，「一人前」の重要な条件だった．しかも，これら労働能力・婚姻能力・コミュニケーション能力の養成は加入だけで完結するものではなく，若者組の活動を通して行われていくのであり，その際には年齢階梯制による上下関係が教育関係を形成していたと言えるだろう．なかでも，円滑な付き合いを行うための礼儀作法については，若者組への加入後も数年は使い走りをするとともに，目上の者への振る舞いを教えられる中で叩き込まれていった．

この意味で，往事においては，若者組への加入によってその者をひとまず「一人前」として扱いながらも，数年間にわたる若者組の活動への参加を通して教育的訓練を行い，徐々に「一人前」へとその者を至らせていくということが実践されていたと言える．つまり，若者組の成員であることがそのまま「一人前」であることを意味するのではなく，若者組への加入によって「一人前と見立てられながら」，同時に「一人前になるための修養」を行うという両義的な状態に置かれていくなかで，「一人前」が作られていくのである．

そして，若者組への加入以降，彼らがとる社会的な規範に則ったさまざまな儀礼的行為や日常的な振る舞いが，ムラの人間関係や社会的な活動を支えていく．この意味で，彼らは社会秩序を維持する側に帰属していくのであり，それは先の「稚児＝滞在神」と「子供神＝来訪神」の対比で考えれば，まさに前者によって担われるものに他ならない．すなわち，若者組への加入によって，子どもと呼ばれていた者たちは大人の世界へと参入し，ムラにおけるさまざまな活動を通して社会の秩序を維持していくのであるが，それは同時に，滞在神とともにこの世を維持する者へと象徴的に変容していくということでもある．そ

れはまさに，馬上でウトウトと眠りに落ちる稚児のそばにいて，神が来たことを告げる者への変容なのである．

第4節　結び—イニシエーションの消滅と現代

　以上で見てきたように，かつての大人と子どもの境界線は，若者組をめぐる儀礼とその諸活動によって一元的に管理されていた．それは，現代の大人と子どもの境界線が，生物学的，経済的，精神的，法的なコンテクストがごちゃ混ぜになる中で不鮮明になってしまったのとは対照的に，大人を作り出し，また同時に社会秩序を維持するものだったと言える．

　しかしながら，こうした若者組への加入を契機としていた「大人と子どもの境界線」も，明治以降の近代化の波の中で徐々に薄れて行ってしまった．その先陣を切るように，明治後期に政府の指導によって「青年団」が組織される中で，大人を作る儀礼装置の中枢であった若者組が解体していく．新たに組織されたムラの若者からなるこの集団はそれ以降，良兵を作るための訓練機関へとその姿を変えていった．

　また，大規模な工業化や都市化を背景とした都市部への人口の移動は，ムラ的な共同体を少しずつ，しかし確実に崩壊させていったと言える．加えて，都市化というものがムラから都市への人口の移動という求心的な運動だけでなく，都市と都市あるいは都市内での人々の移動という人口の流動化をもう一つの側面として持つということは，一定の閉じられた空間の中に人々が留まること自体の難しさを物語っている．もはや，安定した成員による濃密な社会秩序の維持は不可能なのであり，こうした傾向は高度経済成長において決定的なものとなって近年に至っている．

　このように，ムラにおいても都市においても社会秩序を維持していくことが困難になり，若者組という大人を作る儀礼装置も消滅していった．こうした中では，「稚児＝滞在神」はもはや秩序を維持するというその機能を失い，純粋に神社の祭礼の内部に閉じていったと言える．それと連動して，秩序を組み替える「子供神＝来訪神」もまた，その意味を子供会の行事へと変えていった．こうして両者は地域のお祭りとしての意味合いを確保しながらも，社会秩序への

関わりを失ってきたのである．もはや，強固なムラ的共同体の姿は，消失してしまったかのようだ．

しかしながら，90年代以降に急速に進展したサイバーメディアの浸透は，世界のあり方を再度変えつつあると考えられる．SNSがコミュニティという小さな世界を無数に作り出し，Skypeが距離を無化した「リアル」なコミュニケーションを可能にした世界に私たちは生きている．そこでは，ある種の「リアル」をサイバースペースの中に感じるということを，もはや誰も否定することはできないだろう．この意味で，現代の情報技術は，リアルスペースとサイバースペースの分離ではなく，その相互浸透を生み出しながら，同時に共同体的なものをサイバースペースの中に生じさせているのである．

こうした中では，極めてローカルな価値によって構成されたコンテクストが至る所に発生し，分離され，接続され，増殖する．しかもそれらは，かつてのムラが維持していた社会秩序のような安定した強度を刹那的に持っていると言える．こうした状況は，言ってみれば，秩序を創設し維持する「稚児＝滞在神」と秩序にヒビを入れて組み替える「子供神＝来訪神」とが，まさに融合しながらサイバースペースの中に登場しているということに他ならない．そこではローカルな社会秩序が作られては壊され，壊されては作られていくのである．もはや神は至る所に生成する．

加えて，サイバースペースと混ざり合った今日では，大人と子どもの間にかつて存在していたさまざまな能力差や知識の差も，情報の検索と技術の活用によって一定の形で消滅している．いまや子どもたちは，知らないことをGoogleやWikipediaによって検索し，大人たちを出し抜いていくのである．

しかしながら教育というものについて考えるとき，現代において生じているこうした状況は，教育の原理そのものを揺さぶるものであるように思われる．つまり現代の状況が現在進行形のかたちで提起するのは，大人と子どもが技術によって混ざり合うなかで，教育はどう可能だといえるのか？　という問いそのものであるのだ．

おそらく，こうした状況の中で教師が果たすことのできる役割はそう多くはないだろう．あるとすればそれは，子どもたちに「刺激」を提示することで，彼らがさらに検索を行い，技術を活用する方向へと向かうことを促すことと言

えるかもしれない．そして，この検索と活用の先で，子どもたちは新たなコンテクストへと接続していくのである．この意味で，これからの教師は，検索を誘発することを通して，増殖し断片化したコンテクスト間に回路を形成させ，かりそめに安定した状況を作り出す人となるだろう．

第 12 章

青少年の居場所

はじめに

　今日，青少年が語られる際のキーワードとして挙げられることが多いのが「居場所」である．しかも，それは必ずといっていいほど「居場所のなさ」として語られる．では本当に彼らに居場所はないのか．そしてそもそも居場所とは何であり，青少年にとって，さらに私たち現代人にとってどういう意味を持っているのか．ここではさしあたり，居場所を「人間形成・人間存在を支える場」ととらえておくことにする．以下ではまず，青少年をめぐる諸問題と居場所とのかかわりについて考察をすすめていこう．

第 1 節　青少年をめぐる諸問題と居場所

1.　「三間」の減少と居場所

　子どもの姿をあまり街中で見かけなくなったといわれ始めてからすでに長い年月が過ぎた．第二次大戦直後のベビーブーム世代の出生数（今日ではいわゆる「団塊の世代」と呼ばれている層に該当する）と比較すれば，近年の出生数は半数以下に減少し，少子化の傾向を顕著に見せているのは事実であるが（厚生労働省「人口動態統計」），もちろん子どもがいなくなったわけではない．
　では，いったい彼らはどこへ行ったのか．それを考える際にあげられるのが，三間の減少とのかかわりである．三間とは「時間」「空間」「仲間」の語に含ま

れる「間」を指しており，それぞれの減少は高度経済成長期以降に顕著となったといわれる．次にこの三間の減少について確認していこう．

(1) 時間

戦後の長い間，大学進学はもちろん，高校へ進学することも多くの青少年にとって自分とはかかわりのないことであった．「文部科学省統計要覧」によれば，高校進学率が50%を超えたのは1954年である．それが1974年には90%を超え，高校進学は当然のことになってきた．一方この時期以降，受験産業の隆盛とも相まって，高校や大学（都市部では私立小中学校も）が偏差値によって序列化され，いわゆる受験競争に勝ち抜き，偏差値のより高い学校へ進学するための手段として塾通いは珍しいことではなくなる．

「周りのおともだちも塾に通っている子が多いみたいやけど，あんたも塾に行ったほうがいいのと違う？」
「まあ，塾の月謝，ドブに捨ててもいいんやったら通ってもいいけど」
「（息子の言葉にあきれながら）うちにそんなムダなお金はないから，じゃあ行かなくていいよ」

1962年生まれの私は，70年代に小中学校の大半の時期を過ごした．都市部で生まれ育った私の周囲でも，多くの同級生たちが塾通いを始めていた．勉強らしい勉強もせず，あまりにのんびりした様子のわが子を見かねた私の母親は，当時4年生の私とこんな会話を交わしたそうだ（本人はよく覚えていないのだが）．また，塾通い以外にもそろばんや習字などの習い事に通っていため，子どもたちの学校外での自由時間は減少し分断化されることとなった．

(2) 空間

日本の多くの地域で都市化が進行し，商工業施設の建設や宅地開発などに伴って，子どもたちの身近な世界から原っぱや空き地と呼ばれる空間が消えていった．かつて子どもたちは，こういったオープンスペースで鬼ごっこ，かくれんぼや草野球といった多様な遊びを体験してきた．道路や路地裏といった場所も，交通量の増加などによって子どもたちの遊び場としての機能を喪失した．その後，たとえば彼らが近所の児童公園（現在では街区公園と呼ばれている）にその場を求めたとしても，そこでは危険性を排除する目的で球技の禁止など

さまざまなルールが決められており，事故防止のため滑り台やブランコなどの遊具が撤去されていく事例も増えている．そのため，子どもたちは家庭内へと遊び場・居場所を求めざるを得なくなったのである．

　もちろん，住宅事情の改善や少子化によって子どもが自宅に個室をもち，その部屋もエアコンやテレビ等の設備が整った快適な空間へと変化した面を見逃すことはできない．さらには，1983年に発売され広く子どもたちの間に普及した家庭用ゲーム機が，それ以降の彼らの遊び方を大きく変えたという事実をあげることもできるだろう．

(3) 仲間

　ここまで確認してきたように，子どもたちは時間的空間的にも遊び場を失い，近隣や学校の仲間たちと思い立って遊びへ誘い合うことも困難となってしまった．学校や塾以外の人間関係はきわめて乏しいものとなり，友人関係も少人数で同学年同年齢化の傾向を強く見せる．では，これら三間の減少によって生じる子どもの変化とは何か．二点あげることができるだろう．

　まず体力面．普段の居場所が学校や家庭内など狭い範囲に限定されるため，屋外での活動機会が少なくなる．その結果，近年子どもの体格の向上が続いているにもかかわらず，それに伴って運動能力や体力が伸びているわけではなく，逆に低下傾向を示す分野もある（文部科学省「体力・運動能力調査」）．運動系のクラブや学外の活動で日頃からスポーツに親しんでいる子どもがいる一方で，学校の体育の時間以外に運動をすることはないという子どもも多い．

　もう一つは精神面．家庭や学校は親と子，教師と生徒のように大人と子どもという垂直的構造をもつ集団といえる．一方，子ども同士の関係は水平的構造の集団といえる．しかし，そのなかでも異年齢の子ども集団は，水平的構造の中に垂直的構造を含む人間関係を内包している．異年齢集団において年少者は年長者に従う立場となる一方で，年長者は年少者への配慮を行うことが必要となる．たとえば鬼ごっこであれば，年少者には二度捕まらなければ鬼にならないという特別のルールを適用するなどである．そうした中で子どもたちは年長者から年少者への遊びの伝承とともに，一定の社会性をも身につけていく．ところが少人数でしかも同年齢の集団では，このような人間関係を経験することは難しい．さらには，その同学年同年齢集団さえ解体化しているという指摘も

ある（仙田満『子どもとあそび』岩波書店, 1992 年, p.174）．

このように現代の子どもたちの居場所は, 三間の減少の影響を受け, これまでの子どもたちの状況と比べて大きく異なる様相をみせるようになった．

2. 不登校・ひきこもりと居場所
(1) 不登校

近年の学校問題として, つねに大きな位置を占めているのが不登校である. 不登校の問題は, 戦後の混乱がようやく収まる 1950 年代に取り上げられるようになった. 当初は「学校恐怖症」や「登校拒否」という用語で呼ばれていた. しかし, 子どもがつねに拒否という明確な意志を示すわけではなく, またどの子どもにも起きうるという視点から, 現在では「不登校」という用語が一般的となった. 1975 年を境に不登校の数は増加傾向を示し, 図 12.1 からわかるように, 多少の増減はあるものの現在も多くの児童生徒が不登校の状態にある.

文部科学省は, 不登校の児童生徒を「何らかの心理的, 情緒的, 身体的あるいは社会的要因・背景により, 登校しない, あるいはしたくともできない状況にあるため年間 30 日以上欠席した者のうち, 病気や経済的な理由による者を除いたもの」と定義している. 不登校の要因としてあげられるのは, 学校では

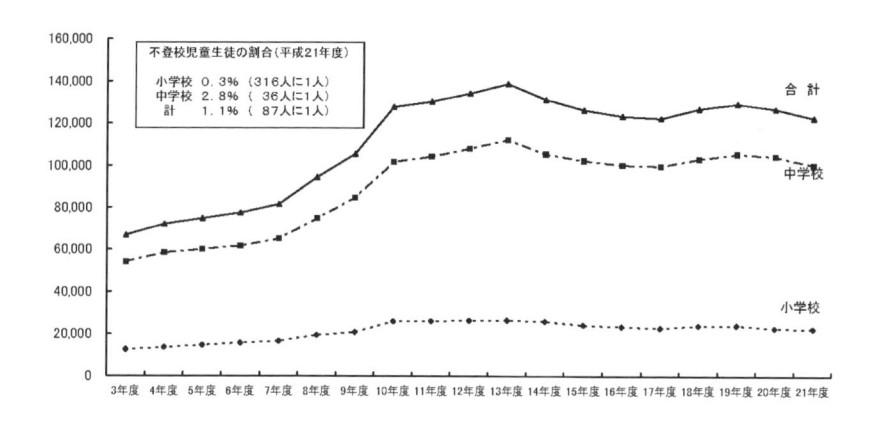

図 12.1　不登校児童生徒数の推移（出典：文部科学省「平成 21 年度児童生徒の問題行動等生徒指導上の諸問題に関する調査」2010 年）

友人関係，教師との関係，学業不振など，また家庭では生活環境の急激な変化，親子関係，家庭内での不和など多様であるといえる．たとえば，クラスの友人との関係がうまくいかなくなったり，授業内容を理解することが著しく困難となった時，教室空間は本人にとって快適な居場所ではなくなる．保健室や特別支援学級など，ホームルーム以外にも生徒が通うことのできる場は皆無ではないが，それも困難となれば学校外に居場所を求める他はない．

(2) ひきこもり

ひきこもりは90年代以降，青少年の新たな問題として浮上してきた．内閣府が2010年7月に発表した「ひきこもりに関する実態調査」（対象年齢15～39歳）によると，全国で推計約70万人がその状態にあるとされる．厚生労働省の定義によれば「仕事や学校に行かず，かつ家族以外の人との交流をほとんどせずに，6ヶ月以上続けて自宅にひきこもっている」状態とされている．

不登校と同様さまざまな要因が考えられるが，長年にわたってひきこもりの臨床に携わってきた精神科医の斎藤環は，「去勢を拒否」する現代の学校教育にひきこもりの要因の一つがあると指摘する（斎藤環『社会的ひきこもり』PHP研究所，1998年，p.206）．これはどういうことか．教育は子ども（人間）の可能性を伸ばす営みである．それは誰もが理解しているだろう．しかし，この営みの裏の側面を理解している人は少ないかもしれない．つまりある可能性を伸ばすということは，必然的に他の可能性を（少なくとも当面は）断念・否定することにつながる．全ての可能性を伸ばすことは不可能であるからだ．斎藤のいう「去勢」とは，可能性を断念することの象徴的な表現なのである．戦後の学校教育は「子どもの無限の可能性」という幻想を私たちの中に植えつけてきた．その一方で，努力をしてもできないことがあるという現実や個人の能力差に向き合うことを巧妙に避けてきたといえる．ただ，実際は大半の人間が成長の過程でこの去勢を経験し，自分を限定することで特定の可能性を見出していく．しかしそれが難しい場合には，全能感を持ち続けたまま自分を限定することができずにひきこもりにつながるとしているのである．

さらに現在では，企業の倒産や人員整理が少なくなく再就職も容易ではないため，不本意ながらも結果的にひきこもってしまうなど，社会状況による影響も大きいといえる．いずれにしても，ひきこもり問題に携わる人たちの見解や

当事者の発言からも，彼らが自分の居場所のなさや社会における役割のなさを感じているのは事実なのである．

また，不登校が長期化し，ひきこもりの状態になっていくことも少なからずあるために，ひきこもりは不登校の延長線上にとらえられがちであるが，両者には大きな隔たりがある．不登校は児童生徒の時期の現象であり，学校というクッションによって社会への直接的な参加は猶予されている．しかも学校内外でのカウンセリングや学校外の居場所としてのフリースクールなど，対応策もある程度は確立してきているといっていいだろう．それに対し，ひきこもりは年齢面からも経済的な自立が求められ，社会参加へ猶予のない状況下に置かれている．そのため当人はもちろん，家族にとってもより大きな圧力が感じられてしまうのである．

3．青少年事件と居場所

メディアは連日のように青少年に関する事件を伝えている．そしてテレビでは，評論家やコメンテーターと称する人物が「最近の子どもたちは命の大切さが分からず，簡単に人を傷つけたり殺したりする」といった発言を繰り返している．その結果，私たち視聴者は現代の青少年は凶悪化し，そのような凶悪犯罪の数も増加していると考えるようになる．しかしこれは事実ではない．法務省の『犯罪白書』に示される数値などからも明らかなように，たとえば青少年（未成年）の殺人は，その件数や人口当たりの比率からいっても1950年代から60年代にかけてがピークであり，現在は低い数値で推移している．つまり「最近の青少年は，昔の青少年と比べてあまり人を殺さなくなった」というのが現実なのである．

もちろん，青少年の犯罪はどんな時代であっても起きうるものであるし，数の多少にかかわりなくそれを看過することはできない．さらに，個々の犯罪にはその時代に生きる青少年の状況を反映している部分がある．戦後の青少年犯罪の性質が生活苦をその原因とする「生活型」であったのに対して，最近の犯罪は「自己確認型」と呼びうるものに変わってきたといわれている．ここでいう自己確認とは何を意味しているのか．

1995年にオウム真理教が関与したとされる地下鉄サリン事件が起きた（同じ

年には阪神淡路大震災も発生している）．この教団へは高い学歴をもつ多くの青年が入信していたことでも話題になったが，彼らは一様に現実世界の中での拠り所のなさを感じ，自分の居場所を求めてこの教団に行きついたのである．また，97年に発生した神戸連続児童殺傷事件では，当時14歳の少年が犯行声明文の中で「透明な存在であるボク」について語り，08年の秋葉原無差別殺傷事件では当時25歳の犯人が「ネットの人間関係の方が現実の人間関係より重要と思っていた」と述べた．これらの事件では，いずれも若い世代の人間が自分の存在意味や社会での居場所を見失い，自己存在の主張や確認のためにこのような事件を引き起こしてしまったと考えられているのである．

第2節　居場所がもつ意味・性質

　以下では居場所の意味について，物理的側面，価値的側面，将来展望的側面という三つの側面から考えてみたい．

1.　物理的側面としての居場所

　物理的側面としての居場所．これは言い換えると，身体としての自己が存在し，生きる場という意味を示す．ある場所において自分が「伸び伸びしている」あるいは「居心地がいい」と感じることは，そこに自らの居場所を認めていることになる．それとは逆に「身の置き場がない」や「緊張している」と感じるならば，そこには自分の居場所を見いだせてはいない．

　ところで，大学にある私の研究室にはよく学生が出入りする．研究室の主が不在であっても，学生たちはここで勉強をしたり，飲食をしていることもある．ちなみに私は授業での態度や口調から学生からは敬遠されるタイプであって，決して人気のある教員ではない．だからなぜこうなるのかと思っていたが，ある時学生から次のようにいわれた．

　　たいていの研究室に行くとまず「なにか用？」と聞かれるが，この部屋に来ると先生は「おー，どうした．まあ座れ」といってくれることが多い．用があるから来ているはずなんだけど，「なにか用？」と聞かれると，きちんと

した用事がないと行ってはいけないし，その用事が終わればすぐに出ていかないといけないと思ってしまう．でも「まあ座れ」といってくれると，なんか落ち着いた気分になって，ここに居てもいいんだと感じることができるからよく学生が来るんじゃないかなあ．

　この言葉を聞いて納得したことがある．前任校でも現在の勤務校においても，私は自分の研究室をホワイトボードなどで二つに区切って使用している．そして，自分の机のある側がかなり乱雑な状態であっても，テーブルを置いたもう一方の側はできるだけスペースを空けておくようにしてきた．そのため学生が訪ねてきた場合でも，時間に余裕があれば座って話をすることができ，部屋に常備してあるお菓子や彼らが持ってきてくれた各地のお土産などとの相乗効果もあって「居心地がいい」と感じられる空間となったのかもしれない．

2．価値的側面としての居場所

　前述した居場所の物理的側面だけを狭く解釈すれば，居てはいけない空間でなければ多くの場所が自分にとっての居場所となりうるはずである．しかしそれだけでは居場所として十分とはいえないだろう．自分以外の他者という存在が抜け落ちている．つまり，自分と周囲にいる他者とのかかわりへの視点であり，そのかかわりのあり方が問題となる．相手は自分に関心をもち，自分の存在は認められているのか．あるいは，無関心であったり嫌悪されているのか．もちろん，このかかわりのあり方は一方的なものではなく，自分も相手を認めていく相互的であることが必要だろう．

　ただ，最近では若い人たちのかかわりのあり方が一方的（受身的）と感じる場面が増えてきた（これは大人世代にも当てはまることかもしれないが）．私は現在の勤務校で大学1，2年生のクラス担任であり，入学時のクラスオリエンテーションを担当している．そこでは30〜40人の新入生全員に自己紹介をしてもらう．その中で最近顕著になってきたのがこんな言葉である．「皆さんと早く仲良くなりたいので気軽に話しかけてください」，「遠慮なく私に話しかけてください」など．あまりに目立つのでその数を数えてみると，6割を越える年もあった．全員が話し終えたところで，私は彼らにこう問いかける．「自

分に話しかけてくださいと多くの人が言ってたけど，みんながそれを待っているだけだったらどうなる？」多くの学生が「あっ」という顔をしている．「せっかく大学生になったんだから，自分から積極的に働きかけていくつもりでないと」彼らはしぶしぶながらも納得した様子をみせていた．

　では，私たちはどのような場面で自分が認められると感じるのか．エリクソン（E. H. Erikson, 1902～1994）が「大人は他者から必要とされることを必要とする」と指摘するように，その最たるものは他者から必要とされることであろう．相手にとって必要な役割を自分が果たす時，実は同時に自己存在の意味を相手から与えられている．生徒の存在なくしては教師は教師たりえず，子どもの存在なくしては誰も親にはなれない．母親の不在に気がついた幼児が声をあげて泣き始める時，その母親はわが子から自らの存在価値を認識させられているともいえるのである．

3. 将来展望的側面としての居場所

　ここまでの二つの側面は，自分自身の居場所そして自分と他者とのかかわりの視点から見た居場所であった．これは現在の自分の居場所であり，そこには現在の自分へとつながる過去の自分のあり方も反映されている．では未来とのかかわりにおいて，居場所はどういった意味をもつのか．

　学校を例に考えてみよう．子どもにとって学校は現在の重要な居場所であるが，同時にその活動の中に未来を取り込んでいる場ともいえる．学校では時間割をその典型として，さまざまな計画が週や月さらには年単位で綿密に設定されている．また，たとえば中学1年生であれば，同じ学校内で見る先輩たちの姿に1年後2年後の自分の姿を思い浮かべることもあるだろう．そして，高校などでの進路指導の場面においては，自分の将来を意識せざるを得ない．

　一方，家庭の場合はこのような詳細にわたる計画を日常生活の中でもつことは稀である．その点で，未来を明確に意識する場面は少ないかもしれない．しかし，家庭は子どもたちが「明日学校で何をする必要があるか」，「これから何をしたいのか」といったことを考えて行動していくための場であり，親と子が対話を行う中で子ども自身が将来を思い描いていく場でもあることは，学校とも共通しているといえるだろう．

しかし，不登校やひきこもりの状況において，居場所と未来とのかかわりは異なったものになる．特にひきこもりの場合には「将来に何かをしようと思えない（思わない）」状況であり，時として「生きていく意味や希望を感じない」という状態にもなる．これは将来への視点を喪失（拒否）したものであり，そこでは居場所が時間的にも空間的にも閉じた状態となりかねない．居場所での自分のあり方に将来とのかかわりを見出すことができる時に，それは現在の居場所であると同時に，将来への出発点としての居場所ともなっていくのである．

第3節　「居場所」としての学校・学級，家庭

1. 学校・学級という居場所

現在の日本では，義務教育段階で100％に近い就学率を達成し，学校生活の経験をもつことはあたりまえの状態といえる．そのため，日本の学校（学級）がもつ性質を客観視することは困難かもしれない．しかし少し考えてみると，少々不思議とも思える面が見えてくる．たとえば同一学年・同一年齢というあり方．これは年齢主義と呼ばれ，学習者の年齢に応じて学年が決まるもので，わが国の義務教育制度においてはほぼ例外なく徹底されている．私たちはこの方式にほとんど違和感を覚えていないが，これとは異なる課程主義と呼ばれる方式も存在する．これは学習者の学力や履修状況に応じて学年が決定される方式である．義務教育を終えた後の高校段階ではこの方式が導入されているが，現実的には高校も極めて年齢主義に近い状況にあるといっていいだろう．

どちらが児童生徒にとってより適切であるかは判断の分かれるところであるが，年齢主義は学校・学級という居場所に独特の性格を与えている．共に授業を受け，食事をし，遊び，睡眠時間を除けば一日の大半を共有することになる学級集団は，均質性の高い疑似的生活集団といえる．とくに，さまざまな掲示物や装飾品などがあり，そこでは動植物を育てることもある小学校の教室はまさに生活空間なのである．

他方，当然のことながら教室は学習の場であり，はっきりとした形で示されることは稀ではあるものの，学力を始めとする個人の能力差を感じざるを得ない状況も多くあり，競争的な学習集団の特性をも併せもっている．一方で生活

集団的な連携を求められ,他方では序列を意識させられる二律背反的な場であるといえよう.学級集団のメンバーが同年齢で,日常的に共通した体験を重ねているために,小さな差異がかえって大きなものとして受け止められることもあり,ともすればそれがいじめへとつながっていく要素になる可能性もある.

ただし,学級という居場所は多くの場合に,そこにいる児童生徒に保護的な役割を強く果たすことになる.この役割は失って初めて実感できることが多い.次にあげる文章は,かつて私の授業を受講していたある女子学生が,大学入学直後の心境を書き記したものである.

> 今までには経験したことのないほどの巨大な敷地,巨大な建物,巨大な人口…すべてが初めてのことばかりで,自分の居場所がないように思われ,どこへ行っても一人で,寂しいのか寂しくないのかもわからないような状態になりました.

たしかに大学生の場合,高校までとは違いホームルームや自分の机をもたず,授業ごとに移動を続けながらつねによそよそしい空間の中でそれぞれの授業を受けることになる.とりわけ私の前任校であるこの大学の場合,学生総数は学部生と大学院生を合わせれば小さな都市並みの人数が在籍する大規模校であった.小学校から高校まで存在していた保護的な学級と,大学の教室との環境的なギャップは極めて大きいものであったと想像できる.

大学生の場合,クラブやサークルへの加入,あるいはゼミナールの開始によって親しい人間関係を築いていき,それぞれの居場所を見出していくのだが,それがうまくいかずに,大学をよそよそしい場所と感じたまま休学や退学へとつながっていく学生も残念ながら増加の傾向にある.

2. 家族という居場所

居場所を考える上で家族(家庭)は最も根源的な存在といってもいいであろう.家族機能のとらえ方にはいくつかのものがあるが,以下では家族の主要な機能について整理をしてみよう.

① 経済(生産・労働)機能…家族構成員の生活を維持するために生産や労働に従事する.

② 性的・生殖的機能…婚外の性を禁止し性的秩序を保つとともに，子どもを産むことで次世代の成員を確保する．
③ 社会化（教育的）機能…子どもを養育し，次世代を担う人間を育成する．
④ 情緒安定機能…愛情や精神的安らぎの場としての精神安定的機能を有している．
⑤ 福祉（互助的）機能…病気になったり，年老いて働けなくなり，介護を必要とするようになった場合には，互いに助け合う．

　現在では，核家族化や少子化による家族構成員数の減少や社会構造の変化によって，家族のこれらの機能にも変化が見られる．たとえば社会化機能は資格をもった教師が担う学校あるいは塾などが中心となり，福祉機能は看護職や介護職に任せることも多い．総じて家族機能は縮小し，アウトソーシング（外部委託）化の傾向を強く見せている．また同時に，家族という集団よりも個人を優先する方向性も指摘されている．

　では家族のあり方は今後縮小し，個別化の一途を辿るばかりなのだろうか．統計数理研究所が半世紀以上にわたってほぼ5年ごとに実施している「国民性の調査」には，「あなたにとって一番大切と思うものはなんですか」という質問項目がある．この回答として「家族」を挙げた人は，1958年の調査時には12%であり，「生命・健康・自分」や「金・財産」という回答を下回っていた．しかしながら2008年の調査時にはそれが46%にまで増えて他の回答を大きく引き離している．半世紀の間に行われた各調査結果を見ても，家族という回答はほぼ一貫して数値が増加し続けているのである．このことについて同研究所は「精神的な充足や心のよりどころを求めるかのような動きも出てきた」と分析を加えている．つまり，さまざまな家族機能を外部化する一方で，居場所としての精神安定的機能を家族に求める傾向はむしろ強まっているといえる．

第4節　居場所の可能性

　ここまでの考察で触れることはなかったが，青少年の居場所は家庭や学校・塾やその周囲に限られているわけではない．ゲームセンター，カラオケボックスなど，若者たちの姿を見かけることの多い場所は当然彼らにとっての居場所

となりうるであろう．そして，忘れてはならないのがインターネットという居場所である．これは仮想空間であり，物理的な空間があるわけではないが，各種掲示板，SNS，ブログなど，今日きわめて大きな存在となっている．インターネットに関連したさまざまなトラブルに青少年が巻き込まれる事件は後を絶たず，パソコンや携帯を通しての利用を制限する動きもあるが，当然のことながらそれにも限界がある．むしろ青少年の情報リテラシーやメディア・リテラシーの能力を向上させていくことが現実的な対応といえる．

また居場所は，固定的な空間のみを意味するものではない．価値的側面の項でも見たように，自分の存在が認められ，また自分も相手の存在を認めることができる相互的なかかわりがあるならば，さまざまな場がお互いにとっての居場所となりうるのである．

ところで，これまでの社会で居場所のあり方が問題になることが少なかったのはなぜか．それは，職業選択にせよ社会的な役割にせよ親世代から受け継ぎ，次世代に伝えていくという社会的に固定された環境で生きる人が多く存在したからである．そこでは居場所を選択する余地は極めて少ないといえる．逆にいえば，私たち現代人は多くの自由を獲得した者の宿命として，これまでの居場所の固定性や自明性を喪失したといえるのである．つまり，現代人は自分の居場所を自ら選び取り，あるいは作り出していく時代に生きているといえるのだろう．

参考文献（本文中に引用したものは除く）

- 田中治彦編著『子ども・若者の居場所の構想』学陽書房，2001年
- 藤竹暁編集『現代のエスプリ　現代人の居場所』至文堂，2005年
- 田井康雄・中戸義雄共編『探求・教育原論—人間形成の解明と広がり—』学術図書出版社，2005年
- 忠井俊明・本間友巳編著『不登校・ひきこもりと居場所』ミネルヴァ書房，2009年

付　録

■ 教育基本法（平成18年12月22日　法律第120号）

　我々日本国民は，たゆまぬ努力によって築いてきた民主的で文化的な国家を更に発展させるとともに，世界の平和と人類の福祉の向上に貢献することを願うものである．

　我々は，この理想を実現するため，個人の尊厳を重んじ，真理と正義を希求し，公共の精神を尊び，豊かな人間性と創造性を備えた人間の育成を期するとともに，伝統を継承し，新しい文化の創造を目指す教育を推進する．

　ここに，我々は，日本国憲法の精神にのっとり，我が国の未来を切り拓く教育の基本を確立し，その振興を図るため，この法律を制定する．

第1章　教育の目的及び理念

（教育の目的）

第1条　教育は，人格の完成を目指し，平和で民主的な国家及び社会の形成者として必要な資質を備えた心身ともに健康な国民の育成を期して行われなければならない．

（教育の目標）

第2条　教育は，その目的を実現するため，学問の自由を尊重しつつ，次に掲げる目標を達成するよう行われるものとする．

一　幅広い知識と教養を身に付け，真理を求める態度を養い，豊かな情操と道徳心を培うとともに，健やかな身体を養うこと．

二　個人の価値を尊重して，その能力を伸ばし，創造性を培い，自主及び自律の精神を養うとともに，職業及び生活との関連を重視し，勤労を重んずる態度を養うこと．

三　正義と責任，男女の平等，自他の敬愛と協力を重んずるとともに，公共の精神に基づき，主体的に社会の形成に参画し，その発展に寄与する態度を養うこと．

四　生命を尊び，自然を大切にし，環境の保全に寄与する態度を養うこと．

五　伝統と文化を尊重し，それらをはぐくんできた我が国と郷土を愛するとともに，他国を尊重し，国際社会の平和と発展に寄与する態度を養うこと．

（生涯学習の理念等）

第3条　国民一人一人が，自己の人格を磨き，豊かな人生を送ることができるよう，その生涯にわたって，あらゆる機会に，あらゆる場所において学習することができ，その成果を適切に生かすことのできる社会の実現が図られなければならない．

（教育の機会均等）

第4条　すべて国民は，ひとしく，その能力に応じた教育を受ける機会を与えられなければならず，人種，信条，性別，社会的身分，経済的地位又は門地によって，教育上差別されない．

② 国及び地方公共団体は，障害のある者が，その障害の状態に応じ，十分な教育を受けられるよう，教育上必要な支援を講じなければならない．

③ 国及び地方公共団体は，能力があるにもかかわらず，経済的理由によって修学が困難な者に対して，奨学の措置を講じなければならない．

第2章 教育の実施に関する基本

(義務教育)
第5条 国民は，その保護する子に，別に法律で定めるところにより，普通教育を受けさせる義務を負う．

② 義務教育として行われる普通教育は，各個人の有する能力を伸ばしつつ社会において自立的に生きる基礎を培い，また，国家及び社会の形成者として必要とされる基本的な資質を養うことを目的として行われるものとする．

③ 国及び地方公共団体は，義務教育の機会を保障し，その水準を確保するため，適切な役割分担及び相互の協力の下，その実施に責任を負う．

④ 国又は地方公共団体の設置する学校における義務教育については，授業料を徴収しない．

(学校教育)
第6条 法律に定める学校は，公の性質を有するものであって，国，地方公共団体及び法律に定める法人のみが，これを設置することができる．

② 前項の学校においては，教育の目標が達成されるよう，教育を受ける者の心身の発達に応じて，体系的な教育が組織的に行われなければならない．この場合において，教育を受ける者が，学校生活を営む上で必要な規律を重んずるとともに，自ら進んで学習に取り組む意欲を高めることを重視して行われなければならない．

(大学)
第7条 大学は，学術の中心として，高い教養と専門的能力を培うとともに，深く真理を探究して新たな知見を創造し，これらの成果を広く社会に提供することにより，社会の発展に寄与するものとする．

② 大学については，自主性，自律性その他の大学における教育及び研究の特性が尊重されなければならない．

(私立学校)
第8条 私立学校の有する公の性質及び学校教育において果たす重要な役割にかんがみ，国及び地方公共団体は，その自主性を尊重しつつ，助成その他の適当な方法によって私立学校教育の振興に努めなければならない．

(教員)
第9条 法律に定める学校の教員は，自己の崇高な使命を深く自覚し，絶えず研究と修養に励み，その職責の遂行に努めなければならない．

② 前項の教員については，その使命と職責の重要性にかんがみ，その身分は尊重され，待遇の適正が期せられるとともに，養成と研修の充実が図られなければならない．

(家庭教育)
第10条 父母その他の保護者は，子の教育について第一義的責任を有するものであって，生活のために必要な習慣を身に付けさせるとともに，自立心を育成し，心身の調和のとれた発達を図るよう努めるものとする．

② 国及び地方公共団体は，家庭教育の自主性を尊重しつつ，保護者に対する学習の機会及び情報の提供その他の家庭教育を支援するために必要な施策を講ずるよう努めなければならない．

(幼児期の教育)
第11条 幼児期の教育は，生涯にわたる人格形成の基礎を培う重要なものであることにかんがみ，国及び地方公共団体は，幼児の健やかな成長に資する良好な環境の整備その他適当な方法によって，その振興に努めなければならない．

(社会教育)
第12条 個人の要望や社会の要請にこたえ，社会において行われる教育は，国及び地方公共団体によって奨励されなければならない．

② 国及び地方公共団体は，図書館，博物館，公民館その他の社会教育施設の設置，学校の施設の利用，学習の機会及び情報の提供その他の適当な方法によって社会教育の振興に努めなければならない．

(学校，家庭及び地域住民等の相互の連携協力)
第13条 学校，家庭及び地域住民その他の関係者は，教育におけるそれぞれの役割と責任を自覚するとともに，相互の連携及び協力に努めるものとする．

(政治教育)
第14条 良識ある公民として必要な政治的教養は，教育上尊重されなければならない．

② 法律に定める学校は，特定の政党を支持し，又はこれに反対するための政治教育その他政治的活動をしてはならない．

（宗教教育）
第15条 宗教に関する寛容の態度，宗教に関する一般的な教養及び宗教の社会生活における地位は，教育上尊重されなければならない．

② 国及び地方公共団体が設置する学校は，特定の宗教のための宗教教育その他宗教的活動をしてはならない．

第3章 教育行政

（教育行政）
第16条 教育は，不当な支配に服することなく，この法律及び他の法律の定めるところにより行われるべきものであり，教育行政は，国と地方公共団体との適切な役割分担及び相互の協力の下，公正かつ適正に行われなければならない．

② 国は，全国的な教育の機会均等と教育水準の維持向上を図るため，教育に関する施策を総合的に策定し，実施しなければならない．

③ 地方公共団体は，その地域における教育の振興を図るため，その実情に応じた教育に関する施策を策定し，実施しなければならない．

④ 国及び地方公共団体は，教育が円滑かつ継続的に実施されるよう，必要な財政上の措置を講じなければならない．

（教育振興基本計画）
第17条 政府は，教育の振興に関する施策の総合的かつ計画的な推進を図るため，教育の振興に関する施策についての基本的な方針及び講ずべき施策その他必要な事項について，基本的な計画を定め，これを国会に報告するとともに，公表しなければならない．

② 地方公共団体は，前項の計画を参酌し，その地域の実情に応じ，当該地方公共団体における教育の振興のための施策に関する基本的な計画を定めるよう努めなければならない．

第4章 法令の制定

第18条 この法律に規定する諸条項を実施するため，必要な法令が制定されなければならない．

附　則

（施行期日）
この法律は，公布の日から，これを施行する．

索引

■ あ 行

愛国心, 34, 35, 71, 73, 75, 78
アガペー, 40-42
預かり保育, 126, 127
遊び, 4, 5, 7, 9, 59
アリエス, 204
生きる力, 51, 53, 67, 69, 80, 99
一人前, 221
イニシエーション（加入儀礼）, 220
インターネット, 170
Wikipedia, 224
嬰児殺し, 210
エミール, 58
エリアーデ, 221
エリクソン, 234
エルヴェシウス, 30
エレン・ケイ, 77
エロース, 38-41
延長保育, 130
オウエン, 5, 30, 123
お食い初め, 216
帯祝い, 215
オーベルラン, 123
お宮参り, 215
終わりなきコミュニケーション, 154, 157

■ か 行

外国語活動, 99
学習観の転換, 145
学習権, 49-51
学習指導要領, 97
覚醒, 35, 36
仮想空間, 238
家族機能, 236
学級集団, 235
学校教育, 93
学校教育法, 121, 123, 125, 126
家庭教育, 94
課程主義, 235
神の世界, 214
環境, 172
カント, 6, 48
祇園祭, 212
擬制的な親子関係, 221
規則, 85
機能的教育, 24, 31, 33, 34
義務教育, 93
教育愛, 12, 28, 38, 40-44, 59
教育科学, 31
教育格差, 100
教育基本法, 51, 70, 86, 123, 125, 139
教育行政, 95

教育権, 43, 48-50, 79, 80
教育三法, 96
教育者, 209
教育職員免許法, 96
教育振興基本計画, 96
教育勅語, 87
教育的有機体, 8-10, 14, 15, 23, 25, 30, 37, 44, 76
教育と福祉, 195
教育の機会均等, 91
教育の方針, 90
教育の目的, 90
教育の目標, 90
教育法規, 84
教育有機体, 60
教員の使命, 92
教員免許更新制, 96
境界線, 207
教師, 225
教師中心主義教育, 11, 35
教師中心主義教育思想, 48
教授学, 28
教職員定数改善計画, 100
共同体, 216
儀礼装置, 214
Google, 170, 224
クリーク, 24, 30, 31
ケア, 201
ケアリング, 201

形式陶冶, 20, 21, 64, 65
形成的評価, 63
現在志向性, 7, 11, 12, 15, 20-22, 29, 30, 46
検索, 224
公教育制度, 47-49, 71, 140
公共の精神, 88
高校授業料実質無償化, 100
合自然の教育, 58
工場法, 140
公的教育支出, 101
高度経済成長, 223
告示, 85
国民主権, 89
心の教育, 18, 51, 69
小正月, 217
個人性, 16-19, 33, 46
個人の尊厳, 89
個性, 6, 17, 33, 62
子育て, 210
ゴッフマン, 103, 106, 110
子供神, 218
子供組, 216
子ども・子育て新システム, 131, 132
子どもの無限の可能性, 230
子供御輿, 217
コメニウス, 28, 29, 31
固有名, 216

■ さ 行

最高法規, 85
三九郎, 217
産児調整, 214
三間, 226-228

死, 210
支援の教育, 9, 16, 65, 67
自我, 2-4, 9, 10, 15
自己形成力, 3, 4, 8, 23
自制, 15, 17, 18, 39, 40, 81
地蔵盆, 217
七夜, 215
実験学校, 60
実質陶冶, 20, 64, 65
実存主義教育学, 32, 35, 36
児童中心主義教育, 5, 9, 10, 11, 21, 23, 29, 35
児童中心主義教育思想, 28, 48, 58
児童福祉施設最低基準, 124, 128, 130, 134
児童福祉法, 120, 124, 128
社会集団, 209
社会性, 6, 15-19, 33, 46, 55, 220
社会秩序, 211
集団主義教育理論, 60
授業時数の確保, 100
主権者, 89
シュプランガー, 31, 32, 60, 61
シュライエルマッハー, 7, 31, 60
生涯学習, 91
生涯学習者, 146
生涯学習振興法, 139
消極教育, 9, 58
上昇志向性, 8, 12, 14, 15, 19, 22, 25, 42, 44
象徴的秩序, 219
情報技術, 170

条約, 84
省（府）令, 84
条例, 85
新システム, 132-134
診断的評価, 63
Skype, 224
性格形成論, 5
青年団, 223
生の哲学, 61
生理的早産, 2, 3, 40, 48, 120
政令, 84
絶対評価, 61, 62
全国学力・学習状況調査, 100
前文, 86
添い寝, 211
総括的評価, 63
総合的な学習の時間, 99
相対評価, 61, 62
祖霊信仰, 212

■ た 行

待機児童, 127, 130-135
大教授学, 31
耐性, 11, 12, 18-21, 46, 47, 62, 65-67, 81
確かな学力, 66, 67, 80
堕胎, 210
魂, 213
男女共学, 92
稚児, 211
中教審答申, 87
通過儀礼, 215
繋がりの社会性, 157, 158, 161, 162, 165
出会い, 35
ディルタイ, 31, 60

デス・エデュケーション, 37
デューイ, 59, 60
伝統の継承, 88
道具主義, 60
到達度評価, 61, 63
道徳教育, 18, 19, 33, 78, 79, 81, 99
道徳性, 16, 18, 33, 44-46, 59
動物的コミュニケーション, 161, 162, 164
都市化, 223
ドラマトゥルギー, 103
鳥山敏子, 104-106

な 行

中沢新一, 219
名付け, 215
ナトルプ, 59
七つ前は神のうち, 211
ナマハゲ, 217
日本国憲法, 84
人間の世界, 216
認定こども園, 72, 132, 133
ネットイナゴ, 188
ネットワーク, 216
年齢階梯制, 222
年齢主義, 235
ノディングス, 202

は 行

ハヴィガースト, 142-144, 146

発達課題, 142-144, 146
ひきこもり, 230
非社会的な振る舞い, 219
雛流し, 217
避妊, 210
非連続性の教育学, 32, 35
フィリア, 39-42
不確実性, 25-27, 52, 53, 67, 70, 71, 76, 79, 80, 81
部活動, 99
不登校, 229
不当な支配, 95
普遍妥当的教育学, 61
プラトン, 59
フレーベル, 7, 58, 59, 122
ブログ, 185
文化教育学, 31, 32, 61
ペスタロッチー, 29, 38, 58, 59
ヘルバルト, 28-32, 58, 60
保育一元化, 198
保育所, 198
保育所保育指針, 120, 124, 129, 136
法的拘束力, 98
訪問者行事, 218
母性愛, 3, 10, 12, 13, 40, 48, 79
ポルトマン, 2
ボルノー, 32, 35, 144

ま 行

マカレンコ, 59, 60
間引き, 210
マルクス, 80

水子, 213
宮田登, 215
未来志向性, 7, 11, 12, 14, 15, 19-22, 27, 34, 46
無償, 85
群れ, 183
メディア人間, 152, 154, 158, 160
モジュラー人間, 154, 156-158, 162
モラル, 220

や 行

柳田國男, 212
ゆとり教育, 64, 66, 67, 69, 99
ユーモア, 46, 47
幼稚園, 198
幼稚園教育要領, 123-125, 127, 129, 136
幼保一元化, 128, 131, 132, 134, 135, 198
欲望, 219
依り代, 214
四段階教授法, 58

ら 行

来訪神, 218
ラングラン, 137
良心の覚醒, 32, 61
ルソー, 9, 28, 58, 135

わ 行

若者組, 220
童墓, 213

執筆者紹介（執筆順）

たいやすお 田井康雄	京都女子大学発達教育学部	編集，第1章，第2章，第3章
あずみしげき 安曇茂樹	兵庫県立伊丹高等学校	第4章
たかまつ 高松みどり	滋賀短期大学幼児教育保育学科	第5章
くぼたけんいちろう 久保田健一郎	大阪国際大学短期大学部	第6章
なかとよしお 中戸義雄	奈良大学教養部	第7章，第12章
くにさきたいおん 國崎大恩	兵庫教育大学　特命助教	第8章
しぶやりょう 渋谷亮	大阪教育大学　非常勤講師	第9章
もりおかじろう 森岡次郎	大阪府立大学人間社会学部	第10章
ふじたゆうひ 藤田雄飛	九州大学大学院人間環境学研究院教育学部門	第11章

不確実性の時代に向けての教育原論
―教育の原理と実践と探究―

2011年4月10日　第1版　第1刷　発行
2013年4月1日　第1版　第2刷　発行

編　者　　田井康雄
発行者　　発田寿々子
発行所　　株式会社　学術図書出版社

〒113-0033　東京都文京区本郷5丁目4の6
TEL 03-3811-0889　　振替 00110-4-28454
印刷　三松堂印刷（株）

定価はカバーに表示してあります．

本書の一部または全部を無断で複写（コピー）・複製・転載することは，著作権法でみとめられた場合を除き，著作者および出版社の権利の侵害となります．あらかじめ，小社に許諾を求めて下さい．

©2011　Y. TAI　Printed in Japan
ISBN978-4-7806-0246-3　C3037